又一种教育智慧

家庭教育指导教师手册（修订版）

张竹林　张　韫　主编

华东师范大学出版社
·上海·

图书在版编目(CIP)数据

又一种教育智慧：家庭教育指导教师手册 / 张竹林，张韫主编. -- 修订版. -- 上海：华东师范大学出版社，2024. -- ISBN 978-7-5760-5305-0

Ⅰ. G78

中国国家版本馆 CIP 数据核字第 20248D6M91 号

又一种教育智慧：家庭教育指导教师手册（修订版）

主　　编	张竹林　张　韫
责任编辑	孙　娟
特约审读	朱丽君
责任校对	王丽平
装帧设计	卢晓红

出版发行	华东师范大学出版社
社　　址	上海市中山北路 3663 号　邮编 200062
网　　址	www.ecnupress.com.cn
电　　话	021-60821666　行政传真 021-62572105
客服电话	021-62865537　门市(邮购)电话 021-62869887
地　　址	上海市中山北路 3663 号华东师范大学校内先锋路口
网　　店	http://hdsdcbs.tmall.com
印 刷 者	上海景条印刷有限公司
开　　本	787 毫米×1092 毫米　1/16
印　　张	18.25
字　　数	305 千字
版　　次	2024 年 10 月第 1 版
印　　次	2024 年 10 月第 1 次
书　　号	ISBN 978-7-5760-5305-0
定　　价	78.00 元

出 版 人　王　焰

（如发现本版图书有印订质量问题，请寄回本社客服中心调换或电话 021-62865537 联系）

本书主编：张竹林　张　韫

本书副主编：孙　宁　宋　华　潘姿屹

本书编委：陈越阳　谢怀萍　张怡菁　戴嘉俊

　　　　　　夏　旖　施建英　张　敏　陆文婷

　　　　　　王艳娥

目录

探索"小众"走向"大众"教育之路
　——《又一种教育智慧》(修订版)前言　　　　　　　001

/第一编/
家庭教育指导认知

第一章　家庭教育概况　　　　　　　　　　　　　　　003
　　第一节　家庭教育的内涵　　　　　　　　　　　　003
　　第二节　家庭结构与家庭教养方式　　　　　　　　017
　　第三节　家庭教育中的普遍问题　　　　　　　　　020

第二章　协同育人概论　　　　　　　　　　　　　　　027
　　第一节　协同育人的内涵　　　　　　　　　　　　027
　　第二节　协同育人的依据　　　　　　　　　　　　033
　　第三节　协同育人的现状　　　　　　　　　　　　037

第三章　家庭教育指导概述　　　　　　　　　　　　　052
　　第一节　家庭教育指导的政策导向　　　　　　　　052
　　第二节　家庭教育指导的责任要求　　　　　　　　056
　　第三节　教师家庭教育指导能力　　　　　　　　　063

/ 第二编 /
家庭教育指导途径

第四章　集体指导 　　　　　　　　　　　　　073
　　第一节　家长会：家教指导好时机　　　　　073
　　第二节　家长开放日：全方位展示好途径　　081
　　第三节　家长接待日：深化交流好窗口　　　087
　　第四节　亲子活动：亲子交流好平台　　　　091
　　第五节　家长学校：家教指导好阵地　　　　095

第五章　个别指导 　　　　　　　　　　　　　104
　　第一节　上门家访　　　　　　　　　　　　104
　　第二节　邀请家长来访　　　　　　　　　　112
　　第三节　在线云家访　　　　　　　　　　　116
　　第四节　数字化指导　　　　　　　　　　　122

第六章　媒介指导 　　　　　　　　　　　　　127
　　第一节　联系媒介：传统与现代的"立交桥"　127
　　第二节　互联网群组：系好家校联系的"纽带扣"　133
　　第三节　建平台：用好微信公众号的"大舞台"　139
　　第四节　云空间：建设零距离家校"沟通链"　145

第七章　协同指导 　　　　　　　　　　　　　151
　　第一节　家校协同：家长与学校紧密合作的协同教育　151
　　第二节　师师协同：全员导师制下的协同教育　156

第三节　医教协同：聚焦特殊儿童的协同教育　　162

第四节　法教协同：聚焦校园问题与事件的协同教育　　167

/ 第三编 /
家庭教育指导实务

第八章　家庭教育指导的重点问题　　175
第一节　焦虑的学段衔接　　175

第二节　苦恼的家庭作业　　184

第三节　无效的家长陪伴　　189

第四节　失控的家长情绪　　194

第五节　桀骜不驯的青春期　　198

第六节　刻不容缓的生涯教育　　203

第七节　不畅的家校沟通　　207

第八节　放不下的"手机"　　211

第九节　令人头疼的"拖拉"　　216

第九章　特殊家庭的家庭教育指导　　224
第一节　离异家庭的家庭教育指导　　224

第二节　隔代家庭的家庭教育指导　　230

第三节　随迁子女家庭的家庭教育指导　　236

第四节　留守儿童家庭的家庭教育指导　　240

第十章　特需儿童的家庭教育指导　　246
第一节　智障儿童的家庭教育指导　　246

第二节　肢残儿童的家庭教育指导　　252

第三节	厌学儿童的家庭教育指导	257
第四节	孤独症儿童的家庭教育指导	262
第五节	困境儿童的家庭教育指导	267

附录　相关文件链接　　273

跋　为什么我们需要《又一种教育智慧》?　　275

后记　　277

探索"小众"走向"大众"教育之路
——《又一种教育智慧》(修订版)前言

张竹林

时光流逝,岁回律转。转眼间,距离《又一种教育智慧:家庭教育指导教师教程(义务教育版)》(简称《又一种教育智慧》)2018年5月第一版出版已经六年了。六年,只是历史长河之一瞬,但是对于以中小学和幼儿园为主体的基础教育来讲,六年弥足珍贵,是一个刚入学的幼童成长为青春少年的拔节孕穗关键期。分学段推出家庭教育指导教师教程是我们作为教师教育工作者的一个重大探索。从实践研究到出版面世,再到实践应用和沉淀,这六年是无可复制的一段教育旅程,也是弥足珍贵的永恒印记。

《又一种教育智慧》自2018年第一版出版以来,2019年连续推出了面向幼儿家庭教育和高中学生家庭教育的《智慧开启》《智慧合作》两个版本。这三本书深受读者欢迎,加印了多次,影响面、覆盖面都很广,在读者群体中引起了广泛好评,甚至被部分地区选作全校、全县乃至地级市教育部门的指定教师学习读本,这是对作者的最好认可,让我们格外感恩时代,感恩读者。正是读者的认可和厚爱,不断强化我们坚持下来的信心和决心。回首过往,作为本书主编,与同仁们有几点分享。

其一,本书从一线教师和广大家长的需求出发,力求从思想上引导广大读者关注家庭教育和教师家庭教育指导能力,实现从理念到行动的蝶变。其二,本书按照"家庭教育指导认知""家庭教育指导途径""家庭教育指导实务"三大板块的逻辑结构编写,基本符合传统意义上对教程的定义。同时,比较系统深入地对家庭教育和协同育人的概念、现状和政策导向进行了论析,对教师家庭教育指导能力进行了阐述,针对当前家庭教育中存在的普遍问题和教师家庭教育指导的热点问题,以翔实的案例提供了具体的操作方法和解决思路,帮助一线教师从入门走向熟练,从零碎走向系统架构。其三,从写作行文的角度来看,本书一开始就以"给广大一线教师提供家庭教育指导必读"为目标,心中始终有一个"标杆",这个"标杆"就是遵循"提出问题、分析问题、解决问题、提炼经验、分享智慧"的思路,聚焦"小切口"、解决"大问题"。回头看,这个思路是值得坚持的,也让我们在实践中积淀了底气。

由此,笔者不禁联想到,古希腊哲学家赫拉克利特与巴门尼德之间有一个终极对决:变与不变。在今天,这种时代之变、教育之变、教师之变,十分真实地摆在了我们面前。如何有效适应这种大变局,是检验教育智慧的时代命题。最有效的答案莫过于从习近平新时代中国特色社会主义思想体系中寻找。习近平总书记关于"协同育人""三个注重"建设的重要论述,尤其是党的二十大报告和教育部等十三部门联合印发的《关于健全学校家庭社会协同育人机制的意见》的出台,为推动新时代"协同育人"的理论创新与实践探索指明了方向,提供了根本遵循。《中华人民共和国家庭教育促进法》的出台和实施,对家庭教育的概念内涵、责任主体、方式方法、教育内容等作了科学界定,标志着家庭教育已经从"家事"上升为"国事"。这些重大变化,十分清晰地告诉全社会,家长对家庭教育的认知亟须更新,学校家庭社会协同育人水平和教师的家庭教育指导能力亟待提高。

顺着这个思维路径走下来,如何满足读者的多元化需求,使教育形势的变化与发展在修订本中鲜明呈现,笔者和同仁们一直为之苦苦思索。修订工作距离第一版出版已经过去了六年多,政策环境、社会环境和教育生态都在发生变化,包括"双新""双减"和疫情对中小学教育教学形态的影响等,这些具有历史性的社会事件的出现,以及多种多样的实践需求的变化叠加,让我们对于本书修订本着"宁可适度放慢脚步,也不能固化思维、简单复制"的原则,更多的是在变与不变中找到可行方案。

在具体修订过程中,我们有"坚守",比如本书"家庭教育指导认知""家庭教育指导途径""家庭教育指导实务"这三大板块的大结构不改变。同时,我们也有"放弃",比如对"拆迁家庭的家庭教育指导"等已经不合时宜的话题进行了删减。根据"双减"政策、五项管理等文件精神,对"苦恼的家庭作业"等案例进行了修改。在"放弃"的时候,我们更多的是要寻求"突破",希望有一些全新的受读者欢迎、更加能够满足读者需求的内容呈现。本次修订力求做到几个突破。突破之一：用数据说话。结合国内外权威发布的研究数据以及上海市奉贤区数字家长学校各学段家长关注点等相关调查数据，对"途径"和"实务"篇目有所调整，突出指导的针对性。突破之二：尽量彰显扑面而来的时代气息，让更多与时俱进的家庭教育话题和教师教育理念充分呈现。突破之三：力求提供比较精准管用的解决方案。因为我们深知，在这个信息大爆炸和天量数据纷呈的时代，算力和信息精准十分重要，"管用、耐读、时间、效率"是读者们最关注和最看重的。基于这一判断，我们与长期致力于教育信息化和教育评估领域的知名机构上海思来氏信息咨询有限公司合作，邀请公司创始人张韫先生加盟编写团队。

在修订的过程中，我们时常停下手中的笔，不断地审视和回望，在认识和改进不足的同时，时常也有一点点"小得意"。这种"小得意"在于，如果说最初提出"教师家庭教育指导能力建设"是一个"小众"话题，甚至在推进区域教师家庭教育指导能力全员培训初期，我们还遇到诸如"有必要这么兴师动众吗？"的质疑和困扰，如今它已经成为在一线教师中实施全员导师制等有效机制的重要载体，成为名副其实的教师"大众"共识和行动。时至今日，已不用再过多解释和强调"教师要提高家庭教育指导能力"这一观点。正如笔者多次与同事们在探讨这个话题时，乐此不疲地用"地还是这块地，山还是这座山，但不同的人去耕作，效果就是不一样"表达这种"坚持下去必有成"的意念。由此，我们不仅收获着一线教师的专业成长，收获了上海市教学成果一等奖、全国家庭教育创新实践基地和全国协同育人实验区的殊荣，更让我们欣慰的是看着无数的家长由困惑变开朗，无数的孩子充满阳光地成长，无数的教师充满专业自信，那笑脸，那场景，是任何表象的证明和荣誉所无法替代的！或者说，这就是我们这群教师教育工作者最好的情怀表达和价值回归！

但是，且慢乐观。"一山放过一山拦"的景象似乎让教育工作者和研究者永远背负着"在路上"的角色宿命。在走向大众的过程中，如何让"大众"能成为真正的大众，不是仅仅停留在量的变化，而是让教师大众走向家长大众，还需要进一步思考和探索。要走出"教师大众"这样一个狭义的名词，真正实现通过"教师大众"来引领广大"家长大众"，进而成为教育大众和人民大众。以此为宏愿，在新的可能出现的质疑和批评面前，我们仍然会充满自豪和为之坚守！

2024 年 7 月小暑节气于华东师范大学群贤堂

/ 第一编 /

家庭教育指导认知

不论时代发生多大变化,不论生活格局发生多大变化,我们都要重视家庭建设,注重家庭、注重家教、注重家风。

——习近平

本编概要

▶ 当前,我国的家庭结构以核心家庭为主,祖辈家庭、单亲家庭、重组家庭仍然占一定比例。从家长教育子女的方式来看,大体可以分为权威型家长、民主型家长、溺爱型家长和冷漠型家长。

▶ 我国历来重视家庭教育,在教育内容、教育方式等方面独具特色并形成一定体系。随着社会发展和时代变迁,我国家庭教育呈现出新的特征,其中存在的问题特别需要教师在开展家庭教育指导时予以关注。

▶ 协同育人是教育发展对学校、家庭和社会之间合作与分工的新要求。杨雄认为,学校教育是训练学生遵循"规定",社会教育是训练公民遵守"规则",家庭教育则是培养孩子学会"规矩"。三者各司其职,有机融合。

▶ 时代赋予学校在家庭教育指导中的主导地位,学校必须树立学校、家庭、社会协同育人新理念,深入学习家庭教育指导工作新政策,充分运用区域教育学院(教师专业发展机构)提供的资源,从专业伦理、专业知识、专业能力等方面提高教师家庭教育指导能力。

第一章 家庭教育概况

教育家蔡元培先生说:"家庭者,人生最初之学校也。"家庭是孩子的第一个课堂,父母是孩子的第一任老师。家庭教育关乎未成年人的健康成长和家庭的幸福安宁,也关乎国家发展、民族进步、社会稳定。家庭作为社会的基本细胞,其教育理念和模式不可避免具有时代特色。新时代家庭教育最大的危机是价值危机,最大的挑战是价值挑战。①

本章介绍了新时代背景下家庭教育的定义和内涵,家庭教育的根本任务、基本原则、主要内容、方式方法,当前我国家庭主要结构、家庭教养方式、家庭教育的优秀传统以及家庭教育中普遍存在的问题。

第一节 家庭教育的内涵

家庭教育是建立在血缘关系基础上的一种特殊教育,这种教育是自然的、长久的。家庭教育的发展离不开社会大环境的影响,今天,随着"注重家庭、注重家教、注重家风"理念的提出,家庭所具有的传递社会文明的重要功能重新得到重视。

从社会对家庭教育的认识来看,家庭教育已经走过了从旧时期传统"家事"到新时代重要"国事"的历程。早在1996年全国妇联和国家教委联合颁布的第一个《全国家庭教育工作五年计划》中,家庭教育工作就由民间主导转变为政府主导。进入新世纪以来,各地陆续出台相关立法文件,均采用"家庭教育促进条例"这一法规名称,明确了家庭教育地方立法文件促进型立法的性质。

2016年5月,重庆市人大发布《重庆市家庭教育促进条例》。自此,我国家庭教育地方立法的数量稳步增加,2017年1部,2018年至2021年每年2部。截至2022年2月,全国共有10部家庭教育地方立法,分别由湖北、湖南、安徽、福建、浙江、江苏、江西、山西、贵州9省和重庆市人大发布,均为省级地方性法规。最具里

---

① 张志勇.学校家庭社会协同育人的价值遵循、重要任务与策略选择[J].人民教育,2024(11):11-15.

程碑意义的事件是,2021年10月23日,十三届全国人大常委会第三十一次会议通过《中华人民共和国家庭教育促进法》(以下简称《家庭教育促进法》),并于2022年1月1日起正式施行。

《家庭教育促进法》的施行,不仅标志着家庭教育这个曾经的"家事"上升为"国事",而且让"国事"成为"国法",将"家庭教育"由政府行政管理转变为国家法治事项。对一线教育者和广大家长来说,更重要的是,《家庭教育促进法》对家庭教育的责任主体、方式方法、教育内容等作了明确的界定。人们对家庭教育的认知亟须更新,家长家庭教育能力和教师家庭教育指导能力亟待提高。

一、家庭教育的定义

《辞海》对"家庭教育"词条的解释是:父母或其他年长者在家庭对儿童和青少年进行的教育。《中国大百科全书·教育》把"家庭教育"定义为"父母或其他年长者在家庭内自觉地、有层次地对子女进行的教育"。

随着社会的不断发展,在广泛的社会实践和对家庭教育的深入研究中,家庭教育不断被赋予新意。狭义的"家庭教育"是在家庭生活中,由家长(其中首先是父母)对其子女实施的教育。广义的"家庭教育"包括生活中家庭成员(包括父母和子女等)之间相互的影响和教育,以及聘请专门从事家庭教育的教师对子女进行教育等。

《家庭教育促进法》精准定位于未成年人的健康成长,把"家庭教育"定义为"父母或者其他监护人为促进未成年人全面健康成长,对其实施的道德品质、身体素质、生活技能、文化修养、行为习惯等方面的培育、引导和影响"。《家庭教育促进法》共六章五十五条,明确了家庭教育的实施主体,回答了"谁来教"的问题;五个关键词"道德品质""身体素质""生活技能""文化修养""行为习惯"十分清晰地对家庭教育"是什么""教什么"进行了界定。

根据《家庭教育促进法》对"家庭教育"的概念界定,可以看出家庭教育的内涵包括以下几个方面:

第一,未成年人的父母或者其他监护人负责实施家庭教育,承担家庭教育的主体责任。

第二,家庭教育以社会主义核心价值观为主要内容,主要包括道德品质、身体素质、生活技能、文化修养、行为习惯等。

第三,家庭教育的主要方式包括培育、引导和影响。

第四,家庭教育的主要目标是"成人"教育和"成才"教育。让孩子先成人,再成才。

第五,家庭教育的任务包括德育、智育、体育、美育、劳动教育、法治教育、心理健康教育、安全教育等与孩子健康成长有关的方方面面。

家庭教育是一门科学,反映家庭教育客观规律、系统认识、经验与方法。实践证明,决定家庭教育成败的关键因素不是文化素质,也不是职业能力,而是教育素质。教育素质包括教育观念、教育方式和教育能力三大要素,具体可以归纳为五个元素:现代的教育观念、科学的教育方法、阳光健康的心理、良好的生活方式、平等和谐的关系。

世界各国家庭教育的发展潮流启示我们,在当今时代,家庭教育的地位、作用日益显现,只有将家庭教育与学校教育并重,努力改善家庭教育状况,才能真正提高教育质量和民族素质。

二、家庭教育的根本任务

《家庭教育促进法》第三条提出,家庭教育以立德树人为根本任务,培育和践行社会主义核心价值观,弘扬中华民族优秀传统文化、革命文化、社会主义先进文化,促进未成年人健康成长。

据全国妇联第二次全国家庭教育状况调查显示:70%以上的父母把"陪孩子写作业"放在亲子关系的首位。家长在被问到"过去一年中,您与孩子一起做过什么事情"时,排在前三位的依次是"和孩子一起吃饭""和孩子聊天""陪孩子写作业"。这几项所占的比例远远高于"和孩子一起做家务""游戏玩耍""锻炼身体""读课外书""参加公益活动"的比例。家长过于关注学习,缺乏对孩子思想品德、行为习惯的养成以及劳动、运动等能力的培养。

《家庭教育促进法》的出台,明确责任,规范行为,就是要端正家长对未成年人教育的认识。教育是要培养全面发展的人,培养完整的人。家庭教育的根本任务与学校教育、社会教育的根本任务是一致的,都是为了全面落实党的教育方针,促进未成年人的健康发展。

三、家庭教育的基本原则

《家庭教育促进法》第五条提出，家庭教育应当符合以下五项要求：一是尊重未成年人身心发展规律和个体差异；二是尊重未成年人人格尊严，保护未成年人隐私权和个人信息，保障未成年人合法权益；三是遵循家庭教育特点，贯彻科学的家庭教育理念和方法；四是家庭教育、学校教育、社会教育紧密结合、协调一致；五是结合实际情况采取灵活多样的措施。

这五项要求可以视为家长实施家庭教育的基本原则。据全国妇联第二次全国家庭教育状况调查显示，50%的家长不知道用什么方法教育孩子，多数父母存在着不同程度的养育焦虑。焦虑的背后是缺少科学的家庭教育知识和方法。家长对待子女的教养方式往往遵循老一辈的范式，然而随着时代发展，传统家庭结构发生变化，教育理念的落后和教育方法的不足等问题逐渐显现。

除此之外，家长对孩子的教育易受环境的影响，周围普遍的焦虑心态会迫使家长不得不跟风从众、盲目攀比，造成对孩子身心健康的不良影响。这五项要求的提出，更表明《家庭教育促进法》不是要惩罚家长，而是要为家长赋能，给予家长支持、指导和帮助。对每一位父母来说，教育孩子的过程，也是家长自我教育、自我成长的过程，和孩子一起进步成长，努力成为更好的父母，才能培养出更好的孩子。

《家庭教育促进法》提出的五项原则，可以说也是教师开展家庭教育指导的立场依据，提醒教师要掌握最基本的未成年人身心发展规律、家庭教育方法等，能胜任对家长进行家庭教育的指导服务。

四、家庭教育的主要内容

关于家庭教育的内容，《家庭教育促进法》重点强调了六个方面：

一是教育未成年人爱党、爱国、爱人民、爱集体、爱社会主义，树立维护国家统一的观念，铸牢中华民族共同体意识，培养家国情怀；

二是教育未成年人崇德向善、尊老爱幼、热爱家庭、勤俭节约、团结互助、诚信友爱、遵纪守法，培养其良好社会公德、家庭美德、个人品德意识和法治意识；

三是帮助未成年人树立正确的成才观，引导其培养广泛兴趣爱好、健康审美

追求和良好学习习惯,增强科学探索精神、创新意识和能力;

四是保证未成年人营养均衡、科学运动、睡眠充足、身心愉悦,引导其养成良好生活习惯和行为习惯,促进其身心健康发展;

五是关注未成年人心理健康,教导其珍爱生命,对其进行交通出行、健康上网和防欺凌、防溺水、防诈骗、防拐卖、防性侵等方面的安全知识教育,帮助其掌握安全知识和技能,增强其自我保护的意识和能力;

六是帮助未成年人树立正确的劳动观念,参加力所能及的劳动,提高生活自理能力和独立生活能力,养成吃苦耐劳的优秀品格和热爱劳动的良好习惯。

这六个方面的内容,是社会主义核心价值观在家庭教育中的具体细化和落实,强调了大德、公德和私德的培育,身心健康与习惯养成,强调了家庭教育不同于学校教育的独特性。

家庭教育的内容是海量的,其中最根本的就是2023年2月13日怀进鹏部长在世界数字教育大会上所说的教育"四大支柱",即"学会学习、学会共处、学会做事、学会做人"。教育内容涵盖方方面面,用通俗的说法是"上知天文,下知地理",包括为人处世等,但家庭教育更注重品德修养。今天讲家庭教育指导,是站在学校的视角、教育者的视角,而不是要去取代家长本身。事实上,学校、家庭、社会在协同育人的过程中,既承担着各自的职责,又存在着责任边界。学界对此也一直都在讨论研究。用学者杨雄的话讲:学校教育是训练学生遵循"规定",社会教育是训练公民遵守"规则",家庭教育则是培养孩子学会"规矩"。

对教师来讲,《家庭教育促进法》概括的六方面内容是比较有代表性的,值得广大教师重点关注。当然在实际的教育工作和生活中,家庭教育还有很多方面值得大家关注。

五、家庭教育的具体方式方法

家庭教育是实践性很强的工作,可以说是经验型、智慧型的工作。从古到今,中西方家庭教育都有着深厚的历史和丰富的案例。无论是"孟母三迁"的故事,还是教育家约翰·亨里希·裴斯泰洛齐在其代表作之一《林哈德与葛笃德》中塑造的优秀母亲的形象——葛笃德,她用朴素而新颖的方式来教育自己和邻居家的孩子,她通过慈母般地讲述现实生活中所发生的事情来培养孩子的品行和情操,无不体现着家庭教育方法的多样性。然而,由于中西方的社会环境差异较大,其家庭教育的目的、方式、内容相去甚远。中国是儒家文化的发源地,父母在家庭中大多对子女树立权威;西方的家庭关系相对平等,从小培养子女的生存、独立能力等,但容易让子女缺乏约束。

随着信息化时代的到来,教育经历着数字化变革,教育的形态和内容,包括家庭教育的内容和方式都受到了很大的挑战,产生了极大的变化。因此,对教师和家长来说,用传统儿童观去理解数字化时代的儿童终将失效,教育理念和儿童观等亟待更新。由此可见,面对技术体系的快速进化特别是人工智能指数级的发展,教师作为家庭教育指导者,如何与时俱进地开展家庭教育指导,实际上是一个时代性的话题。

党的十八大以来,以习近平同志为核心的党中央高度重视家庭文明建设,习近平总书记多次在重要讲话中强调家庭建设和家庭教育。"三个注重""四个第一"等一系列重要论述为家庭教育提供了根本遵循。作为家庭教育指导者,从"规范化标准"的意义上讲,开展家庭教育指导要紧紧围绕《家庭教育促进法》和教育部等十三部门联合印发的《关于健全学校家庭社会协同育人机制的意见》。

关于家庭教育的具体方式方法,《家庭教育促进法》共提出九个方面的要求,对家长具有很强的实践性和实操性。第一,亲自养育,加强亲子陪伴。第二,共同参与,发挥父母双方的作用。第三,相机而教,寓教于日常生活之中。第四,潜移默化,言传与身教相结合。第五,严慈相济,关心爱护与严格要求并重。第六,尊重差异,根据年龄和个性特点进行科学引导。第七,平等交流,予以尊重、理解和鼓励。第八,相互促进,父母与子女共同成长。第九,其他有益于未成年人全面发展、健康成长的方式方法。

以上九方面要求体现了家庭教育的指向性,但真正具体的实践需要家庭教育指导者根据不同的家庭、不同的学生、不同的环境、不同的地域等,采取不同的、行之有效的方法,形成既可以作为遵循标准,又有个性特色、分层分类的指导方法。

六、中国优秀的家庭教育传统

家庭是社会的基础和细胞,天下之本在于家,家齐则民安。家庭是人生的第一所学校,父母是子女的第一任教师。古人认为"教先从家始""正家而后天下定矣"。自古至今,那些为国家、为民族作出贡献的民族英雄和优秀人物,大都得益于良好的家庭教育。古人积累的优良而成功的家教思想和方法,如传统家庭教育中德育职能至上、视家庭为个人社会化的重要场所、重视个体自我教育、宣扬社会文化等,为今天的家教提供了有益的借鉴。

(一)重视家庭教育

在我国传统观念中,父母为子女提供生活资料,抚养其长大是天经地义的事,教育子女成才更是不可推脱的义务。上至帝王、下至百姓,皆以教育子女为父母之责任,《三字经》上说"养不教,父之过",《老学究语》中的"不怕饥寒,怕无家教,惟有教儿,最关紧要"和"有儿不教,不如无儿"都说明了这一点。因此,对子女的教育,一直是父母的重大责任和义务。父母对子女的教育也不限于子女年幼时期,而是贯穿子女的终生。

(二)培育家国情怀

家国情怀是中华优秀传统文化的精髓。《大学》中说:"古之欲明明德于天下者,先治其国,欲治其国者,先齐其家,欲齐其家者,先修其身。"这段经典论述将国家、家庭和个人连成一个密不可分的整体,形成了由个人到家庭,由家庭到社会,由社会进而到国家的社会价值逻辑,也衍生出了"家国一体""家国同构"的家国情怀。家国情怀在不同的时代表现为不同的话语形式,从"修身齐家治国平天下"到岳母刺字、精忠报国,从"安得广厦千万间,大庇天下寒士俱欢颜"到"天下兴亡、匹夫有责",从"为中华之崛起而读书"再到"为实现中华民族伟大复兴的中国梦而奋斗终身",家国情怀的内涵也随着时代发展而不断丰富完善,激励着无数仁人志士上下求索、奋斗不已。

(三)注重德才兼备

传统家庭教育的核心是教子做人,其次才是教子做事。在中国传统家庭教育中,"尊德性而道问学",强调知识授受的道德化,从而使知识授受与道德教化合二为一。在教学中培养道德,在道德训练中学习经典,是传统家教最突出的特点。古人主张"养正于蒙""教子婴孩",要从小就培养家庭成员的道德品质。"老吾老,以及人之老;幼吾幼,以及人之幼。"汉代刘向《说苑》提到,"孔子家儿不知骂",则使品德的不断提高与活动范围的不断扩大统一起来。传统家庭教育之真谛,在于用传统美德、民族精神教育其子弟,诸如自立自强、勤奋好学、孝敬父母、友爱兄弟、忠于国家、尽职尽责等,都是家庭教育的主要内容。传统家庭教育强调慈爱与威严并重,身教重于言教,教在不言之中,特别强调父、兄在遵守道德等方面起到的表率作用,同时要求父母尽到教育子女、训导子女的责任。

（四）重视早期教育

古人认为,对孩子的早期教育,不仅要在出生后进行,更要在出生前就开始胎教,这是早育人才、快出人才的必要前提。颜之推认为,等到孩子懂事后再开始教育就晚了,他呼吁人们要及早教育子女。他说:"人生小幼,精神专利,长成已后,思虑散逸,固须早教,勿失机也。"史载,周文王的母亲和孟子的母亲都实行过胎教。历史上最早的胎教可上溯到西周时期。

（五）重视社会环境和家风熏陶

古代家教很重视教育环境,最著名的例子莫过于"孟母三迁"了。注意良好家风的培养,以风化人。世代相承,便是一种家风。元稹对他的儿子说:"吾家世俭贫,先人遗训,常恐置家怠子孙,故家无樵苏之地,尔所详也。"不给儿孙留丰厚家产,从根上断了儿孙依赖祖上的念头,迫使儿孙自力更生,这就是以风化人。

（六）有完整的道德伦理教育体系

中国古代十分重视家教教材的编写,这些家教教材（又称家训、家诫、家规等）是封建帝王及士大夫阶层教育后代立身处世的道德读本。作为一种文化形态,它们蕴藏着强制性、约束性和训诫性等特点。教材内容主要有:其一,修身处世,修德、为善、谨言、淡泊、存养、持敬、自省、慎独;其二,读书治学,立志、求学、尊师、勤奋、惜时、渐进;其三,克己笃行,力行、自强、诚信、改过、名实;其四,恭俭齐家,治家、教子、孝慈、和睦、理财、勤俭;其五,清正为官,贤达、敬业、廉洁、刚正;其六,治平天下,德治、教化、用人;其七,明察择交,知人、交友、谦敬;其八,平和养生,节欲、和气、起居。以上八个方面共同构成完整的道德伦理教育体系。

七、当前家庭教育的基本特点

新时代的家长在基础素养、教育意识和能力方面总体上有了质的提升,愈来愈多的家长深刻认识到家庭教育在儿童成长中的重要性,他们投入很多精力、物力和财力提高家庭教育的质量。但在实践中,家庭教育存在的诸多问题也深深地烙上了时代印记。

(一) 重视教育经济投入,忽视家庭氛围营造

当前家庭教育最显著的特征是重视经济投入。不少家庭,尤其是城市家庭,在学科类辅导班和艺术类兴趣班方面投入重金。很多儿童在学校之外的时间奔波于各类教育培训机构。与之形成对比的是,多数家长没有付出相应的精力去营造适合儿童成长和发展的家庭氛围。从儿童终身发展的角度看,当前的家庭教育有本末倒置之嫌。

有学者提出,我国许多家庭在义务教育阶段的教育支出大于家庭总支出的20%,属于负担过重。[①] 就此标准来看,国内小学生家庭约30%存在教育花费过重的现象,初中生家庭约40%存在教育花费过重的现象。不少家长将较多财力投入门类繁多的课外辅导班,包括学科补习班和兴趣班。以初中生家庭为例,在接受调查的家庭中,超过20%的家庭的课外辅导班支出占到家庭教育总支出的40%以上,约25%的家庭的课外辅导班支出占到家庭教育总支出的20%~40%。这种状况给部分家庭造成了一定的经济压力,在接受调查的初中生家庭中,仅有23.7%的家庭选择了"教育支出没有造成压力",接近同样比例的家庭选择了"压力有些大"和"压力非常大"。[②] 尽管"双减"政策实施后,"上补习班补课"的情况有较大程度的改善,但孩子进各类特长班和"隐性"补课的现象仍然存在。过重的教育花费必然会对家庭其他消费造成挤占,对家庭生活质量产生影响。

与之形成对比的是,家庭氛围作为反映家庭成员精神面貌和心理情感的渠道,没有得到足够重视。

《家庭教育蓝皮书(2024):中国家庭养育环境报告》通过对近百万家庭中家长

[①] 曾满超.教育政策的经济分析[M].北京:人民教育出版社,2000:66.
[②] 孙云晓.中国家庭教育蓝皮书(2016)[M].北京:教育科学出版社,2017:183—186.

和孩子的心理健康问题进行相对全面的数据收集,调查了 2023 年各类中国家庭的养育环境,并从家长、孩子、教师的视角深度研究、分析了家庭养育环境对孩子的心理健康、积极心理品质以及日常生活行为的影响。报告显示,不少家长在认知上符合现代教育理念,在情绪与行为上却无法跟上,呈现"知行不一"的局面。在认知层面,75%的家长认同拥抱等肢体语言表达对孩子的爱,65%的家长赞同应让孩子自己做决定。在情绪层面,80%的家长对孩子的学业表现感到焦虑,60%的家长时刻担忧孩子出现意外。而到了行为层面,45%的家长经常过分插手孩子所做的事。报告还显示,相较其他学段,初中生父母最容易焦虑(初中:64%,其他学段:58%),干涉行为最多(初中:50%,其他学段:43%),亲子互动温暖度最低。报告显示,小学阶段,家庭教育为孩子身心健康打下基础;初中阶段,家庭教育对孩子心理健康状况影响最大,是最关键的时期;到高中阶段,家庭教育的保护作用明显减弱。[1]

以初中生家庭为例,家长在营造养育环境上的不足主要表现在三个方面:第一,家庭民主氛围不足,家长放权不够。已有研究表明,民主型家长与子女有充分的思想和情感交流,培养出的子女更加开朗、独立、自信。但是调查数据显示,"时常和孩子商量"重要事情的家庭,仅占接受调查的家庭的 15.9%。第二,家庭中"人机"互动增多,妨碍家庭共享活动。调查显示,初中生家长在家休息时最常做的事情排前三位的是:"看电视"(64.8%)、"和家人聊天"(40.8%)、"玩电脑、手机"(36.2%);而初中生在休闲时间常做的三件事是:"看课外书"(49.9%)、"找同学玩"(47.0%)和"玩手机、电脑"(43.2%)。可见家长和孩子在休闲活动中的互动较少。逾 60%的家长表示"很少组织"家庭成员共同参与休闲活动,如旅行、郊游、聚餐等。第三,亲子沟通存在诸多问题。初中生家庭"无话可说"的比例较小学生家庭高 10%,而且沟通内容较为单一。如有心事时愿意向家长倾诉的初中生的比例仅为 17.9%;当在生活或学习中面临来自家长或家庭内部的压力时,仅有 28.3%的初中生选择"主动和父母沟通"。[2] 从上述三方面基本上可以看出,当前大多数家长在营造家庭氛围方面下的功夫远远不能满足子女成长与发展的需要。

---

[1] 马国川,张蓝心.家庭教育蓝皮书(2024):中国家庭养育环境报告[M].北京:中译出版社,2024:259—266.

[2] 孙云晓.中国家庭教育蓝皮书(2016)[M].北京:教育科学出版社,2017:183—189.

（二）重视学习行为和习惯培养，人格养成关注不够

常言道，行为决定习惯，习惯决定性格，性格决定命运。新时代家长接受过相对长时间的学校教育熏陶，对此有比较深刻的感悟，所以在教育下一代时特别重视行为和习惯的培养。殊不知，从习惯到性格并不是浑然天成的，这个过程依然需要家庭教育的雕琢。

中国教育科学研究院就家长最关心子女的方面——内容涵盖健康安全、习惯养成、日常学习、人际交往、自理能力、性格养成、兴趣爱好、情绪情感等，对小学生家长和初中生家长分别进行了调查。数据显示，无论是小学生家长还是初中生家长，最关注的前三项内容都是健康安全、习惯养成和日常学习。只是这三者在两个学段的排列顺序略有不同：小学生家长首要关注的是健康安全，其次是习惯养成和日常学习；而初中生家长首要关注的是日常学习，其次是习惯养成和健康安全。由此可见，日常学习和习惯养成在两个学段中都很受家长关注。与日常学习和习惯养成得到家长高度关注形成对比的是，性格养成、兴趣爱好和情绪情感并未得到家长足够的关注，排名靠后。同样，这三者在小学和初中两个学段的排列顺序也略有不同：小学生家长最少关注的是情绪情感，其次是兴趣爱好和性格养成；而初中生家长最少关注的是兴趣爱好，其次是情绪情感和性格养成。[①]

（三）祖辈承担较多教养责任，隔代教养分歧较多

新时代多数父辈家长清楚地知道自身在家庭教育中的重要作用，因此不会轻易将养育儿童的任务完全托付给祖辈家长。但是，随着社会竞争日益激烈，很多父母必须在工作和家庭中寻找平衡，于是，父辈与祖辈联合教养成为新时代家庭教育的主要模式。

中国教育学会家庭教育专业委员会对六个城市开展的"中国城市家庭教养中的祖辈参与问题研究"调查数据显示，自被访儿童出生到小学阶段，近八成（79.7%）家庭存在祖辈（包含祖父母和外祖父母）参与儿童家庭教养的现象。有超过七成的家庭，在幼儿园前（77.7%）和幼儿园期间（72.9%）这两个阶段，存在祖辈参与家庭教养的现象；到小学阶段，祖辈参与家庭教养的比例虽然有明显的下降，但其仍

---

① 孙云晓.中国家庭教育蓝皮书（2016）[M].北京：教育科学出版社，2017：190.

是多数家庭的选择(60.1%)。在所有接受调查的家庭中,在儿童成长的不同阶段,约六到七成家庭采取了父辈和祖辈联合教养的模式对儿童实施家庭教育,其中,无论是学龄前还是小学阶段,父辈为主、祖辈为辅的联合教养形式都是多数家庭的选择。祖辈参与方以一位女性祖辈(奶奶或外婆)参与为主。

虽然单一的父辈教养模式在四类教养模式(分别是单一的父辈教养、单一的祖辈教养、父辈为主祖辈为辅的联合教养、祖辈为主父辈为辅的联合教养)中所占的比例位居第二,但是在所有接受调查的家庭中,其占比远低于联合教养模式。[①]

父辈与祖辈联合教养解决了父辈家长在家庭教育时间上的困境,且有利于发挥祖辈家长有丰富育儿经验和阅历的优势。但是不可避免地,这种模式也存在祖辈家长思想陈旧、过分宠溺儿童、两代家长教育观念不一等问题,一定程度上削弱了家庭教育的效果。

(四)日常家庭教育的责任主要由母亲承担,父亲教育相对缺失,且教养理念相对陈旧,教养方式单一

"家庭母教,乃是贤才蔚起,天下太平之根本。"母亲在家庭教育中的重要性是众所周知的。我国古有"孟母三迁""岳母刺字"等典故,现有众多"最美妈妈"的故事。虽然我们已经处在新时代,但主要由母亲承担日常家庭教育责任的传统依然得以保持,这一点无可厚非;然而,部分父亲缺席家庭教育的状况与新时代家庭教育的理念相悖。

第二次全国家庭教育现状调查数据显示,在抚养教育孩子的分工方面夫妻共同承担的比例约为40%,母亲为主、父亲"缺位"的比例也近40%。在14项计算"抚养教育孩子的分工"的指标中,从平均百分比来看,"爸妈共同承担"为40.6%,"妈妈为主"为40.3%,"爸爸为主"为11.6%。从具体指标来看,有四项指标以"妈妈为主"的比例超过一半,分别是:给孩子买生活用品(65.9%)、照顾孩子的饮食起居(60.6%)、开家长会(55.3%)、辅导孩子学习(50.2%);与之相应,这四项指标以"爸爸为主"的比例分别仅有4.8%、4.3%、18.4%、15.1%。

《中国关心下一代蓝皮书:中国关心下一代研究报告(2022~2023)》指出,青少年家庭教育角色分工性别差异明显,母亲成为全方位主力。对在校学生的调查

[①] 岳坤.中国城市家庭教养中的祖辈参与问题调查报告[C]//朱永新,孙云晓.新家庭,智慧爱:2017年家庭教育国际论坛论文集.太原:山西教育出版社,2018:89—99.

结果显示,当前青少年最主要的照顾者是母亲,74.13%的受访青少年表示其学习主要由母亲照看,76.61%表示其日常生活主要由母亲照看。父亲在学习上承担主要照顾者角色的比例(12.01%)要高于其照顾孩子日常生活的比例(8.88%),而部分祖父母则承担了照顾青少年日常生活的主要责任(10.22%)。①

"妈妈为主"不仅表现在孩子抚养方面,也表现在孩子教育方面,如开家长会、辅导孩子作业、培养孩子特长等。②

实际上,与父亲教育相对缺失对应的却是焦虑问题在父亲中更为普遍(爸爸:70%,妈妈:55%);男孩家长更为焦虑(男孩家长:64%,女孩家长:55%)。综合来看,男孩父亲最焦虑(76%),对孩子的行为干涉最普遍(65%)。③

上述家庭教育中存在的种种现象,给家庭教育行为带来诸多问题,如父亲"缺位"容易导致母亲建立的行为规则不够严格,孩子比较任性;母亲产生负面情绪较多,导致亲子沟通不畅;父亲育儿方式的不当、对孩子的过度干涉使得父子关系不佳,导致母亲需要花更多的时间精力营造良好的家庭氛围等。所以,为了积极发挥家庭教育在少年儿童成长过程中的重要作用,促进学生健康成长,不仅需要进一步明确家长在家庭教育中的主体责任,更需要充分发挥学校在家庭教育中的重要作用,为家长提供专业指导。

《抚育者的眼睛》:一个祖辈育儿的生动个案

《抚育者的眼睛》一书作者——上海市教育科学研究院心理学特级教师梅仲孙老师对其孙子、外孙进行了将近二十年的跟踪观察,提炼了两个孩子从出生到3岁的发展情况及其育儿策略,也介绍了婴幼儿发展的一般规律。研究者从祖辈的视角展开了详细的讨论,这是以往的研究中很难得的。作者介绍了许多祖辈育儿的经验及教训。至少有四点值得读者关注。

第一,强调了顺其自然但不听其自然的育儿观念。

《抚育者的眼睛》一书强调了一种顺其自然的教育理念:我们要尽可能创造

---

① 陈江旗.中国关心下一代蓝皮书:中国关心下一代研究报告(2022~2023)[M].北京:社会科学文献出版社,2023.
② 关颖,全国妇联儿童工作部.第二次全国家庭教育现状调查报告[M]//韩湘景.中国女性生活状况报告(2016).北京:社会科学文献出版社,2016:140—172.
③ 马国川,张蓝心.家庭教育蓝皮书(2024):中国家庭养育环境报告[M].北京:中译出版社,2024.

条件,让婴幼儿在自然、自主、自由、和谐又丰富的生态环境中快乐地玩耍,茁壮地成长。

但是,顺其自然的教育并不意味着放任自流:十年树木,百年树人;培育小树苗成长,需要像园艺师那样给予细心、耐心和精心培育;需要把握季节和生长规律,既不可消极等待,也不能操之过急,拔苗助长。

这种尊重儿童发展规律,以儿童为本位的观念越来越得到强调,但在实际的教育过程中很难落实。作者基于自身的理论积累和教育经验,介绍了丰富的实践案例。比如,采用了一种"秘密武器"——新东西,帮助孩子在不知不觉中转移注意力,调节情绪;面对行事风格"慢吞吞"、性格内向的小外孙,作者仔细观察,挖掘孩子记忆力好、知识面广、语言表达清晰等优点,与幼托班老师积极沟通,在生活细节中帮助其扬长避短。

第二,在实践中思考和学习教育方法。

个体心理学创始人阿尔弗雷德·阿德勒曾经说过,只有那些对孩子的教育和再教育深思熟虑、进行过客观判断的人,才能更确定地预测出教育努力的结果。

作者深度参与孙辈的抚育过程,运用心理学、教育学理论指导育儿实践,跟踪研究二十年,切实摸索出了一条适合其孙子、外孙,并具有广泛借鉴意义的育儿方法。比如,作者从前人的研究结论中了解到,两岁是孩子的第一反抗期,婴幼儿的反抗是走向自主独立的前奏,因此,大人要予以尊重。他以小外孙不愿意在降温天气多穿一条裤子为例,探讨成人应对婴幼儿反抗的策略。

第三,对社会变革中祖辈育孙模式的思考。

随着生活节奏的加快,年轻父母投入工作的时间和精力越来越多,祖辈参与抚育孙辈的现象越来越普遍,祖辈在婴幼儿抚育的过程中逐渐占据重要的位置。与父母教养孩子相比,祖辈教养有其特殊性。《抚育者的眼睛》一书系统分析了隔代教育的利弊,以具体形象的案例为基础,给出了颇具智慧的建议。比如,祖辈在家庭中的位置要摆正,不能"倚老卖老";在教育孙辈的问题上,尊重子女,在子女和孙辈有矛盾有冲突时,发挥协调者的作用。

同时,作者还对祖辈抚育孙辈的天伦之乐、隔代亲心理进行了细腻而深刻的分析。他感慨:"过去,我忙于工作,很少有时间把心思放在孩子身上。现在退休后,情况大有不同,抚育孙辈的心态也有变化。与父母对待孩子相比,祖辈在照顾的时间、精力、经验与教训上,都比较多,在抚育晚辈的情感需求上,也比较强烈。"他还总结了隔代亲的历史原因:"据我所知,我家孙子的外公对女儿特别疼爱。由此,隔代亲带有对女儿亲情的延续,有移情机制在内起作用。他的外公一见这宝宝就眉开眼笑,富有遐想和美好的回忆。"这些朴实的论述能够引起读者的共鸣与思考。

第四,一位学者对研究事业的孜孜以求和一位爷爷(外公)对孙子(外孙)的浓浓亲情。

《抚育者的眼睛》是以研究为基础的优秀教育读本,凝聚了一位儿童心理学研究者数十年的心血。不管是梅老先生对毕生事业孜孜以求的精神,还是他对亲人无微不至的关爱,都让读者动容。

(资料来源:钦一敏.《抚育者的眼睛》:一个祖辈育儿的生动个案[N].中华读书报,2023-1-18(10).)

第二节 家庭结构与家庭教养方式

家庭有广义和狭义之分,狭义上是指一夫一妻制构成的单元,广义上则泛指人类进化的不同阶段的各种家庭利益集团,即家族。本书中的家庭是指亲子两代或三代以血缘关系或收养关系形成的团体。

一、家庭结构

家庭结构是指家庭中成员的构成及其相互作用、相互影响的状态,以及由于家庭成员的不同配合和组织的关系而形成的联系模式。家庭结构是在婚姻关系和血缘关系的基础上形成的共同生活关系的统一体,既包括代际结构,也包括人口结构,并且是二者组合起来的统一形式。家庭是个体赖以生存和发展的基本环境,对个体成长至关重要。不同类型的家庭呈现出不同的教育特点。现代社会中的家庭教育面临诸多的问题和挑战,这些问题和挑战既有来自家庭内部的,也有来自外部社会环境的。

(一) 核心家庭

由夫妻及其未婚子女组成的家庭。核心家庭的代际层次单一,家庭关系简单。这有利于家长为子女创造和谐的家庭氛围,保障教育的物质投入,达成一致的教养态度。但不少核心家庭存在一方基本不参与家庭生活,另一方承担本应由夫妻双方共同承担的责任等问题。在我国,比较多见的情况是在家庭有了下一代之后,父亲基本不参与孩子的养育。

(二) 祖辈家庭

又称"隔代家庭""祖孙家庭"。在这类家庭中,主要由祖辈承担抚养孩子的责任,也称"隔代教养"。我国祖辈家庭大致分为两种类型:一种是父母亲很少或根本不履行亲职,完全由(外)祖父母担负(外)孙子女的照顾及教养责任(这种情况在农村较多);另一种如三代同堂,父母亲履行若干亲职,祖辈承担部分抚育工作(这种情况在城市家庭中居多)。"隔代教养"已成为中国目前不可忽视的一种社会现象。

(三) 单亲家庭

由父亲或母亲单独承担抚养未成年子女责任的家庭。根据单亲家庭形成的原因,可将其分为离婚式单亲家庭、丧偶式单亲家庭、分居式单亲家庭和未婚式单亲家庭四类。

(四) 重组家庭

夫妻一方再婚或者双方再婚组成的家庭。重组家庭的家长应尽快认清新的形势,适应并融入新的环境,扮演好新的角色,在教育上更需要特殊的技巧。

(五) 多子女家庭

家庭中有两个或以上孩子的家庭。随着 2016 年 1 月 1 日起"全面二孩"政策的正式实施,近些年来,多子女家庭数量显著提高。随着三孩政策的出台及配套支持措施的完善,生养两个及以上孩子的家庭将持续增加。平等、科学地处理多个孩子的教养问题、大孩的心理健康问题等,是家庭教育新的关注点。

二、家庭教养方式

每一个孩子出生时都像一张白纸,他/她身上的"一笔一划"都是成长的过程中不同的家庭环境、生活习惯所留下的,不同教养方式会对孩子产生不同的影响。

(一) 权威型家长

权威型家长并不是指他们在事业上有多成功,或者是官做得有多大,而是指在孩子面前他们就是权威,他们说的话就是真理。他们认为,作为孩子,你必须听我的。他们帮孩子做决定、拿主意、规划人生,孩子只是归属于他们的"小傻子"。

权威型家长教养的孩子往往不能快速成长,可能心理年龄和生理年龄会不一致,遇到困难会被吓到不知所措,不能培养自己的独立思维。当有一天要自己面对困难或者做决定的时候,他/她会不知道该怎么做。

(二) 民主型家长

民主型家长和权威型家长相反,他们能够在孩子成长的过程中以孩子为主体。遇到事情他们会和孩子商量,让孩子去拿主意,尊重孩子;遇到困难他们会鼓励孩子勇于担当,让孩子自己先去尝试解决。

这种家长培养的孩子,通常比较有思想、有主见。在关键的时刻他们会有自己的想法,在学习上他们会规划自己的时间,他们的生理年龄和心理年龄相当,可能还会比同龄孩子更加成熟。

(三) 溺爱型家长

溺爱型家长会全部包办孩子的事情。这类家长太爱孩子了,爱到最后孩子什么也不会做。孩子在独自面对困难的时候只会逃避,或者被困难打倒。这类孩子能力很差,通常被自卑感包围。

这种现象多见于独生子女家庭,子女常表现为任性、自私、骄傲、情绪不稳定、无责任感等。以这种方式培养出来的孩子往往会在社会上到处碰壁。

(四) 冷漠型家长

冷漠型家长对孩子不闻不问、放任不管,在该培养孩子养成良好习惯的时候放任不管,不给孩子立规矩,导致孩子任性地按自己的想法做事。

通常会产生两个极端:如果家长文化素养相对高、生活环境相对好的话,孩子可能会比较独立、自律;如果家长文化素养不是很高,生活环境也不是很好,则孩子很可能会没有规则意识。

第三节 家庭教育中的普遍问题

随着中国经济社会的飞速发展,人们的生活方式发生了巨大的变化,信息渠道增多,社会价值观呈现多元化趋势,孩子们受到的影响越来越复杂,这一切都使出生在这个时代的孩子面临前所未有的挑战,家长也在培养孩子的时候空前焦虑甚至盲目,导致家庭教育中各种问题日益突出。

一、认知误区

(一) 不能输在起跑线上

不知从什么时候起,"虎爸""虎妈"等词汇进入人们的视野,而在"虎爸""虎妈"的棍棒底下又诞生了许多"牛娃""鸡娃",于是乎,近几年整个社会普遍进入"全民鸡血"状态。加之当代社会的激烈竞争,必然引起孩子在求学方面的白热化竞争,家长过度教育现象比比皆是。不少家长要求孩子在幼儿园阶段就要写英文作文、要会算四位数加减法等。各大辅导机构不乏不到两岁的幼儿,学钢琴、学绘画、学围棋、学珠心算,甚至有家长让孩子仿效"玖月奇迹"从小学习"双排键"。而为了让孩子在"幼升小"大战中脱颖而出进入名校,不少家长在婴幼儿未达到一定认知水平的情况下,向孩子灌输大量学科知识。有的家长在"人有我不能无"的攀比想法的驱使下,让孩子在周一晚上到周五晚上的课余时间里也继续学习,周六、周日更是从早到晚,甚至连吃饭时间也被占用。

家长"望子成龙"的心态完全能够理解,可是这样的做法有可能磨灭孩子的天性。

(二) 将家庭教育附属于学校教育

当前,我国不少家庭的教育功能已被异化,成为学校学科教育的延长,家长被异化为应试教育的陪练,抽空了家庭教育的基本价值。

很多家长存在重知识、轻德育的现象。在学校里,有老师监督课业,回到家里有父母监督学习,学生几乎成了一部学习机器。家长重视学习固然好,但轻视或舍弃家庭教育的其他功能,就会陷入未成年人教育的误区。

很多家长成了应试教育的陪练。除了严格监督孩子完成学校的作业,还额外给孩子布置了很多作业,孩子和父母之间的交流也完全围绕应试训练而展开。

做家长的几乎把全部心思、精力,以及财力都用在了子女的学习辅导、成绩提高上,以至于甚少考虑如何教孩子做一个诚实、勤劳的人,如何教孩子做到生活自理、人格自立等问题,家长忽视了家庭教育的根本所在。[①]

(三) 让学校教育代替家庭教育

有家长在家庭教育方面往往存在这样的认识误区,即认为孩子一旦被送进学校,教育的责任就落在相关机构。这种认识误区容易导致一方面家长放松对孩子的教育,使孩子缺少应有的家庭教育;另一方面,一旦孩子在学校出现情绪不稳、行为不良,或是学习困难、人际关系不和谐等问题,家长就会认为是学校教育不当所致,家庭和学校之间甚至由此产生矛盾,不利于孩子的教养。

家庭教育与学校教育的不同

家庭教育和学校教育的对象都是人。坚持以人为本、全面实施素质教育是我国教育改革发展的战略主题,"德育为先""能力为重""全面发展"是学校教育和家庭教育的共同任务。让孩子成人、成才,培养他们成为适应社会的全面发展的人,这是家庭教育和学校教育的共同的终极目标。

---

① 杨咏梅.莫把家庭教育当成学校教育附庸[J].上海少先队研究,2015(2):60—61.

学校和家庭是不同的教育载体。概括而言，学校教育与家庭教育的区别主要表现在以下方面：

（1）教育职能不同。家庭具有与人的生存和发展相关的多种功能，教育只是其中之一。学校是有计划、有组织、有目的地实施系统教育的机构，教育是其专门的功能。

（2）教育环境不同。家庭教育发生在自然的家庭环境之中，不需要专门的教学设备和固定的教材。学校是构建的教育环境，在统一的教室里，需要借助各种教学设施、课本来完成。

（3）教育者和受教育者的关系不同。父母与孩子的关系是自然形成的，终身不变，父母有不可推卸的教养子女的义务。教师与学生是人为形成的师生关系，而且不断变化，教师有自行择业的权利。

（4）教育内容不同。家庭教育随意性强、灵活机动，教育内容涉及做人、做事的方方面面。学校教育有统一的教学大纲、教材，以向学生传授知识为主。

（5）教育方法、途径不同。家庭教育主要依靠父母自身人格的力量影响孩子，教育融入日常生活中，随时随地进行。学校教育主要依靠教师的言语，通过课本和教学设备向学生传授知识，教育过程是特定的、阶段性的。

（6）教育对象不同。家庭教育中父母多是一对一地进行个别教育。学校教育中教师多被安排对就读学生进行集体教育。

家庭教育与学校教育的种种不同，正是家庭和学校这两个不同组织各自的特点，也决定了家长和教师在教育孩子时角色职责有所不同。

相关内容可以参考：鲁洁.教育社会学[M].北京：人民教育出版社，2007；赵忠心.家庭教育学[M].北京：人民教育出版社，2000；黄河清.家校合作导论[M].上海：华东师范大学出版社，2008；关颖.家庭教育指导者培训教程[M].天津：天津社会科学院出版社，2017.

二、方法误区

（一）教育方法简单甚至粗暴

有些家长自以为是，经常摆出长辈的架子，凡是自己提出的要求，一定要子女绝对服从,以此树立自己的绝对权威。一旦孩子犯了错误,容不得孩子半点解释。有的家长粗暴武断,经常居高临下地跟孩子说话,希望孩子完全接受自己的想法,缺乏和善的态度,导致孩子对家长"心口都不服"。

也有一些家长认为"棍棒底下出孝子""不打不成器",一旦孩子犯错误,不问原委、不分性质、不分场合,动辄严厉斥责、侮辱,甚至体罚孩子。这样做不仅不能让孩子正确认识到错误,而且伤害了孩子的自尊心,甚至会导致非常严重且无法弥补的后果。

(二) 唯学习成绩至上

不少家长为孩子设计好了一条所谓的"发展道路",即让孩子上有名的中小学,考上有名的大学,改变自己的阶层挤入上流社会。为了达到这些目标,孩子们夜以继日地奔波在各种培训班中,殊不知,在这种紧张的安排下,孩子们把学习当成走过场,只为完成任务。孩子们缺乏学习兴趣,缺乏学习的主动性和积极性,效果可想而知。学者杨东平曾说过,一个家庭对孩子的教育成功,有两个标准:一是孩子能够与书为友,养成阅读的习惯,"喜欢读书的孩子不会学坏";二是孩子形成了独特的兴趣爱好和发展方向。如果实现了这两点,对孩子的教育也就算成功了,孩子就会主动学习。由此来看,不少家长的力气用错了地方。

由于家长更加关注孩子的学习,把学习看作是孩子唯一要做的事情,为了让孩子专心学习,家长包揽了除了学习之外的所有事情,比如洗衣服、整理房间、打扫卫生等。还有一些家长觉得孩子做的事情入不了自己的眼,一边指责孩子,一边包揽本来应由孩子自己来做的事情,让孩子得不到锻炼。看似好心为了孩子学习的家长,其实在无形中让孩子丧失了生活的能力,而缺少了生活能力的人,在社会上想要生存下去是很困难的。

(三) 缺位的教育

家长在对子女的教育中缺位主要表现为两种情况,一是留守儿童的家庭教育缺位,二是部分家庭出现的"丧偶式教育"。

留守儿童分为农村留守儿童和城市留守儿童。农村留守儿童的出现是因为随着社会开放和城镇一体化进程加快,大批农村劳动力由农村流向城市,由不发达地区流向发达地区,鉴于城市和发达地区高昂的生活费用难以承受,加上多数农民工自身工作和生活尚不稳定,只好把未成年子女留在原籍,于是,便出现了大批留守儿童。而在城市中,父母双亲或单亲因外出工作、学习进修或其他原因长期不能与孩子生活在一起,这些孩子留守在家,或被寄托给亲戚、祖辈,他们成为类似农村留守儿童的又一个群体——城市留守儿童。这两类群体的家庭教育通常都是由祖辈或亲戚负责的,由于缺少父母的关爱及有效的教育、心理疏导和管理,部分留守儿童出现行为偏差——在家里不听临时监护人的教导和管理,顶撞祖辈,我行我素;在学校自由散漫,常有迟到、旷课、逃学、说谎、打架等不良行为。

现代家庭教育中还出现了一个很常见的现象,就是家庭角色的缺位——"丧偶式教育",即夫妻一方只负责赚钱,几乎不参与孩子的教育问题,孩子的教育都由另一方负责。相对来说,爸爸缺位是最常见的。如果妈妈易焦虑、抑郁,特别是在生完孩子之后尤为明显,焦虑、神经质的情绪会传染给孩子。这种家长缺位的教育导致孩子往往脾气较大、易怒,控制情绪的能力较差,较情绪化。一般来说,爸爸比妈妈更加理性、更有原则性,爸爸参与教育对于孩子来说是一种极大的保护和促进。

(四)错误的陪伴

与上述家长在教育中缺位的情况形成鲜明对比的是,现在很多父母感叹"再不陪伴孩子他们就长大了",所以他们想尽办法甚至牺牲自我去陪伴孩子。可这个时候,不少家长进入了下面几个误区:

1. 陪同=陪伴

常看到父母亦步亦趋地跟在孩子左右,散步、逛商场、写作业……但孩子仍然是一个人自言自语或者自己玩,父母好像没听到孩子说的话,而在想自己的心事,甚至抱着手机不放。父母人在心不在,更没心情体验孩子的快乐,这样的陪同不算陪伴。

2. 看管=陪伴

父母紧紧跟在孩子身边不断地提醒他们这个不可以,那个不行;替孩子做这做那,害怕孩子摔着,怕孩子受委屈,怕孩子走弯路……父母没有看到孩子的需要,更没随着孩子的长大而不断扩展他们的独立成长空间。长此以往,不仅父母疲惫,孩子也辛苦,这样的看管不是陪伴。

3. 物质满足＝陪伴

很多父母为弥补忽略孩子的内疚,偶尔有时间陪孩子,就豪爽地花钱给孩子买各种东西,不管孩子需要的还是不需要的,都买。流行的品牌、最贵的学校、最好的老师,这些或许可以让父母自己内心平衡,却无法填补孩子内心缺爱的空虚。

4. 说教＝陪伴

很多父母难得与孩子在一起,却不停地讲各种道理,讲自己有多辛苦,说这一切都是为了孩子,说自己都是对的。父母以为这些话能激发孩子的积极生活状态,却不知在"内疚和负罪感"中长大的孩子最无力,他们只有自我否定,只有自我纠结和挣扎,没有力气去改变,孩子害怕这样的"陪伴"。

5. 妈妈的守护＝陪伴

很多家庭认为守护孩子是母亲的天职,在外赚钱养家是爸爸的责任,爸爸成了"不回家的人"。妈妈给予孩子母性的爱,而自信、力量、与世界的关系和联结,这些也是需要爸爸的引导和示范的,不可能什么都让妈妈代替。

父亲、母亲角色的差异和作用

关 颖

父母双方都承担着对子女的教育责任,双亲抚育是有利于孩子成长的最理想的模式。传统的中国是父权制社会,主张"男主外,女主内",在家抚养孩子成为女人的"专利",男人对家庭琐事和子女抚育少有顾及。这种传统的家庭角色分工根深蒂固,尽管现代女性已走出家门参加工作,但父亲在抚育子女中的作用仍然未得到增强。

父亲和母亲具有不同的性别特征和行为表现,对孩子的发展起着不同的作用。一般认为,女性比较文静、温柔、细致、体贴、感情用事、注重小节,表现在教养方式上为静态、言教、慈爱;男性比较好动、理性、刚强、果断、不拘小节,表现在教养方式上为运动、示范、严厉。父亲和母亲所表现出的特质和行为方式虽然不同,但是没有优劣之分。孩子健康成长需要父母配合、优势互补。只有父母给予孩子由内而外的呵护、有静有动的引领,孩子的身心发育才能顺畅,人格塑造才能完整。

著名社会学家费孝通专门论述了"双亲抚育",指出"在过去的历史中,人们似乎找到了一个比较有效(效力总是相对的)的抚育方式,那就是双亲抚育"。他把夫妻和子女称作"社会结构中的基本三角",以此来描述家庭成员相互之间的关系及其相互连接构成的一个完整的家。而一旦夫妻一方从家庭中分离,这个"三角"失去了一条边,孩子从父亲或母亲那里得到的爱抚和教育便会是不完整的,甚至是畸形的。在现实中,尽管有的家庭其结构是完整的,但教育功能缺失,即父亲或母亲对孩子不尽抚养教育义务,这同样会给子女带来不利影响。

(资料来源:关颖.家庭教育指导者培训教程[M].天津:天津社会科学院出版社,2017.)

第二章 协同育人概论

学校家庭社会协同育人是促进儿童和青少年全面发展、健康成长的必然要求，也是落实新时代教育改革发展新要求的必然选择。

近年来，党和国家高度重视学校家庭社会协同育人。习近平总书记在全国教育大会上指出，办好教育事业，家庭、学校、政府、社会都有责任。党的十九届五中全会提出健全学校家庭社会协同育人机制，《家庭教育促进法》规定建立健全家庭学校社会协同育人机制，《中华人民共和国国民经济和社会发展第十四个五年规划和2035年远景目标纲要》和2022年《政府工作报告》都确定了健全学校家庭社会协同育人机制的工作任务。党的二十大报告中明确指出，办好人民满意的教育要深化教育领域综合改革，健全学校家庭社会育人机制，进一步凸显了协同育人在我国教育事业进程和国家发展中的重要地位。为着力破解学校家庭社会协同育人存在的突出问题，2023年1月，教育部等十三部门联合印发了《关于健全学校家庭社会协同育人机制的意见》，提出到"十四五"时期末，政府对协同育人工作的统筹领导更加有力，制度体系基本建立健全。学校积极主导、家庭主动尽责、社会有效支持的协同育人机制更加完善，促进学生全面发展健康成长的良好氛围更加浓厚。

由此可见，党和国家高度重视新时代学校家庭社会协同育人机制建设。无论学校、家庭还是社会，均需要增强协同育人共识，积极参与到学校家庭社会协同育人新格局的构建工作中。

本章主要介绍了协同育人的基本概念、主要理论依据和政策依据，以及我国当前协同育人的基本情况。

第一节 协同育人的内涵

协同育人是指家庭、学校及社会等不同领域和主体之间在教育过程中互相协作，共同育人的一种方式。它强调学校、家庭和社会应该共同承担起培养下一代公民的责任，不仅限于单一的亲子与师生关系，而是要通过多方面的合作和沟通,形成全社会育人的良性循环。协同育人的目标是为了让每个孩子都能够得到健康、均衡的成长和发展,实现立德树人、全面发展和社会参与能力的提升。其途径是提升学校教育水平,提升家庭教育水平,提升社会支持系统并且促进三者密切合作。对学校和教师来说,协同育人的方向不是把家庭变成学校,而是让家庭更像家庭,要积极促进家庭建设,因为美好而完整的家庭最有利于孩子成长。

一、协同育人的定义

关于协同育人的概念和三个主体的责任导向,不同学者站在不同角度有着不同的看法。

有学者对协同教育的内涵进行辨析,发现各国"家校社"合作实践一般是指家校社(区)合作这个操作层面,认为家校社(区、会)合作共育的内核和基本单元是家庭和学校,因此一般简称为"家校合作"。在类型划分研究方面,有学者根据系统独有要素的相互渗透对协同教育进行分类,分为协同家庭教育、协同学校教育和协同社会教育等。[①]

杨雄认为,学校教育是训练学生遵循"规定",社会教育是训练公民遵守"规则",家庭教育则是培养孩子学会"规矩"。

廖婧茜和龚洪认为家校社协同育人是指家庭、学校和社会三者在相互协调、通力合作、同向而行中发挥育人合力。家庭教育指向学生的人格修养,是人自我实现的人性基础;学校教育指向人的社会化,是人自我实现的生长点;社会教育指向人的未来发展,是人自我实现的助推器。

丁伯正指出家校合作要以学生为出发点,以学生为中心,并最终促进学生的全面发展。

马忠虎认为,家校合作是指对学生最具影响的两个社会机构——家庭和学校之间形成合力对学生进行教育,使学校在教育学生时能够得到更多的来自家庭方面的支持,而家长在教育子女时也能得到更多来自学校方面的指导。这强调了家庭和学校在教育过程中享有平等的地位。

---

① 吕进,史仁民.我国"家校社"协同育人研究综述——基于 CNKI 文献的计量和内容分析[J].教育观察,2022,11(18):98-101.DOI:10.16070/j.cnki.cn45-1388/g4s.2022.18.025.

黄河清在《家校合作导论》中提出,家校合作是家庭与学校以促进青少年的全面发展为目的,家长参与到学校的教育教学活动中,学校指导家长进行家庭教育,家校双方互相配合、相互支持的双向互动活动。

美国约翰·霍普金斯大学的研究专家艾普斯坦则强调了学校、家庭、社区三者对孩子教育的共同责任,将家校合作的含义由"家庭、学校"扩展到"家庭、学校、社区合作",另外艾普斯坦还提出了在家校合作过程中不能忽视学生主体地位和学生的重要作用这一观点。

从协同育人的概念界定,可以看出协同育人的内涵包括以下几个方面:

第一,学校、家庭和社会是协同育人的主体,必须要明确责任、各展优势、密切配合、相互支持,形成合力。

第二,学校、家庭和社会是学生成长的主要环境,所以合作要围绕着学生的成长成才需要展开,将促进其全面发展作为最终目标。

第三,家校合作的组成部分不仅仅是学校和家庭,还包括社会,合作中不能忽视社会因素的参与。

第四,学校和家长在合作中要建立一种稳定的教育伙伴关系,而不是一方依附另一方。

二、协同育人的基本内容

协同育人的方式和内容十分丰富,从协同育人的不同主体出发,可以分为三大类:一是家长为主体,即家长主动协同学校教育;二是学校为主体,即学校指导家庭教育,或称为学校进行的家长教育;三是社会为主体,即有效支持服务全面育人,完善社会家庭教育服务体系,推进社会资源开放共享。

(一)家长主动协同学校教育

主要包括以下几个方面的内容:主动参与家长委员会有关工作,充分理解学校正常教育教学工作(如学校课程设置,人事、财务决策等);参加学校组织的家校互动活动(如学校运动会、演出、科学展出等),积极担任志愿者;参加学校组织的家庭教育指导活动(如家长培训或研讨会);及时主动向学校沟通子女在家中的思想情绪、身心状况和日常表现(线上线下渠道),指导、监督或陪同孩子学习,帮孩子建立时间观念,与孩子交流沟通学习问题,为孩子创设、提供良好的学习环境、条件等。

根据家长参与学校教育内容的不同,大体可以将其分为四个类别:

1. 家长参与学校活动,如参加家长会、个别家长见面会、学校开放日、亲子活动、开学或毕业(结业)典礼等。

2. 家长参与学校教学,如家长开发校本课程、家长开设拓展课程、家长开展教学评价、家长参与教学研究工作等。

3. 家长参与学校管理,如成立家委员会、参与学校领导接待日活动、填写调查问卷等。

4. 家长为学校服务,如担任家长志愿者等。

有学者依据联合国《儿童权利公约》对家长参与水平设定了七个层次的标准。详见表2-1。

表2-1 家长参与家校合作的层次与表现[1]

序号	层次	表现
一	操纵	有关家长的事情,完全由教师来安排。家长没有渠道或方法了解他们为什么要这样做,以及怎样对参与这样的事情发表自己的意见
二	装饰	家长可能有机会参与一些活动,如被要求准备材料、为某些事情做宣传等,但他们不明白这些事项的意义,也不知道他们有权利选择是否参与、如何参与,以及在参与过程中如何表达自己的意见
三	表面文章	在一些事项中,家长可能会被问到有什么想法,但是没有人重视或参考他们的意见
四	教师指派并告知家长	教师在决定一些有关家长的事项或计划后,让家长了解他们为什么要做这些事情,家长可以决定是否参与
五	教师咨询并告知家长	教师设计了有关家长的事项,且让家长明白事项的意义;教师能征求家长的意见,并能严肃地对待他们的意见

---

[1] 朱海燕.家校共建安全桥——家校合作共同开展未成年人生命与安全教育[J].现代教育科学(小学教师),2015(6):21.

续 表

序号	层 次	表 现
六	教师发起,与家长共同决策	教师提出有关事项,让家长参与筹划和实施,并与家长一起做决定
七	家长发起,与教师和儿童共同决策	家长发起,并以主体身份邀请教师和儿童一起讨论、共同决策

(二) 学校的家庭教育指导

家庭教育指导是指学校或有关社会机构及人员,为提高家庭教育的科学性、针对性、实效性对家长进行的理论、内容、方法等方面的指导。

目前,家庭教育指导的主体相对多元,有各类社会团体,特别是各级妇联、关心下一代工作委员会、共青团等组织,有各级社区,也有社会民营教育机构等。学校是教书育人的主阵地,是家庭教育指导非常重要的主体。《教育部关于加强家庭教育工作的指导意见》(教基一〔2015〕10号)提出,要"强化学校家庭教育工作指导"。"中小学幼儿园要建立健全家庭教育工作机制,统筹家长委员会、家长学校、家长会、家访、家长开放日、家长接待日等各种家校沟通渠道,逐步建成以分管德育工作的校长、幼儿园园长、中小学德育主任、年级长、班主任、德育课老师为主体,专家学者和优秀家长共同参与,专兼职相结合的家庭教育骨干力量。将家庭教育工作纳入教育行政干部和中小学校长培训内容,将学校安排的家庭教育指导服务计入工作量。"

《家庭教育促进法》在第四章"社会协同"中共有五条对中小学校提供家庭教育指导服务提出了明确要求。教育部等十三部门联合印发的《关于健全学校家庭社会协同育人机制的意见》提出学校充分发挥协同育人主导作用,主要包括及时沟通学生情况、加强家庭教育指导、用好社会育人资源。

学校指导家庭教育的方式有多种,按照发挥主导作用者的不同,可以分为:以学校为主导的方式,如家长学校、家长委员会、家长会、学校开放日、家长接待日、家庭教育讲座、家长指导手册、家庭教育咨询等;以家长为主导的方式,如家长经验报告、家长沙龙等。并且对教师开展家访和家庭教育指导的活动次数提出指导标准。

(三) 社会支持服务全面育人

《关于健全学校家庭社会协同育人机制的意见》针对"社会有效支持服务全面

育人"主题,提出了"完善社会家庭教育服务体系"、"推进社会资源开放共享"、"净化社会育人环境"等一系列要求。

社区是社会的基本单元,是相关居民共同生活、自我管理的具体区域,也是由相关组织、机构自觉服务于居民发展和社区建设的治理单元。教育是社区发展的构成内容,也是社区发展的重要力量。[①]

关于社区的教育责任,国家与地方层面出台了多个相关法律法规和政策文件。2021年,国务院办公厅印发《"十四五"城乡社区服务体系建设规划》的通知,在要开展的"新时代新社区新生活服务质量提升行动"中,明确包括"社区未成年人关爱行动",要求推进乡镇(街道)未成年人保护工作站、儿童友好社区建设,依托社区综合服务设施拓展社区托育服务功能。推动在社区普遍建立青年之家和校外实践教育场所,开展学龄儿童课后托管和寒暑假集中看护服务,在村(社区)推广建立家长学校或家庭教育服务站点。《中华人民共和国教育法》第六章"教育与社会"第四十八条规定:国家机关、军队、企业事业组织及其他社会组织应当为学校组织的学生实习、社会实践活动提供帮助和便利。

上海、浙江、河北、四川等省市在开展社区建设工作时,单设"教育场景",凸显教育在社区发展中的重要作用,探索利用社区资源促进教育发展。例如,2021年,浙江省教育厅、浙江省发展和改革委员会印发了《关于高质量营造未来社区教育场景的实施意见》的通知,提出五大工作任务,包括"全方位布局学习空间""全年龄打造幸福课堂""全时段创设学习环境""全渠道拓展师资队伍""全立体加强系统集成"。

《上海教育现代化2035》明确要求社区与学校加强合作,将社区作为加强学生思想道德建设和社会实践的重要阵地,通过设立"社区服务体验岗位"和广泛开展多种公益活动,帮助学生了解社区环境和风俗习惯。

学校要把统筹用好各类社会资源作为强化实践育人的重要途径,积极拓展校外教育空间。对教师来说,社区教育是对学校教育的补充。社区教育因其丰富的教育资源、灵活的教育场景,有利于满足学生多样化的发展需求。教师可利用社区服务体系开展亲子实践活动,借助社区资源、联合社会组织或机构关爱贫困家庭子女、留守儿童等。

---

① 李家成.学校家庭社区协同育人研究[M].北京:国家开放大学出版社,2023.

第二节 协同育人的依据

对校家社协同育人的研究关注点,学界主要从以下几个方面来探讨:一是基于相关理论阐释其价值和内涵。如,唐汗卫、程豪等学者以交叠影响域理论为基础构建新型的家庭、学校、社会的合作关系,实现校家社之间的互动联结。二是厘清校家社主体之间的职责定位。多数学者认为,虽然家庭、社会、学校的职责和教育内容不同,但校家社"三位一体",相互配合,互相渗透,密切联系,对促进学生的身心发展有积极作用。三是家校社协同育人的困境及路径研究。[①] 这些观点为协同育人提供了理论支撑,连同《家庭教育促进法》和系列政策文件是开展协同育人的重要依据。

一、协同育人的理论依据

学校家庭社会协同育人作为教育领域的一个重要课题,其自身尚未建立起一整套独立、完整的理论体系,但这一概念的提出具有深刻的社会学、心理学和教育学等理论背景。对这些理论依据的研究,不仅有利于完善协同育人理论,对协同育人的实践研究也具有重要的指导作用。

(一)协同学理论

协同学理论是由德国物理学家哈肯教授创立的。从协同学理论来看,家校合作就是教育系统中各个子系统之间相互协同、密切配合的表现,家校合作就是实现教育功能的其中一个途径。家校之间相互合作和支持,就会引导学校系统和家庭系统产生协同效应。在家校合作中,学校教育居于教育系统的主导地位,指导家庭教育,协调社会教育,从而促使整个教育系统不断有序、健康、和谐发展。

(二)交叠影响域理论

美国约翰·霍普金斯大学的全美家校合作联盟(National Network of Partnership

---

① 韩薇,刘孙渊.高质量发展视域下农村中小学家校社协同育人的困境与突破路径[J].荆楚理工学院学报,2024,39(1):44-52.DOI:10.14151/j.cnki.jclgxyxb.2024.01.006.

Schools，NNPS)研究中心主任兼首席科学家爱普斯坦在深入研究了中小学校与家庭、社区关系后，提出必须要跳出针对各种理论的无休止争辩，从指导和改善实践的立场出发，在学校、家庭和社区之间建立一种以儿童为中心的新型伙伴关系，从而帮助教师更好地工作，增进学校的管理和教学效能，提升家长培育子女的能力，密切家庭、学校及社区间的关系，更重要的是，能够提升儿童的教育抱负，促进他们在学校教育中获得成功。由此，她提出了交叠影响域理论以指导家校合作实践，并发展和构建了以当好家长、相互交流、志愿服务、在家学习、参与决策和与社区合作为主体的六种实践类型，来指导学校开展均衡、全面的家校合作。[①]

(三) 共同责任理论

关于家庭与学校的合作关系问题，爱普斯坦提出了分开责任和共同责任两个概念。爱普斯坦认为真正意义上的家校合作是家庭与学校的共同责任，而不是分开责任。

所谓共同责任，是指家长和教师共同承担起教育的责任，家庭与学校之间建立双向沟通机制，保持密切联系，定期交换学生成长的信息，沟通彼此的需求和建议，为共同的教育目标而采取适当的行动。共同责任理论强调教师与家长应相互支持和配合，共同完成培养孩子的责任。

爱普斯坦认为，在真正意义上的家校合作中，家庭与学校的关系是合作而不是单纯的分工，教育孩子是双方的共同责任。这种共同责任意味着家庭与学校要沟通、合作和相互影响。学校和家庭之间只有相互交流、支持与配合，才能实现教育的一致性，形成教育合力，使孩子健康成长。爱普斯坦指出，若家长和教师增加合作，学生就会感到教师与家长都很关心自己的学习，从而努力争取达到更好的学习效果。

此外，还有共生理论、利益关系论等理论都为协同育人提供了理论依据。

二、协同育人的政策依据

党的十八大以来，以习近平同志为核心的党中央高度重视家庭文明建设，习

---

① 张俊，吴重涵，王梅雾等.面向实践的家校合作指导理论——交叠影响域理论综述[J].教育学术月刊,2019(5)：3-12.DOI：10.16477/j.cnki.issn1674-2311.2019.05.001.

近平总书记多次在重要讲话中强调家庭建设和家庭教育。"三个注重""四个第一"等一系列重要论述为家庭教育提供了根本遵循。2021年10月23日,十三届全国人大常委会第三十一次会议通过《家庭教育促进法》,这部法律于2022年1月1日正式实施。2022年4月,全国妇联、教育部等11个部门印发《关于指导推进家庭教育的五年规划(2021—2025年)》。系列重磅讲话和文件出台,意味着家庭教育工作走上了全新的历史性快车道,带来了重大机遇。

2020年10月29日,中国共产党第十九届中央委员会第五次全体会议通过《中共中央关于制定国民经济和社会发展第十四个五年规划和二〇三五年远景目标的建议》(以下简称"十四五")。在协同育人策略上,"十四五"规划强调加强家园、家校协作,推动教师家访制度化、常态化;在中小学、幼儿园和社区中建设家长学校、家长委员会,普及家庭教育知识,推广家庭教育经验;发挥共青团、少先队、妇联、科协、关工委等组织的育人作用,形成学校、家庭、社会协同育人合力。

党的二十大报告提出:"健全学校家庭社会育人机制","加强家庭家教家风建设"。2023年1月13日,教育部等十三部门联合印发《关于健全学校家庭社会协同育人机制的意见》,提出"到2035年,形成定位清晰、机制健全、联动紧密、科学高效的学校家庭社会协同育人机制"。这充分表明了党和国家对于学校家庭社会协同育人工作的重视,"协同育人"已经与"立德树人""五育并举""全面发展"一道,成为教育的时代命题。

(一)《中华人民共和国义务教育法》

第一章第五条规定:"社会组织和个人应当为适龄儿童、少年接受义务教育创造良好的环境。"第三十七条规定:"学校应当保证学生的课外活动时间,组织开展文化娱乐等课外活动。社会公共文化体育设施应当为学校开展课外活动提供便利。"

(二)《中华人民共和国教育法》

第六章"教育与社会"对家长协同学校教育、社会支持协同育人提出了相关规定和建议。其中,第四十七条规定:"企业事业组织、社会团体及其他社会组织和个人,可以通过适当形式,支持学校的建设,参与学校管理。"第四十八条规定:"国家机关、军队、企业事业组织及其他社会组织应当为学校组织的学生实习、社会实践活动提供帮助和便利。"第五十条规定:"未成年人的父母或者其他监护人应当为其未成年子女或者其他被监护人受教育提供必要条件。未成年人的父母或者其他监护人应当配合学校及其他教育机构,对其未成年子女或者其他被监护人进行教育。学校、教师可以对学生家长提供家庭教育指导。"

(三)《中华人民共和国未成年人保护法》

第二章"家庭保护"第十五条规定:"未成年人的父母或者其他监护人应当学习家庭教育知识,接受家庭教育指导,创造良好、和睦、文明的家庭环境。"《中华人民共和国未成年人保护法》以法律形式确立了家庭教育指导的法律地位,为家校协同育人提供了根本性的法律依据。

(四)《中华人民共和国家庭教育促进法》

2021年通过的《家庭教育促进法》第三十九条规定:"中小学校、幼儿园应当将家庭教育指导服务纳入工作计划,作为教师业务培训的内容。"教师开展家庭教育指导已成为法律规定的工作内容。

第四十条规定:"中小学校、幼儿园可以采取建立家长学校等方式,针对不同年龄段未成年人的特点,定期组织公益性家庭教育指导服务和实践活动,并及时联系、督促未成年人的父母或者其他监护人参加。"第四十一条规定:"中小学校、幼儿园应当根据家长的需求,邀请有关人员传授家庭教育理念、知识和方法,组织开展家庭教育指导服务和实践活动,促进家庭与学校共同教育。"这两条对中小学、幼儿园的家校互动、家长学校活动、家庭教育指导服务等形式给予了具体说明。

第四十二条规定:"具备条件的中小学校、幼儿园应当在教育行政部门的指导下,为家庭教育指导服务站点开展公益性家庭教育指导服务活动提供支持。"鼓励示范校形成可复制、可推广经验和特色,发挥示范引领作用,惠及周边社区及学校。

第四十三条规定:"中小学校发现未成年学生严重违反校规校纪的,应当及时制止、管教,告知其父母或者其他监护人,并为其父母或者其他监护人提供有针对性的家庭教育指导服务;发现未成年学生有不良行为或者严重不良行为的,按照有关法律规定处理。"针对条款中提到的学生情况,教师不仅要告知家长,更要肩负起家庭教育指导的责任。

(五) 教育部等十三部门《关于健全学校家庭社会协同育人机制的意见》

2023年1月,教育部等十三部门联合印发《关于健全学校家庭社会协同育人机制的意见》(以下简称《意见》)。《意见》明确了学校家庭社会在协同育人中的各自职责定位及相互协调机制。

一是学校充分发挥协同育人主导作用,学校要全面掌握并向家长及时沟通学生在校期间的思想情绪、学业状况、行为表现和身心发展等情况;要加强家庭教育指导,把做好家庭教育指导服务作为重要职责,每学期至少组织两次家庭教育指导活动;要用好社会育人资源,建立相对稳定的社会实践教育基地和资源目录清单,联合开发社会实践课程。《意见》明确了学校在协同育人中的主导作用,学校要一头连家长,一头连社会,用好社会资源,做好家庭教育指导服务。

二是家长切实履行家庭教育主体责任,家长要强化家庭是第一个课堂、家长是第一任老师的责任意识,注重家庭建设,为子女健康成长创造良好家庭环境;要积极参加学校组织的家庭教育指导和家校互动活动,充分理解学校正常教育教学工作;要利用闲暇时间带领或支持子女体验社会,帮助子女更好亲近自然、开阔眼界、增长见识、提高素质。这一部分是对《家庭教育促进法》中要求的家长家庭教育重点内容的再次强调和补充。

三是社会有效支持服务全面育人,要将家庭教育指导作为城乡社区公共服务的重要内容,积极构建普惠性家庭教育公共服务体系;各类教育基地和活动场馆要面向中小学生及学龄前儿童免费或优惠开放,鼓励支持社会有关方面提供寓教于乐的优秀儿童文化精品;要健全网络综合治理体系,着力打造有利于青少年健康成长的清朗社会文化及良好网络生态。这一部分再次体现了家庭教育从"家事"上升到了"国事",不仅事关孩子成长,更事关民族复兴。社区、教育基地、网络等,从硬件场地到虚拟空间,家庭教育离不开全方位育人环境的打造。

第三节 协同育人的现状

作为全国学校家庭社会协同育人实验区之一的上海市奉贤区,地处上海南郊,是上海统筹城乡一体化发展试验区,发展战略定位为"南上海城市中心、新片区西部门户、长三角活力新城"。在落实教育优先发展战略、推动教育高质量发展的进程中,坚持立德树人,高度重视协同育人,在实践中注重创新,多途径提升学校家庭社会协同育人水平,协同育人工作已经成为新时代区域教育发展新动能、新品牌。

上海市奉贤区教育学院自2016年5月成立奉贤区家庭教育研究与指导服务中心(简称"奉贤区家教中心")以来,面向广大家长开展了两次大调研,分别为2016年11月组织的"家庭教育指导需求调查"和2017年12月组织的"家长参与支持学校工作基本情况"在线问卷调查。通过这些调查,对本区家校合作情况,即家长参与支持学校工作情况和家庭教育指导情况有了直观了解。

自2020年以来,上海市奉贤区家教中心连续开展了三年调研。在对其中两次疫情期间奉贤区24小时心理健康与家庭教育指导服务热线个案和区域内面询个案进行统计后发现,个案咨询主要围绕以下几方面:亲子关系、情绪问题、手机网络成瘾、同伴关系、行为问题、学习问题和心理危机。尤其是2022年疫情期间,关于情绪问题和学习问题的咨询一下子就增加了。

2022年4月19日到4月25日,奉贤区以学校管理者、教研组长、备课组长、年级组长、班主任为对象,完成了"在线教育期间指导服务工作调研"。数据分析显示,在线教育期间,教师最需获得的德育支持内容排名第一的是"心理健康教育与辅导",其次是"家庭教育指导能力",再次是"班级管理方法"。调研显示,学前段教师对"家庭教育指导能力"的需求比例最高。小学到高中学段教师对"心理健康教育与辅导"的需求比例最高。排名第二的需求,学前段是"心理健康教育与辅导",小学、初中、九年一贯制是"家庭教育指导能力",高中是"班级管理方法"。

2022年5月15日,上海市奉贤区数字家长学校平台正式上线,用户覆盖全区155所学校所有在籍学生和在编教师。截至2024年3月,显示注册学生用户数为95 166人。通过家长参与数字家长学校的情况,奉贤区教育学院对本区家长的家庭教育指导需求有了较为全面和及时的把握。

2022年12月起,上海市奉贤区联合河北省保定市、贵州省遵义市、云南省大理州弥渡、漾濞两县,从学生、家长、教师三个维度开展家校合作情况调研,对各地协同育人的情况有了进一步直观深入的了解。

下文主要以上述调查数据为例说明当前家校合作的基本状况,以及当前家长的家庭教育指导需求。

一、家长参与学校工作的基本状况

随着现代治理理念深入公共服务领域,学校也逐渐敞开大门,吸收家庭和社会力量参与学校事务管理。家长对学校事务的管理和支持源于家校之间的相互理解,而相互理解则源于顺畅的沟通。这部分内容涉及家长与教师沟通的问题、家长参加家委会和志愿者工作的问题等。

(一)家长参与学校活动

1. 家长会参与情况

家长会是由学校或教师发起的,面向学生家长的交流、互动会,主要以教师介绍教育教学安排或相关政策为主,是学校组织的较为正式的教师与家长联系沟通的活动。数据显示,近70%的家庭通常由母亲参加家长会,近30%的家庭通常由父亲参加家长会。由父母参加家长会的家庭占受调查家庭的97%以上,这表现出父母对家长会的高度重视。

2. 家长参加亲子活动

与母亲在指导家庭作业中承担主要职责的调查结果相同,学校组织的亲子活动(如阅读、探究、劳动或运动会等),通常也多由母亲参加。调查数据显示,近70%的家庭通常由母亲参加亲子活动,20%多的家庭通常由父亲参加亲子活动。

3. 家长参加学校开放日

学校开放日是学校组织开展的面向学生家长的活动,通常分批让学生家长来学校深入课堂聆听教师的讲课,目的在于让学生家长深入了解自己孩子在学校的表现,了解教师的讲课水平,增加学校办学的透明度。调查数据显示,近半数的家长每次都参加学校组织的开放日活动,有约10%的家长从未参加过类似活动。

(二)家长参与教育教学

从广义上看,家长参与教育教学有在校参与和在家参与两种。总的来看,家长在校参与教育教学的比例相较在家参与的比例要低得多,而且家长在校参与教育教学的比例相较参与活动、服务的比例也要低得多。

1. 家长授课或开发课程

总的来说,家长在校参与学校教学活动的比例相对较低。从数据来看,家长参与校本课程开发的比例略高于进课堂讲授的比例。具体表现在两个方面:第一,当被问及是否给学生讲过课(含经验交流)时,仅有不到20%的家长表示有过类似经历,其中平均一学期讲课1次及以上的家长仅占受调查人数的4.72%。第二,当被问及是否参加过学校或班级的校本课程开发时,有22.22%的家长表示有过类似经历,其中平均一学期参加1次及以上的家长仅占受调查人数的5.99%。

2. 家长指导家庭作业

调查数据显示,超过60%的家庭平时是由母亲来指导学生完成家庭作业的,逾20%的家庭平时是由父亲来指导学生完成家庭作业的,另有超过10%的家庭是由他人代劳的,其中学校晚托班、校外晚托机构和其他人都占有一定比例。

对于自己辅导作业的能力,近半数的家长感觉"自己没办法辅导孩子的家庭作业",这部分家长占受调查人数的46.53%;逾半数的家长认为自己有能力辅导孩子的家庭作业。

(三)家长参与学校管理

家委会是家长代表参加的一种群众性的社会团体。它的重要任务有密切联系家长,收集并及时反映家长对学校工作的建议和意见,协助并参与学校的教育和管理工作等。调查数据显示,受调查人员中,11.55%的家长现在是学校或班级家长委员会的成员,6.04%的家长曾经是学校或班级家长委员会的成员,超过80%的家长未曾入选学校或班级家长委员会。对于家委会的作用,近80%的家长持肯定态度,认为家委会能"代表家长意愿,与学校或班级沟通,并获得成效"。但是实际生活中,仅有47.06%的家长曾经向家委会反映过学校或班级问题,其中9.02%的家长平均一学期反映2次及以上。半数以上的家长未曾向家委会反映过学校或班级问题。

(四)家长为学校服务

家长志愿者活动是家校合作的标志性活动。只要说到家校合作,就会联想到家长志愿者。调查数据显示,71.12%的家长参加过学校或班级的志愿服务工作,如上下学护导、布置教室、运动会服务等。其中，19.06％的家长做志愿者的次数相对频繁，平均一学期 2 次及以上。

（五）家校资源共享

共享是当前我国经济与社会发展的重要理念之一。家校合作的目的之一也是通过整合学校资源和家庭资源，提高育人效果。从家长角度来看，共享一方面包括将家庭闲置资源提供给学校，或为学校提供有利的信息资源；另一方面也包括合理使用学校资源提高个人素养。

1. 家庭为学校提供资源

课题组从两个角度对家长向学校提供共享资源的情况进行了调查，结果显示：第一，将近半数的家长给学校或班级提供过物品帮助，小到日用品，大到办公用品。当被问及是否给学校或班级提供过物品帮助时，44.79％的家长的回答是肯定的。第二，20％左右的家长给学校或班级提供过含教育教学信息、采购信息等在内的信息资源。当被问及是否给学校或班级提供过信息资源时，20.71％的家长的回答是肯定的。对比上述二者可以发现，家长向学校提供的物质方面的帮助远多于其提供的信息方面的帮助。

2. 家长利用学校资源

近年来，教育部等相关部门制定出台了多个文件，鼓励学校资源向社区开放，发挥学校在促进终身学习、建设学习型城市中的积极作用。调查数据显示，相较于向学校提供资源的家长的比例，利用学校资源促进个人发展的家长的比例明显要高很多。近 85％的家长曾经去过周边学校的剧场、室内体育馆或游泳池等场馆观看演出、锻炼身体等（陪同孩子上课、训练等除外），其中，26.03％的家长经常使用学校的上述场馆设施，平均一个月 2 次及以上。

二、家庭教育指导的基本状况

（一）家长的视角

调查显示，多数家长认为家庭教育指导有必要，认为教师有能力指导家庭教育，且接受家庭教育指导的积极性较高；但是，在现实生活中遇到家庭教育方面的问题时,主动请教班主任或任课老师的家长的比例相对不高。

1. 家长对家庭教育指导的必要性和需求的认识

当被问及是否认为有必要"接受家庭教育指导培训"时,回答"有必要"和"非常有必要"的家长占比达到90%以上。关于家长急需的家教指导内容,幼儿园儿童家长选择最多的三项分别是"良好生活习惯培养""幼儿身心发展特点"和"增强幼儿的抗挫能力";中小学生家长选择最多的三项分别是"学习习惯培养""青少年心理健康"和"品行教育(行为习惯、德育等)"。

从2022年12月开始,上海市奉贤区与河北省保定市、贵州省遵义市、云南省大理州(弥渡、漾濞两县)开展了协同育人专题联合调研。以弥渡县第一完全中学为例,困扰家长来校参与学校活动的原因主要有两点:一是觉得文化程度有限,无力参加;二是工作太忙没时间。关于"家长对家庭教育指导的需求",排名前三的分别是学习方法、心理辅导和生涯规划。

2. 家长对教师家庭教育指导能力的认识

当被问及"班主任和任课教师是否有能力指导您正确教育孩子"时,选择"多数老师有能力"的家长占比达到93.2%,选择"没有"的家长占比不到0.5%。这说明家长比较认可教师的家庭教育指导能力。

3. 家长参加家庭教育指导活动的基本情况

家长参与四个常见指导服务的具体情况为:数字家长学校、家长学校课程或教育专题讲座、家长慕课(仅在12所学校试行,所以该数据为12所学校的数据)和"贤城父母"微信公众号。家长参加学校或班级组织(含老师发布信息)的家长学校课程或教育专题讲座和学习"家长慕课"的占比较高,都超过了87%;家长阅读"贤城父母"微信公众号文章的占比略低,为65.0%。以2024年3月为例,奉贤区数字家长学校使用用户数显示为81 038人,家长平均参与度为85.15%。

4. 家长在家庭教育活动中向教师请教的基本情况

从前面的数据可以看出,当前家长对家庭教育指导的必要性非常认可,也会积极参加学校/教师组织或推荐的家庭教育指导活动。那么,当在日常的家庭教育活动中遇到难题时,家长是否会积极主动向教师请教呢?

当被问及这个问题时,选择"基本上会"和教师沟通的家长的比例(66.3%)高于选择"偶尔会"和"从不"的家长的比例,但是,低于相信"多数老师有能力"指导其正确教育孩子的家长的比例(93.2%)。

进一步追问发现，家长在发现孩子日常行为习惯出现问题或发现孩子学习习惯出现问题时，首要求助对象虽然以班主任或任课教师为主，但是其他求助对象也占据相当比例。数据显示，当发现孩子日常行为习惯（如文明礼貌、诚实守信等方面）有问题时，不到50%的家长首先想到和班主任或任课教师沟通，约20%的家长首先求助的是亲戚或好友，还有约10%的家长首先求助的是网络，另有近10%的家长首先求助的是其他对象。而当发现孩子学习习惯出现问题时，将近70%的家长首先求助班主任或任课教师，不到10%的家长首先求助的是亲戚或好友，另外20%的家长首先求助的是其他家长、书籍、网络或其他对象。

5. 家长的家庭教育指导需求

截至2024年2月1日，上海市奉贤区数字家长学校平台共收到1600条家长提问。大量的数据和事实反映了家长对家庭教育指导的迫切需要。对教师来说，家长在家庭教育指导方面的关注点也是教师开展家庭教育指导的要点。

首先从整体参与度上，各学段分段明显，幼儿园、小学、初中、高中家长提问积极性呈递减趋势。相信很多为人父母的教师都经历过孩子在幼儿园时认为"孩子是天才"，在初中时认为孩子"只要努力就能上重点高中"，到高中后觉得孩子"能考上大学就行"的心理落差，逐渐接受自己的孩子从"天才"到"普通人"的心理转变。幼儿园和小学的家长参与最多，高中则会出现连续数周都没有家长提问的情况。这背后一方面是家长觉得家庭教育对孩子的未来发展能起到的作用越来越小，家长感到无能为力，最终只能选择"躺平"，这就对初高中学段的教师开展家庭教育指导提出了新要求，教师要了解并掌握针对这个年龄段孩子家长的家教指导侧重点，能指导家长从孩子实际出发，不断调整期望，引导学生学会将理想与现实的奋斗相结合。另一方面，充分证明了做好初期的家庭教育指导非常重要，对初为人父、初为人母的家长们来说，他们急需专业的、及时有效的家庭教育指导。对老师来讲，这些数据提醒我们：要加强对幼儿早教的关注，培养相关指导能力。

通过对数字家长学校（自试运行起至2024年2月1日）义务教育阶段学生家长的有效提问进行梳理，发现家长在提问中最关注的前十个话题分别是：注意力不集中、亲子沟通、时间管理、电子产品使用及管理、自主学习、情绪管理、人际交往、学习习惯、饮食习惯、青春期问题。

（1）"学习"是义务教育阶段学生家长最关注的热点。学习习惯方面，"注意力不集中"是出现最多的关键词,其次是"拖拉""磨蹭",家长反映孩子在写作业时一会儿干这个一会儿干那个,或者发呆、动来动去,作业能拖就拖,影响睡眠,没有时间观念,缺乏时间管理的意识和能力;家长普遍反映孩子不能自主学习,学习没有积极性,例如作业需要家长盯着才能做,除此之外还有上课、写作业不认真,不检查不复习等没有养成良好学习习惯的表现。

(2)孩子沉迷手机、电视等电子设备是引发亲子矛盾的重要原因之一,大多数家长缺乏指导孩子正确合理使用管理电子设备的能力。此类问题多出现在小学高段及初中学生中,青春期孩子的叛逆遇上家长不当的沟通方式(强势、偏执、软弱等),更使得亲子关系紧张,引发了学习、心理健康等系列问题。

(3)关于孩子的自我情绪管理,各年龄段的学生家长反映较多的一是脾气差,在亲子沟通的过程中会顶嘴,会吵闹,尤其是小学高段及初中学生,随着青春期到来,面临着生理和心理上的"巨变",情绪不稳定、易冲动;年纪更小的孩子则喜欢通过发脾气和哭闹来达成自己的目的。二是爱哭,小学段的孩子好胜心强,缺乏抗挫折能力,一遇到失败或者有什么事不顺自己的意,就会哭闹,这种现象也出现在与同学的人际交往过程中;初中段的孩子较多因为青春期问题、学习压力大等原因感到焦虑、孤独,偶尔会大哭一场,家长不知道怎么安慰和帮助孩子。

(4)关于青春期问题,小学段家长想了解如何应对孩子青春期到来;初中段学生家长往往将亲子沟通矛盾归因于孩子到青春期了,叛逆了,表现为亲子沟通冲突增多,孩子反应较为激烈,暴躁易怒,与家长唱反调或者拒绝与父母交流,沉迷于手机、游戏等,学习成绩下降。除此之外,也有家长反映孩子出现早恋、与异性交往过密、自卑等问题。

(5)关于饮食习惯,较多家长反映孩子挑食、不爱吃饭、吃饭的时候喜欢动来动去、吃饭很慢等。

通过对数字家长学校中家长提问的分析,我们发现家长对家庭教育的焦虑和诉求与《全国家庭教育指导大纲(修订)》中的各年龄段少年儿童的身心发展特点和家庭教育指导内容要点高度重合。了解了家长的需求,就要反推老师们应该关注什么,倒逼教师发现自身要提高哪些方面的能力。比如说对于学生的学习管理、情绪管理和时间管理,我们是否掌握了正确的方法可以给予指导,对学生的身心发展规律是不是充分掌握,能不能熟练运用《3—6岁儿童学习与发展指南》《全国家庭教育指导大纲(修订)》等文件,分层分类按需提供相应的家庭教育指导,如何在家庭教育指导过程中强化正面引导,结合实际向家长普及相应内容,缓解因上述问题产生的亲子矛盾。

比如,针对一年级学生家长反映较多的孩子注意力不集中现象,《全国家庭教育指导大纲(修订)》指出,6～12岁小学生的大脑仍在持续快速发展,以具体思维为主,逐步向抽象思维过渡。《上海市家庭教育指导大纲(修订)》也明确指出小学低年级学生好动,情感易外露,自制力较差,喜欢活动和游戏,善于模仿;思维开始活跃,以具体的形象思维为主;语言能力发展迅速;容易被新颖的内容所吸引,注意力不够稳定、不易持久。有了这些依据,教师开展家庭教育指导时,就可以建议家长采取适宜的家庭教育方式,放平心态不要着急,重过程而不是重结果。当然,虽然有了政策文件作为依据,但是在指导的过程中,如何提高可信度、增加说服力,如何在家庭教育指导过程中强化正面引导,让家长更乐于接受并能做出改变,光靠认知是不够的,还需要教师综合运用多种能力。

(二) 学生的视角

总体来看,学生对家庭教育的满意度较高,但不同年龄段学生对家庭教育的满意度不同,总体上满意度随着年龄增长而下降;就家长给予的关心与家长给予的理解和帮助两方面来看,学生对前者的满意度高于后者;而对于家校联系沟通情况,学生的满意度较低。

1. 学生对家庭教育满意度高,但是随着年龄增长满意度有所下降

2019年9月24日～26日,奉贤区对全区70所中小学及中职学校,小学三年级到高中三年级共10个年级的21 209名学生开展了中小学生"七彩成长"满意度大调研,回收有效问卷21 200份,占奉贤区相应年级学生总数的45.1%。题目大体分为5个模块:学生对在校学习生活状态的自我评价、对班主任和班集体的认同度、对老师和学校教育教学的认同度、对学校环境设施和后勤保障的认同度、对家庭教育的认同度。

调查数据显示,在5个模块中,学生对家庭教育的认同度得分最高,平均值为9.5047分(满分10分,下同),远高于其他几个模块的平均值。

但是学生对家庭教育的满意度随着学生年龄的增长而逐步下降,从各学段学生对模块五的满意度情况来看,小学阶段学生满意度最高,达9.75分,九年一贯阶段的满意度次之,为9.57分,这两个阶段均高于该模块的总体满意度;其余三个阶

段学生对模块五的满意度均低于该模块的总体满意度,依次是初中(9.39)、高中(9.32)、中专(8.63),尤其中专阶段最低,表明中专学生对家庭教育的满意度较低,应得到应有的关注。

2. 学生对家长给予关心的满意度最高,对家长给予理解和帮助的满意度略低

"中小学生'七彩成长'满意度问卷调查"中关于家庭教育的问题有两个:一个是对"父母亲和长辈们关心我的快乐成长"(简称家长给予关心,下同)的满意度,一个是对"父母亲和长辈们理解我学习或生活上的困难,并给予及时合适的帮助"(简称家长给予理解和帮助)的满意度。对于这两个问题,学生的反馈略有差异。

学生对家长给予关心的满意度为9.62分,在23个与满意度有关的问题中位居第二。具体来看,近95.7%的学生对家长给予关心表示"满意"和"基本满意",其中选择"满意"的学生占比高达87.8%。学生对家长给予理解和帮助的满意度为9.39分,位居第13位。具体来看,92.7%的学生对家长给予理解和帮助表示"满意"和"基本满意",其中选择"满意"的学生占比为81.2%。

这种差异在一定程度上说明,家庭教育的水平普遍尚停留在比较低的层面,还不能完全满足学生成长和发展的需要,家长的教育能力有待提高。尤其是随着学生年龄增长,匮乏性需要的迫切性逐渐降低,成长性需要的迫切性逐渐增加,家庭教育的重点需要随之有所变化。

3. 学生对于教师与家长的联系沟通情况的满意度较低

"中小学生'七彩成长'满意度问卷调查"特别涉及学生对"老师经常通过家访、电话或微信等联系我父母亲等家长,反映和了解我的学习情况"(简称家校联系沟通情况)的满意度。调查数据显示,学生对家校联系沟通情况的满意度为8.73分,在23个与满意度有关的问题中居第22位。具体来看,随着学生年龄的增长,学生对家校联系沟通情况的满意度逐渐下降,并在高中一年级时达到极低值。学生对家校联系沟通情况不甚满意的状况,从另一个方面反映出当前家校联系沟通存在较大问题,相关教育行政部门、专业指导机构和中小学校需要重新审思这一问题,并提出相应的改善措施。

(三)学者的视角

学者们认为家庭教育指导需要政府、学校、社区、媒体和社会机构的共同参

与,其中各级各类学校的教育工作者是家庭教育指导的主力军;同时指出,家庭教育指导有正向功能与负向功能,在实践中要正视负向功能,增加正向功能,减少负向功能。

　　家庭教育指导是家庭以外的机构、团体和个人为使家庭正常发挥教育功能而向家庭提供帮助与指引的活动。担负家庭教育指导责任的主体有政府、学校、社区、媒体和社会机构等,它们在家庭教育指导中发挥着不同职能。政府的职能主要体现在对家庭教育指导的领导决策、组织协调、规范监督和评价考核等方面;学校和教师的职能主要体现在与家长形成合作伙伴式的教育联盟、提高教育质量、促进儿童发展、推动教育公平等方面;社区的职能主要是利用丰富的资源和天然优势建立家庭教育指导公共服务体系;媒体的职能是确保宣传家庭教育的正确导向,对家庭教育进行科学的引领;社会机构的职能是为家庭教育指导提供法律依据、政策指导和物质保障,提高家庭教育指导的专业化水平,加强规范,提升资源的整合力度等。①

　　总之,家庭教育指导需要全社会共同参与,但是因为学校和班级老师比较了解学生的基本情况,所以其在家庭教育指导中具有独特的优势和意义。中国儿童中心对六省市(山西、山东、江苏、河南、广西、重庆)家庭教育指导现状的调查也显示,超过半数的家庭教育指导来自学校,不到10%的家庭教育指导来自社会专业指导机构。②

　　虽然家庭教育指导的正向功能不容置疑,如它能有效提升家长的教育素质,对家长的教育思想和观念会产生潜移默化的影响,有助于促进儿童健康成长,但是,需要注意的是,家庭教育指导也有一定的负向功能。一方面,家长在接受指导后改变自己的教育观念、教育方法或者教育行为,会在一定程度上给儿童带来适应上的困惑与困难,有可能在一定时间内给儿童的成长带来消极影响;另一方面,家庭教育指导不可避免地会受主流价值引导,可能对多元价值观造成一定冲击。因此,学者们提醒教师在开展工作时,要正视正向功能与负向功能并存的现象,提高辨别能力,增加正向功能,减少负向功能。③

---

　　① 关颖.家庭教育指导者培训教程[M].天津:天津社会科学院出版社,2017:136—139.
　　② 黄鹤.我国家庭教育指导的对象、渠道、内容与形式——六省市家庭教育指导现状调查的总结[J].中国校外教育,2017(7):1—3,5.
　　③ 关颖.家庭教育指导者培训教程[M].天津:天津社会科学院出版社,2017:101—102.

(四) 家庭教育指导者的视角

近年来全国妇联和联合国儿童基金会通过"家庭教育与社会性别平等"项目调查获得的数据显示,62.6%的家庭教育指导工作者表示,他们在工作中遇到的最大困难是"缺乏家庭教育的专业知识""缺乏有关儿童发展的专业知识"和"缺乏指导家长的方法"。另外,家庭教育指导者接受定期专业培训的机会不多,他们对接受专业培训有广泛需求。① 正是基于上述困境和需求,近年来已有多个省市通过多种渠道开展家庭教育指导者培训活动。

综上所述,当前加强家庭教育指导十分急迫,对此,学校与教师应发挥重要作用,主动承担指导使命。然而,部分教师特别是青年教师由于缺少必要的知识储备和实践经验,迫切需要专业机构提供的专业培训。

三、社会职能部门参与协同育人的基本状况

近几年,被害人是未成年的性侵害案件已经呈现较大幅增长的态势。从2020年到2022年三年间,上海市某区办理的涉及未成年被害人案件一共有57个,其中23位被害人是本区义务教育在读生,并且呈现低龄化趋势。从性别来看,23人都是女生,其中已满14周岁的只有3人,未满12岁的有8人。特别需要关注的是处于十二三岁的这个年龄段的女生有12名,已经占比52%,这些女生都已经出现了一些女性特征,心智相对比较成熟,但是她们的风险意识、自我保护意识等都非常薄弱,因此也更容易被侵害。这一类学生往往已经有抑郁症,或者是厌学等情况。因此,对于学生如何保护自我,如何不成为被侵害的对象,需要学校、社会和司法机关更多关注。

"十四五"以来,上海市奉贤区出台《奉贤区创新推进家校社合力育人行动计划》。奉贤区教育局与妇联、关工委等部门定期研究家庭教育工作,与区妇儿中心、社区等紧密合作,开展各类主题教育指导服务活动。

---

① 焦健.中国家庭教育现状与家庭教育指导/服务展望[C]//全国妇联儿童工作部,中国家庭教育学会,中国儿童中心.开拓·发展·创新:改革开放与家庭教育论坛文集.北京:中国妇女出版社,2009:127—132.

(一) 医教结合

2022年,奉贤区教育学院与奉贤区精神卫生中心联合开展了"医教结合"项目。医方指派专人对接、指导学校"医教结合"工作,并为学校学生的心理问题筛查和诊疗开设绿色通道,更及时、有效地服务师生与家长。通过资源整合、优势互补、深度合作,共同构建"医教结合"的心理服务体系。

2022年,奉贤区推出了《新成长关爱教育计划》,对存在厌学、沉迷网络游戏、心理抑郁、严重亲子矛盾等导致无法到校上学的教育困难和成长问题的特需学生,在征得本人愿意和家长同意配合的前提下,专门举办以这类学生为教育对象的家校合力新成长营,为不同年级的学生配备1+2+1导师团,1为区心理中心教研员,2为区心理中心组骨干教师,1为区精卫中心医生。

(二) 检教结合

1. 协助家庭教育指导工作

奉贤区人民检察院"未小贤"未检团队充分发挥法治宣传职能,根据涉未成年人案件的特点,开展以案释法家庭教育指导课堂,利用家长会、家长学校、家长接待日等各种渠道,定期举办"家庭教育大讲堂""家长助教进课堂"等高质量、集中式家庭教育指导活动,广泛普及家庭教育知识,教育引导家长培养科学、依法、正确的家庭教育观念。建立"未小贤"家庭教育指导工作站,制发督促监护令39份,开展家庭教育指导20余人次。

2. 深度参与学校治理工作

法治副校长协助参与学生教育矫治、家长训诫谈话、权益侵害处置等,对辖区学校的学生纠纷开展息诉和解工作,为维护校园安全发挥作用。

3. 广泛参与家庭文明建设

奉贤区妇联、检察院、团委、关工委四家单位共同建立了涉未成年人案件家庭教育指导工作站,工作站位于奉浦街道"贤园"内。其中,区检察院将在履行刑事、民事、行政、公益诉讼检察职能的过程中,及时发现适用家庭教育指导对象并启动家庭教育指导工作;区妇联负责指导工作站家庭教育指导工作,统筹开展家庭教育指导的培训、培育等工作;区团委负责组织、管理、培训社工团队,协助工作站开展家庭教育指导工作;区关工委将发挥"五老"优势,协助工作站做好家庭教育指导的培训、培育等工作。

学校教育与家庭教育的边界在哪里（节选）

杨 雄

1. 家庭：一切教育的基础，培养孩子学会"规矩"

从人的发展序列而言，家庭是个体生命成长的最初始的场所。尽管家庭教育与学校教育有交叉重叠部分，但是，家庭教育无法完全被学校教育所替代，家庭教育作为一切教育的基础、教育的重要组成部分，它在孩子成长、发展过程中承担着独特的、终身的教化功能。在笔者看来，学校教育要训练学生遵循"规定"，社会教育要训练公民遵守"规则"，家庭教育则培养孩子学会"规矩"。

2. 学校：帮孩子"扣好人生的第一粒扣子"，迈好人生第一步

如何走好未来生活道路的每一步，是由人生目标与信仰决定的。孩子在12岁到18岁的时候，是树立理想的关键时期。为了让青少年学会自主选择、自我决定，学校需要创造环境，教育引导青少年，尊重他们的抉择，帮助他们去实现目标。引导青少年迈好人生第一步，理应成为当前学校指导家庭教育之首要任务。

3. 家长：不只教认字、读书，更要培养完整的人

教育始于家庭。家长的教育理念、教育方法、教养方式深深影响着孩子。

做父母的应明白，教育并不只是教认字、读书、数数等，也包括促进孩子的举止行为、感知认知等各方面的发展。首先，家长在平时生活中应潜移默化地为孩子做出行为示范。比如，如果父母相亲相爱、关系融洽，脾气各方面都很好，那孩子在以后的人生道路上也会平易近人。其次，家长应让孩子遵守规则，没有自由的规则是控制，都是家庭教育不得法的表现。再次，家长应培养孩子自信、悦纳、爱思考、善表达之品性，使他们既要看到自己的优势，也要了解自身的弱点。

4. 教师：帮助家长认识家教，纠偏纠错

众所周知，学校任课教师，尤其是班主任老师对本班学生接触了解较多，在学生眼中也更具权威性。因此，当前由老师指导家长实施、开展家庭教育，无疑

是较为合适的。老师的主要任务是帮助家长提高自身素养与能力,对孩子的家庭教育主要由家长来实施。老师要放下"教育权威"的架子,经常向家长征求意见,虚心听取他们的批评建议;老师要加强学习,提高自身素养与指导能力,指导家长来开展科学、有效的家庭教育。

总之,家庭、家长、学校、教师、社会,厘清不同教育因子的边界,使它们有机结合在一起,形成一种整合优势,是新时代面临的重要教育课题。

(资料来源:杨雄.学校教育与家庭教育的边界在哪里[N].光明日报,2018-2-27(13).)

第三章 ‖ 家庭教育指导概述

家庭教育指导,是时代赋予学校和教师的重要使命。家庭教育指导应注重科学性、针对性和实用性,因此,作为家庭教育指导者的教师就要树立正确的教育理念,充分运用多种渠道,提升自身专业素养,提高家庭教育指导力。

本章主要介绍了教师开展家庭教育指导需要具备的教育理念、需要熟悉的相关政策、需要培养的专业能力以及中小学幼儿园、地方教育部门、区域教育学院(教师专业发展机构)在家庭教育指导中应该承担的责任。

第一节 家庭教育指导的政策导向

家庭教育指导并非新生事物,从20世纪80年代开设家长学校以来,我国就有了形式多样的家庭教育指导实践活动,宣传普及科学的家庭教育理念、知识和方法。从办学主体来看,我国的家长学校模式主要有五种类型:中小学和幼儿园主办的家长学校、社会机构主办的家长学校、街道社区主办的家长学校、民办教育服务机构主办的家长教育学校、大众媒体主办的家长学校。

随着家校共育理念逐渐深入人心,中小学幼儿园在家庭教育指导中的地位日益受到重视。据悉,全国学校系统普遍建立家长学校并常态化开展活动,截至2016年,已建成的幼儿园、小学、普通中学和中等职业学校家长学校有33.8万余所。[①] 特别是随着《家庭教育促进法》出台,家庭教育指导进入新的历史发展阶段。

一、家校共育新理念

随着教育改革向纵深发展,在探索和推动实现学生全面发展的过程中,家校合作育人的新格局逐渐形成。"学校积极主导、家庭主动尽责、社会有效支持"是

---

① 我国建成33.8万所家长学校[EB/OL].新华网.http://news.xinhuanet.com/politics/2016-12/08/c_129395417.htm.

《关于健全学校家庭社会协同育人机制的意见》对协同育人格局的定义。家校合作育人,不仅是一种教育新理念,而且会是一种教育新生态。"家校合作",绝不仅仅是加强家庭教育的一项措施,更应当是教育思想、培养模式、学校制度的根本性转变。①

(一) 教育思想从小到大的转变

"家校合作"首先是教育思想的转变,是教育思想从"小"到"大"、从"传统"到"现代"的转变。"大"与"小"的观念是指我们对教育的看法,到底是大教育观念还是小教育观念。以往没有实施"家校合作",是因为小教育观念在人们的头脑中占据着主导地位,认为教育就是学校教育,学校教育就是教育的全部。但作为现代教育工作者,一定要有现代教育观念。现代教育观念,应该是一个大教育观念,即认识到教育包括学校教育、家庭教育、社会教育。如果只看到学校教育,或者认为教育就只是学校教育,那这种教育观念就是小教育观念,或者说是一种传统教育观念,而不是现代教育观念。教育思想从"小"到"大"的转变,就是从"传统教育思想"向"现代教育思想"的转变。

(二) 培养模式的转变

"家校合作"本义上应当是一个研究人的培养模式转变的重大课题,是人才培养体制改革的创新探索,绝不仅仅是加强家庭教育的一个措施。"家校合作",包括"家庭学校社会合作",可以为构建中国基础教育"全新的育人模式"贡献智慧和方案。中国教育培养模式是"素质教育"模式,采用这一"全新的育人模式"是国家政策。不管"未来教育"如何变化,国家政策是绕不过去的。"家校合作",准确的定位应当是"素质教育"培养模式的组成内容之一。因此,"家校合作"应当具有并要能体现"素质教育"的理念与特征。

(三) 学校制度现代化的转变

当前世界教育开始从"家校合作"走向"家校社合作"。美国已成立"学校、家庭、社会(社区)合作委员会",开展"家校社合作"教育的研究。我国 2007 年 5

---

① 傅国亮.三大转变:"家校合作"再认识[N].光明日报,2018-2-27(13).

月颁布的《全国家庭教育工作"十一五"规划》、2021年颁布的《家庭教育促进法》和2023年1月教育部等十三部门联合印发的《关于健全学校家庭社会协同育人机制的意见》,都为我国教育培养模式从"家校合作"走向"校家社合作"创造了政策条件。

二、家庭教育指导新政策

(一)明确家长的主体责任

《教育部关于加强家庭教育工作的指导意见》(教基一〔2015〕10号)是一个标志性的文件。该文件除了在工作指导上加大了力度,关键还表明了教育部对家庭教育工作的态度。从此,教育行政部门和中小学要切实担负起指导和推进家庭教育的责任,成为教育系统必须执行的指令。

这个标志性文件还进一步明确了家长在家庭教育中的主体责任。[①]

1. 依法履行家庭教育职责

教育孩子是父母或者其他监护人的法定职责。广大家长要及时了解掌握孩子不同年龄段的表现和成长特点,真正做到因材施教,不断提高家庭教育的针对性;要始终坚持儿童为本,尊重孩子的合理需要和个性,创设适合孩子成长的必要条件和生活情境,努力把握家庭教育的规律性;要提升自身素质和能力,积极发挥榜样作用,与学校、社会共同形成教育合力,避免缺教少护、教而不当,切实增强家庭教育的有效性。

2. 严格遵循孩子成长规律

学龄前儿童家长要为孩子提供健康、丰富的生活和活动环境,培养孩子健康体魄、良好生活习惯和品德行为,让他们在快乐的童年生活中获得有益于身心发展的经验。小学生家长要督促孩子坚持体育锻炼,增长自我保护知识和基本自救技能;鼓励参与劳动,养成良好生活自理习惯和学习习惯;引导孩子学会感恩父母、诚实为人、诚实做事。中学生家长要对孩子开展性别教育、媒介素养教育,培养孩子积极学习态度,与学校配合减轻孩子过重学业负担,指导孩子学会自主选择。切

[①] 中华人民共和国教育部.教育部关于加强家庭教育工作的指导意见[EB/OL].(2015-10-16)[2024-5-15].htp://www.moe.edu.cn/srcsite/A06/s7053/201510/t20151020_214366.html.

实消除学校减负、家长增负的现象,不可不问兴趣、盲目报班,不做"虎妈""狼爸"。

3. 不断提升家庭教育水平

引导广大家长全面学习家庭教育知识,系统掌握家庭教育科学理念和方法,增强家庭教育本领,用正确思想、正确方法、正确行动教育引导孩子;不断更新家庭教育观念,坚持立德树人导向,以端正的育儿观、成才观、成人观引导孩子逐渐形成正确的世界观、人生观、价值观;不断提高自身素质,重视以身作则和言传身教,要时时处处给孩子做榜样,以自身健康的思想、良好的品行影响和帮助孩子养成好思想、好品格、好习惯;努力拓展家庭教育空间,不断创造家庭教育机会,积极主动与学校沟通孩子情况,支持孩子参加适合的社会实践,推动家庭教育和学校教育、社会教育有机融合。

(二)确立学校在家庭教育指导中的重要地位

学校在家庭教育中有着重要的作用。对于家庭、学校和社会在家庭教育工作中各自的作用,《教育部关于加强家庭教育工作的指导意见》(教基一〔2015〕10号)提出,要"充分发挥学校在家庭教育中的重要作用,加快形成家庭教育社会支持网络"。家长、学校和社会在家庭教育中各有其定位。为深入贯彻落实立德树人根本任务,形成全员育人、全程育人、全方位育人的德育工作格局,2017年8月,教育部《中小学德育工作指南》(教基〔2017〕8号)进一步明确指出:"坚持协同配合。发挥学校主导作用,引导家庭、社会增强育人责任意识,提高对学生道德发展、成长成人的重视程度和参与度,形成学校、家庭、社会协调一致的育人合力。"

2023年1月教育部等十三部门联合印发的《关于健全学校家庭社会协同育人机制的意见》再一次强调了学校协同育人的主导作用,提出:学校要把做好家庭教育指导服务作为重要职责,纳入学校工作计划,充分发挥学校专业指导优势;切实加强教师家庭教育指导能力建设,将教师家庭教育指导水平与绩效纳入教师考评体系。建立健全学校家庭教育指导委员会、家长学校和家长委员会,落实家长会、学校开放日、家长接待日等制度。鼓励有条件的学校建立网上家长学校,积极开发提供家庭教育指导资源,并指导家长提升网络素养,帮助孩子养成良好用网习惯。每学期至少组织两次家庭教育指导活动,积极宣传科学教育理念、重大教育政策和家庭教育知识,介绍学校教育教学情况,回应家长普遍关心的问题;同时针对不同家庭的个性化需要提供具体指导,特别关注农村留守儿童、残疾儿童、孤儿和特殊家庭儿童等困境儿童。充分发挥家长委员会的桥梁纽带作用,以多种形式听取家长对学校工作的意见建议;加强家长委员会工作指导,明晰工作职责,完善工作制度,规范工作行为,严格家长通讯群组信息发布管理,严禁以家长委员会名义违规收费。

第二节　家庭教育指导的责任要求

"基本实现教育现代化,基本形成学习型社会,进入人力资源强国行列"是当前教育工作的战略目标。家庭教育指导有利于实现更高水平的普及教育,形成惠及全民的公平教育,提供更加丰富的优质教育,构建体系完备的终身教育,健全充满活力的教育体制。

一、完善家教指导服务体系构建

（一）发挥地方教育部门和中小学幼儿园主导作用

教育部等十三部门《关于健全学校家庭社会协同育人机制的意见》指出,学校要"建立健全学校家庭教育指导委员会、家长学校和家长委员会,落实家长会、学校开放日、家长接待日等制度"。学校进行家庭教育指导的途径有很多,其中家长学校和家委会的作用不容忽视。

家长学校是宣传普及家庭教育知识,提升家长素质的重要场所,是指导推进家庭教育的主阵地和主渠道。全国妇联、教育部、中央文明办《关于进一步加强家长学校工作的指导意见》(妇字〔2011〕2号)从指导思想、主要任务、组织管理、保障措施四大方面提出了十三条意见。其中,家长学校的主要任务包括:"面向广大家长宣传党的教育方针、相关法律法规和政策,宣传科学的家庭教育理念、知识和方法,引导家长树立正确的儿童观和育人观;组织开展形式多样的家庭教育实践活动,增进亲子之间的沟通和交流,使家长和儿童在活动中共同成长进步;通过多种形式为家长儿童提供指导和服务,帮助解决家庭教育中的难点问题,提升家长教育培养子女的能力和水平;增进家庭与学校的有效沟通,努力构筑学校、家庭、社区'三结合'的未成年人教育网络,为儿童健康成长营造良好环境。"

全国妇联、教育部、民政部等九部门共同印发的《关于指导推进家庭教育的五年规划(2016—2020年)》提出了依托城乡社区公共服务设施,城乡社区教育机构、儿童之家、青少年宫、儿童活动中心等活动阵地,普遍建立家长学校或家庭教育指导服务站点的目标要求。在中小学、幼儿园、中等职业学校建立家长学校,城市学校建校率达到90%,农村学校达到80%。确保中小学家长学校每学期至少组织1次家庭教育指导和1次家庭教育实践活动,幼儿园家长学校每学期至少组织1次家庭教育指导和2次亲子实践活动,中等职业学校每学期至少组织1次家庭教育指导服务活动。

(二)发挥区域教育学院的枢纽作用

在家校合作育人这样一个教育生态系统中,作为集区域教师培训进修、教学研究、教育科研和教育信息化等功能于一体的区域教育事业发展专业机构的区域教育学院(各地名称不一,但职能职责定位为教师专业发展中心),要在家校合育格局中发挥"总枢纽"作用。

1. 区域教育学院在家校共育中的角色

"枢纽"在《辞海》中的解释为"比喻冲要处或事物的关键之处",常指事物相互联系的中心环节。区域教育学院在家校合育大格局中能够起到"总枢纽"作用,理由至少有三。

其一,家校合育构建了一个复杂的教育生态系统,在此生态系统中,有传统教育性主体,如各级教育行政部门、学校和师生,也有非传统教育性主体,如妇联、社会组织和广大家庭。在这样一个复杂的新生态系统中,如何理顺各主体相互之间的关系成为家校合作育人落地时首先要解决的问题。

其二,家校合育需要走专业化建设之路,这不是仅凭单纯的行政指令能够实现的,同时也不是单纯依靠家长和教师的个体力量就能完成的。现实情况是,广大教师尤其是85后、90后的青年教师十分欠缺家庭教育专业指导能力,难以自觉完成家校合育这样一个"专业活",需要专业指导和专业培训。

其三,家庭教育的社会化服务工作是一种介于行政指导与专业志愿者服务之间的工作,需要一个独特的专业化的机构或平台来完成。区域教育学院因其"小实体、多功能、专业化、大服务"的职能定位,正适合承担这一角色。

2. 区域教育学院在家校共育中的功能

具体来看,区域教育学院作为教师专业发展机构,在家校共育中承载的"总枢纽"功能主要通过五项工作来实现:整合教育资源、建设师资队伍、引领专业建设、组织指导服务和评估监测。

区域教育学院要围绕"服务师生、服务家长、服务社会"的工作宗旨,立足教育需求,聚集专业力量,将区域内分散的家庭教育指导服务资源进行有机整合,重点做好专业力量组建、工作制度规范、信息化平台搭建和工作机制探索四项基础工作,开展区域家庭教育理论研究,指导业务、提供社会化服务。

(1) 通过专业化来促进家校共育科学化,这是家校合作育人的基础,更是区域教育学院的立身之本。要从"教师改变和提高"做起,研制涵盖中小幼一体化的区本家庭教育指导教师用书,形成区域化的家教指导专业"标准",并将之列入新教师和骨干教师常态化培训内容,为教师家教专业素养提升提供保障。要围绕普及并提高广大家长的家教素养开发家长课程,从课程建设的"四个维度"——课程目标、课程内容、课程实施和课程评价出发,系统地架构区本化家长课程。

(2) 开展课题研究,提供决策和咨询服务,这是区域教育学院提供家教专业化服务的又一"重器"。要以问题导向和目标导向鼓励和指导各学校及广大教师参与家校合作育人专题研究,让有专长的教师参与各类家庭教育专业论坛、会议,拓展专业视野,逐步形成特色化区域家庭教育课题群。

(3) 发挥专业指导和评价的作用,因地制宜,研制开发测评工具和指标,设立区域家庭教育示范校、优秀校、合格校"三校"建设评价标准,以评促建,以评促改。开展教师家庭教育指导服务专业能力评价,形成科学的评价导向。激发学校和家长的参与热情,让教师和家长群体的教育理念和教育行为经历一次静悄悄的"革命"。

(4) 建立以区域教育专业部门为主导、相关部门共同参与的区域家庭教育指导服务中心。落实党委领导,政府统筹,区域教育行政部门、妇联、民政等职能部门共同配合,从实际出发,各司其职。可以由区域教育行政部门牵头,从制度设计、资源支撑、机制完善等视角,以"学生成长"为中心,开展以区域教育专业部门为主导的家庭教育指导服务中心建设。这类中心可以融区域家庭教育指导服务、青少年心理健康教育、家长学校、区县家委会等于一体,体现综合功能、集合效应。

作为"全国家庭教育创新实践基地",上海市奉贤区教育学院在原有家庭教育研究与指导服务中心的基础上再升级,并于2023年5月15日启用。新中心集实训、展示、咨询、服务、研究等功能于一体;将家庭教育、心理健康教育、未成年人保护等工作融合推进;包含六大主题内容:一是VR(虚拟现实)加AR(增强现实)的教育数字化育人应用场景;二是积极心理学的大众化场景;三是海量流通和受众的直播"广覆盖"的线上线下融合教育空间;四是满足育儿多元需求的个案面询和团体辅导实训空间;五是家庭教育心理健康教育的五育融合基地;六是教师家长和社会机构人士的协同育人学术研究基地。力争打造成协同育人创新新空间、育人新平台、专业新舞台、文化新地标。

当然,区域教育学院发挥家校共育"总枢纽"作用也面临一些挑战。比如,在相对分散的家教资源体系中,如何做到既准确"定位"、及时"到位",又不"越位"和"错位",实现各种家教资源的有机整合,还需体制机制创新。又比如,家校合作育人是一个"润物细无声""细水长流"的过程,需要教育学院和广大德育研究员有"功成不必在我"的教育境界和教育情怀,以静待花开的定力和境界参与家校合作育人。

总之,家校合作育人已经成为区域教育学院发展的新生长点。发挥家校共育大格局中的"总枢纽"作用,促进家校在教育教学、学校治理、资源共享方面的合作,是区域教育学院的职责所在、目标所在。

二、提升教师家庭教育指导的专业素养

2019年6月,《中共中央国务院关于深化教育教学改革全面提高义务教育质量的意见》中首次将"家庭教育指导能力"列入教师专业能力,与课堂教学、作业与考试命题设计、实验操作等能力并行。

2021年,"双减"文件发布,通过包括教育部在内的各个部门全面落实减轻过重的作业负担和校外培训负担的目标。系列改革措施在得到社会认可的同时,依然出现"学校减负,家长增负"的现象,"双减"后家长又出现了新的困惑,集中为两个问题,一是课后服务,二是回家以后的时间怎么安排,这两者既是对教师智慧的考验,也是对家校合作、协同育人成效的检验。这就要求家庭教育指导者既要坚定不移地贯彻落实国家法律法规的要求,又要根据家庭和孩子的实际情况来开展

一系列扎扎实实的有效行动。事实上,"双减"对协同育人、家庭教育本身以及家庭教育指导都提出了新的要求。如何引导家长和家庭教育,包括引导社会,对于教师来说挑战极大。

对教师来说,具备系统的专业能力和综合素养格外重要。疫情中居家学习产生的各种问题,都在警示教师要关注社会、家庭中的各类情况,到"前线"中去洗礼,在"枪林弹雨"中成长和历练,在能力提升和素养提升上早做准备。

(一) 专业伦理

专业伦理是专业团体针对其专业领域特性而发展出来的一套理想信念、价值取向、道德准则与行为规范,是在该专业领域里工作的行动指南,为专业人士在专业领域内遇到伦理道德问题时提供抉择依据。[①] 教师在开展家庭教育指导工作时,面对现代多元化社会所带来的种种冲突与矛盾,要从儿童发展和家庭利益出发,站在国家和民族的高度,坚持公益为先、儿童为本、家长主体的基本价值取向,坚守高尚的道德情操,严格遵守各项法律法规,妥善协调各方矛盾与各种利益关系,发挥家庭教育指导的积极作用。

1. 公益为先

我国的家庭教育指导长期处于社会各界齐抓共管而责任主体不明确的状态。在多元主体之间的冲突与矛盾中,公益为先是家庭教育指导者应该坚守的基本专业伦理。

2. 儿童为本

受传统文化中封建家长制深远影响的忽视儿童权利的成人观以及急功近利的成才观阻碍了现代儿童观的确立。"以儿童为本"理念的确立要求广大教师引领家长尊重儿童的人格与权益,尊重儿童的独特性,尊重儿童的年龄特点与个性特点,并在此基础上促进每一个儿童生动、活泼、主动、全面地发展。

3. 家长主体

家长是教师在家庭教育指导中最直接的服务对象,只有尊重家长的主体地位,尊重家长的自身需求、学习特点与教育规律,才能为家长提供有针对性的教育指导。以学校(幼儿园)为中心的家庭教育指导要避免使家庭教育成为学校教育

---

① 晏红.家庭教育指导者的专业素质结构分析[J].江苏教育,2017(16):11—14.

的"附属",因为丧失了相对独立性的家庭教育,将无法发挥其自身的优势与积极作用。

(二)专业知识

专业知识作为一种知识类型,是人们为胜任某一领域的工作而必须具备的专门知识。20世纪中后期,学者把教师的专业知识分为本体性知识、条件性知识和实践性知识,这种相对完整的划分被国内众多研究者所援引。[①] 教师要胜任家庭教育指导工作,也需要具备以下三种专业知识。

1. 本体性知识

家庭教育指导的主要任务是围绕儿童的身心发育规律和教育发展需求,帮助家长树立正确的教育观念,掌握正确的教育方法。所以,教师要掌握儿童生理学、儿童心理学、普通教育学和家庭教育学等基本知识与基本理论,这些专业知识是家庭教育指导者需要熟知的本体性知识。

2. 条件性知识

条件性知识是胜任工作所应具备的具有保障作用的知识。家庭教育是基于家庭的教育,不少家庭教育问题既是教育问题,也是家庭问题,甚至与社会问题有一定的关联度。为了胜任家庭教育指导工作,教师需要掌握相应的家庭学、伦理学、社会学以及心理咨询和家庭治疗的基本原理;进行教学与培训工作的家庭教育指导者还要掌握一定的教学论知识以及学习与培训原理;在法治社会,一些基本的法律知识也成为家庭教育指导者在工作中认识问题与分析问题所必需的条件性知识。

3. 实践性知识

教师所面临的家庭教育问题情境比较复杂,在分析与解决问题的时候需要综合了解来自家长、儿童、家庭、社区、学校和儿童的同伴等多方面的信息以及它们之间的关系,并根据自己的实践经验对复杂的情境与关系做出相对明确的判断与决策,还要不断地修正与完善这些判断和决策。在这个过程中,教师需不断地积累与丰富自己的实践性知识。

可以说,本体性知识是教师在日常工作中经常遇到的、需要熟练掌握的专业

[①] 林崇德,申继亮,辛涛.教师素质的构成及其培养途径[J].中国教育学刊,1996(6):16—22.

知识；条件性知识是教师在解决具体问题时不可缺少的相关专业知识；实践性知识则是教师在解决实际问题时经过亲身体验和相互交流学习获得的个性化经验与专业认知。

(三) 专业能力

专业能力是指顺利完成某种专门活动和专业工作所必备的能力。家庭教育指导专业能力是指建立在一定的专业伦理和专业知识基础之上，在实践中逐步发展起来的胜任家庭教育指导工作的特殊能力。教师的家庭教育指导基本专业能力包括以下六个方面：

1. 观察与了解指导对象的能力

教师需要具备进行个别约谈、家访、问卷调查以及相应的统计分析等多种能力，这样观察指导家长时才能更加客观，了解的情况才会更加接近事实。

2. 指导活动的设计与实施能力

为了提高指导工作的效率，教师往往会采取集体活动的形式，为松散的家长群体搭建共同活动的平台。教师作为活动的组织者，必须要有明确的目标意识，要能设计出内容与形式有机结合的活动方案，有效地组织家长参与活动，并能进行灵活的监控与调整，最后还要对活动进行评价、反思与总结。

3. 提供个性化指导服务与咨询的能力

家庭教育问题既有共性又有个性，个性化的问题只能依托个性化的指导服务方案来解决。家教指导的实效性主要取决于指导者对儿童及其家庭个体差异的认识水平与分析能力，以及其所提供的个性化指导方案。这就意味着，教师需要根据儿童的现有问题、发展水平、个性特点和家庭环境，还有家长的理解水平、合作态度与教育能力，为家长提供适合其家庭环境的教育指导方案，调动家长教育儿童的主动性和创造性。因此，教师需要同时考虑儿童和家长两个指导对象；而且即使是同一个问题，针对不同的家长也会有不同的沟通方式和指导方法。

4. 同家庭、学校、社区沟通与合作的能力

家庭、学校与社区是影响儿童健康成长的三大环境，无论是了解这三大环境对儿童成长的实际影响，还是为促进儿童的健康成长而整合这三方面的教育力量，都需要教师具备相应的沟通与合作能力。当然，家庭、学校与社区是三种不同的社会组织,具有不同的社会运行机制和文化特点,这就要求教师具有相应的工作交流能力和合作共育能力。

5. 专业学习与反思研究的能力

专业能力发展的重要支撑是从业者的主体意识,以及在主体意识主导下的学习、思考与自我发展能力。美国心理学家波斯纳曾经提出教师专业成长的公式为:成长 = 经验 + 反思。没有反思的经验是狭隘的经验,至多只能形成肤浅的知识。学习与反思能力帮助教师把理论与实践、知识与经验有机地联结起来,从而使他们不断地优化自己的专业结构,提升自己的专业能力,促进自身的专业成长。

6. 发现家庭教育问题和成功经验的能力

作为教师,在对学生进行教育教学以及与家长进行沟通交往的过程中,除了要掌握相应的方法技巧外,还要有一定的发现问题的敏感性,要能敏锐地捕捉到家庭教育出现问题或获得成功经验背后的真正原因。想要发现家庭教育出现的问题和成功的经验,就要确立一种基本的家庭教育指导理念:家庭教育是家长实施的教育,主体是家长,教师在学校的指导再高明,也无法替代家庭教育。因此,教师家庭教育指导的一项基础性工作和基本技能,就是不断去发现家长在家庭教育中存在的各种各样的问题和有效的成功经验,并借助各种平台,让家长互相分享和学习。及时发现学生的家庭教育问题,总结家长的家庭教育经验,有利于提高教师家庭教育指导的针对性和有效性,有利于发挥家长的自我教育能力。

第三节　教师家庭教育指导能力

党的十八大以来,习近平总书记"三个注重"等重要论述的发表,凸显了新时代家庭教育的重要地位,也标志着中国教育进入了家校协同育人的时代。新时代的育人任务需要同时发挥学校、家庭和社会的教育力量。由于家庭教育开展过程中,家长的能力与素养很大程度上决定了子女受教育的过程性效果和最终性结果,而并不是所有家长凭借着自己的经验和能力就能胜任家庭教育工作,所以家长开展家庭教育也需要指导。

2019年5月,全国妇联、教育部等九部门联合印发的《全国家庭教育指导大纲(修订)》指出:"家庭教育指导是指相关机构和人员为提高家长教育子女能力而提供的专业性支持服务和引导。"为家长提供家庭教育指导,可以是教育机构的教育者、培训师等,可以是家庭教育行业领域中的专家学者,也可以是一线的基层教师。群体不同,指导的方式方法也不尽相同。2019年6月,《中共中央国务院关于深化教育教学改革全面提高义务教育质量的意见》,第一次将家庭教育指导能力作为教师的教育教学能力写进党中央文件,这是教师教育和教师专业建设的一个风向标,研究和推进教师家教指导力建设具有十分重要的理论和现实意义。

作为区域教育部门管理者、研究者,本书主编在躬耕区域家庭教育工作的同时,带领团队对"教师家庭教育指导"进行了研究与探讨,于2018年3月8日在《中国教育报》撰文提出了"教师家教指导力"这一学术概念,并在《江苏教育科研》陆续发表了《教师家教指导力的组成结构》《教师家教指导力的运行机理》等学术论文,开启了对"教师家教指导力"的深入研究。本节将以主编所著《教师家庭教育指导能力建设论》为基础,结合现阶段国内对于"教师家庭教育指导力"的部分观点,与读者深入探讨"教师家庭教育指导力"。

一、教师家庭教育指导力的基本内涵

对于"教师家庭教育指导力",国内的专家学者没有公认的定义。有学者认为,家庭教育指导是引导家长学习科学教养子女的方式方法,是教家长如何当孩子的教师的教育;也有学者认为,家庭教育指导工作具有专业性,教师不但要掌握系统的学科知识和专业的教学知识,还要掌握系统的、专业的家庭教育知识。[1]

张竹林认为,教师家教指导力是教师的一种专业素养,其内容包括理念引领、行动规范、育人智慧等多层次、多角度提高家长的家庭教育能力和素养,即以指导家长理性有效开展家庭教育为核心,助推家长育人实践的提质增效。[2]

---

[1] 任敏珉,俞爱宗.教师家庭教育指导能力研究综述[J].教育观察,2022,11(20):44-47.DOI:10.16070/j.cnki.cn45-1388/g4s.2022.20.011.

[2] 张竹林.教师家庭教育指导能力建设论[M].上海:华东师范大学出版社,2021.

虽然没有统一的定论,但在学者们的表述中,可以感受到教师家庭教育指导力是教师在新时代新形势下的一种特殊的专业能力,尤其在《家庭教育促进法》的颁布和"双减""双新""全员导师制"等政策的落地中,这一特殊的能力被赋予了新的时代意义。新时代的教师家庭教育指导力是一种育德能力,是一种通识能力,是教师开展教育教学工作的专业素养,同时也是一种育己能力和生活能力。教师在开展家庭教育指导的实践中,实现生活经验和专业能力的兼容并济,并在潜移默化中不断反省与改进自身的教育理念与教育行为。这种能力是教师职业素养的重要构成。

二、教师家庭教育指导力的结构组成

国内不少专家学者对教师家庭教育指导力进行了剖析。比如,北京师范大学中国基础教育质量监测协同创新中心袁柯曼等教师以洋葱模型为理论基础,提出了包含三个层面、五个关键指标的中小学教师家校合作胜任力模型,外层部分是家校合作知识和家校合作技能,中层部分是态度和价值观,内层部分是个性和动机。这三个层面的胜任特征之间相互影响,从外到内层层深入。[1]

张竹林在《教师家庭教育指导能力建设论》一书中对教师家庭教育指导力进行积极探索,将教师家庭教育指导力归纳为五种主要能力要素:认知能力、沟通能力、情感能力、协作能力和管理能力。从专业素养的培育规律和成长阶段角度看,这五种能力存在一个由低阶向高阶发展的过程,通过共同育人目标指引,在遵循教育规律中形成独特的结构机理和运行机制。这五种基本能力要素组成,以其内在的运行机理形成了教师家庭教育指导力结构理论的主体。进而提出,育德能力、育己能力、通识能力和生活能力等四个基本属性是教师家庭教育指导力的外在属性。从内在结构来看,教师家庭教育指导力主要包含认知能力、沟通能力、情感能力、协作能力和管理能力等五种能力要素,各个要素之间相互衔接、相互融合、相互渗透,通过协同育人的目标指引。[2]

---

[1] 袁柯曼,周欣然,叶攀琴.中小学教师家校合作胜任力模型研究[J].中国电化教育,2021(6):98-104.
[2] 张竹林.教师家庭教育指导能力建设论[M].上海:华东师范大学出版社,2021.

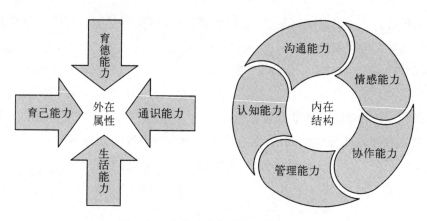

图 3-1 能力的外在属性和内在结构

1. 认知能力

认知能力是一种基础性和综合性的能力,能够通过洞察、觉察、想象和推理面对复杂多变的教育情境,理解家庭教育指导情境的差异性。"五大能力"中,认知能力是基础,涵盖了丰富的通识教育内容,需要教师掌握家庭教育指导的基础知识,尤其要强化心理学,特别是儿童心理学和发展心理学,以及脑科学、神经科学和文化哲学等基础知识。

2. 沟通能力

沟通能力是教师作为职业从业者应该具备的一种基本能力,体现了教师的教育智慧和教育素养。家庭教育指导是一项极其复杂的教育工作,教师需要通过不同方式开展协调沟通。这种"多向"的特殊信息传递本质服务于学生成长,但因参与主体众多等因素,具有复杂性和艰巨性,教师必须要通过专业的学习和实践,形成良好的沟通能力。

3. 情感能力

社会和情感能力对人的发展至关重要。教师家庭教育指导力是教师对于学生的情感、对于家长的情谊,归根到底是一种教育情怀。情感能力是教师家庭教育指导能力是否达到专业化的"标识符号"和"分水岭"。

4. 协作能力

家庭教育指导中的协作关系主要有四对关系:一是教师与家长(家庭);二是教师与学生;三是教师与教师;四是教师与合作育人相关的社会主体。围绕"实现学生身心健康成长"这个根本目标,围绕相关的"问题"与"需求",通过有效"协作",达到"关系"平衡,将不确定性、不和谐性转化为一致性、和谐性,这些就体现了教师的协作能力。

5. 管理能力

管理能力在指导能力结构中占主导地位,是作为管理者的教师按照既定目标任务和决策要求,进行统筹安排,把各种资源有效地组合起来,协调一致地保证计划和决策顺利实施的能力。

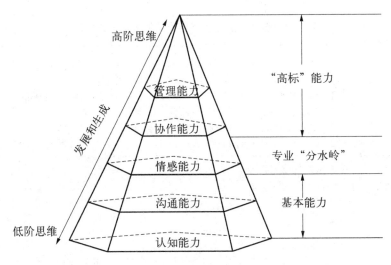

图3-2 "五种能力"要素构成的"金字塔模型"

以上五种能力是教师家庭教育指导能力的主要组成要素,而非全部能力要素。五种能力之间相互衔接、相互影响、相互推进,按照内部作用环、外部作用环、交叠作用环这"三个作用环"的运行机理发挥作用,构成了教师的家庭教育指导能力。教师家庭教育指导能力只是教师专业能力系统中的一种,在实际工作中还应与其他相关专业能力综合运用,以产生最优效益。

三、教师家庭教育指导力的培养

教师家庭教育指导能力是教师专业能力的"重要之维"。如何建设在于思考如何帮助教师掌握和运用家庭教育指导力。不同区域和机构的做法不一。

以上海市奉贤区为例,通过积极打造"五级培养体系",系统推进教师家庭教育指导力建设的基础化认知、常态化实践、职能化培养、专业化研究、个性化指导，构建了教师从基本具备家庭教育指导能力到成为家庭教育指导专业者的体系。

图 3-3 五级行动策略

表 3-1 教师家庭教育指导力的五级培养路径表

	对象	内容	程度
个性化指导	班主任、专职心理教师、家庭教育指导师、专业研究机构专家	对关乎儿童发展的关键性问题、家庭教育的典型性问题开展多主体的合作研究	形成切实解决问题的可行方案，形成区域家校合作育人的典型经验，成为区域家校合作育人的推动者
专业化研究	骨干班主任、研究型德育干部、德育研究员和专业工作者	针对家长千差万别的需求和儿童发展重大"问题"开展专项研究	对于"问题"作出理性分析，提出解决方案，形成实践经验和相关理论，成为理论联系实际的家庭教育指导者
职能化培养	学校班主任、德育干部	聚焦学校场域，班主任和德育干部在做好以校为本的教育指导外，有义务主动"走出去"，进家庭、入社区，与家长开展互动性指导	敏锐发现学生存在苗头性、倾向性的问题，及时收集相关资料，并作出研判和处置；"顶层设计"家校共育项目，自觉向专业化水平迈进
常态化实践	所有教师	主要在校内日常教育教学空间开展，教师将学生的相关信息以正常的通道与家长沟通，为家长提供共同促进儿童发展的建议	围绕儿童发展的现状对家长、儿童进行及时性、即时性和具体化指导，成为家庭教育正向引导者
基础化认知	所有教师	学习与家庭教育相关的知识，包括儿童心理学、生理学、社会学、伦理学等专业知识	掌握家庭教育指导应知应会知识，拓展已有的知识结构，获得成为一名合格家庭教育指导者的"入门券"

* **基础化认知** 教师的家庭教育指导力主要包括教师的认知能力、沟通能力的熟练掌握，特别是基础认知能力要与入职挂钩，是纳入心理学、心理学和相关综

合知识测试的必需要素构成。基础化家庭教育指导工作,是指在日常的教学、教研、师生交往、家校沟通、与领导或者同事对话的过程中,有意识地培育教师的认知、沟通、情感、协作和管理能力,让教师的家庭教育指导专业能力建设成为教师的专业生活常规,从生活中的一点一滴做起,在持续的专业能力建设过程中提高教师的家庭教育指导力,在丰富教师专业能力素养结构的同时发挥其指导家长开展家庭教育工作的功能。

* **常态化实践** 教师开展家庭教育指导是学校教育系统内教师的一项常态化专业工作。教师借由家校合作的契机与家长交往沟通对话,在提高自身专业育人能力的同时提升家长开展家庭教育的素养和能力。

* **职能化培养** 对于一线的学校班主任和德育干部而言,开展家庭教育指导工作是职责所在,是需要其认识、认清、理解和接纳的一项职能化工作。除了做好课堂内、校园内的常态沟通,本级所涉及人员有义务主动"走出去",进家庭,入社区,与家长开展互动性指导,对发生在学生个体和群体,发生在本班本校或者外校的一些苗头性、倾向性的问题,有责任及时收集并作出研判和处置,要未雨绸缪,防患于未然,对于类似教育情境的教育结果或者可能性结果作出预判性评估和考量。开展家庭教育指导工作还要有"顶层设计"的理念和行动,自觉向专业化家庭教育指导工作水平迈进。

* **专业化研究** 教师的家庭教育指导力是教师职业的必备素养。在面对家长千差万别的需求和重大的专业化问题时,必须由骨干班主任、研究型德育干部、德育研究员和专业工作者等专业人士及时介入,对于"问题"作出理性解读,提出解决方案,预防"问题"的恶化衍生,或者是将正向"问题"及时培植和形成可推广可复制的方案。

* **个性化指导** 学生的个性化差异、家长的个性化需求、教师的专业分工需要教师开展个性化家庭教育指导服务。对关乎儿童发展的关键性问题、家庭教育的典型性问题一定要开展多主体的合作研究。

家教指导力——教师的必备素养(节选)

张竹林

在学习贯彻《关于全面深化新时代教师队伍建设改革的意见》(以下简称

《意见》）的过程中，笔者领悟到，家庭教育指导力应成为新时代教师，尤其是中小学校教师必备的专业素养。

一些学生学习和行为表现异常，很多时候是因家庭教育不当或者缺失引起的；但由于教师缺乏专业观察力和实践指导力，使本可避免的事情出现了，本可减轻的问题加重了，这样的案例屡见不鲜。

当下的年轻教师大多为"80后""90后"，几乎是名副其实的"独一代"。多数教师不仅没有接受过相关专业培训，甚至连基本的家庭教育指导经验也没有。而受多种因素影响，家庭教育指导课程尚未纳入师范院校和区域教育学院（教师专业发展机构）的相关学科建设中，在职教师的家庭教育指导专业培训尚未成为政府行为，家庭教育指导者专业化培训尚未形成国家"标准（体系）"。诸多原因造成教师队伍家庭教育指导力建设滞后，远远不能适应时代发展。近年来，教师家庭教育指导力建设在部分地区和学校形成了一些制度化经验成果，但整体还处于粗放、零碎的状态，传统教育思想束缚和桎梏仍然严重，家庭教育指导被认为是班主任和德育干部的事，是学校领导的事，是家委会的事，是教学素养之外的事。如果将课程教学能力比作教师专业中的米饭、馒头等"主食"，将家庭教育指导力视为味精、酱油等"调味品"，显然无法适应家校合作育人的新要求。

事实上，家教指导力是提高新时代教师素养的"调节器"，普惠性家庭教育公共服务需求是新形势下教育供给侧改革的重要内容，重视和开展中小学校教师家教指导力建设，是教育供给侧改革的重要体现和有效途径。

优化家庭教育指导力建设的制度环境，需要各级党委政府、教育行政部门和学校进一步提高认识；建立教师家教指导力建设的科学评价机制，需要用好教师专业发展和业绩考核评价导向，将其纳入新教师入职的专业测试和培训范围，与教学业务、教育学和心理学知识考测"同等要求"，作为中小学校发展和校长业绩考核的重要内容，形成全员重视家庭教育指导力建设的良好氛围。

（资料来源：张竹林.家教指导力——教师的必备素养[N].中国教育报，2018-3-8(9).）

/ 第二编 /

家庭教育指导途径

教育的效果取决于学校和家庭的教育影响的一致性。如果没有这种一致性,那么学校的教学和教育过程就会像纸做的房子一样倒塌下来。

——苏霍姆林斯基

又一种教育智慧：家庭教育指导教师手册(修订版)

本编概要

▶ 每个年龄段学生的成长都有需要家长共同关注的内容，家长在开展家庭教育时也面临着一些共性问题，教师可以利用家长会、家长开放日、家长接待日、亲子活动、家长学校等途径，对家长展开有关家庭教育的集体指导。

▶ 每个孩子都是独一无二的，每位家长也都有自己独特的个性，家庭教育指导中的特殊需求比比皆是。教师可以通过上门家访、邀请家长来访等方式，或者利用微信、QQ、电话等途径单独给予家长指导。不少区域与学校创新建设了数字家长学校等数字化平台，教师可以有效运用，进行个别指导。

▶ 媒介一直是家庭教育指导不可或缺的载体，从传统通信工具如电话、家校联系簿等，到现代通信工具如微信、直播平台等各种软件，教师可以利用的途径日益增多。数字化平台不受时间和空间的限制，是传统通信方式的有益延伸和重要补充，给家校沟通带来了新的契机。教师要建立规则，有效使用这些媒介开展家庭教育指导。

▶ 独木难支，孤掌难鸣。在开展家庭教育指导时，教师要充分发挥协同育人的多元力量，让更多的人参与到协同联动中，家校协同，师师协同，医教协同，法教协同……让育人不再是一个人的单打独斗。

第四章 ‖ 集体指导

由于同一年龄段的孩子在身心发展方面有其共同之处,家长在进行家庭教育时可能面临着相似的问题,因此,用集体指导的方式为家长提供一些应知应会的知识技能,最大范围普及家庭教育的科学理念、专业知识与技能,是区域、学校和教师开展家庭教育指导时的专业基础。

作为家庭教育指导的主阵地,学校通常会借用家长会、家长开放日、家长接待日、亲子活动等活动契机有效开展家庭教育集体指导。有些学校还专门开设了家长学校,通过开发专门课程、系统授课,对家长进行集体指导。

第一节 家长会:家教指导好时机

家长会一般由学校或教师发起,面向学生、学生家长,以教师的交流、互动、介绍性的会议或活动为主。召开家长会是进行家校合作的一种有效途径,同时也是班主任工作的重要组成部分。通过召开家长会,老师可以把学校的先进管理理念和管理措施展示给家长,以取得家长对学校各项管理工作的理解和支持,并提升学校在社会上的影响力;可以让家长全面了解班级管理的各项制度和要求,及时了解班级情况并争取家长的积极配合等,提高教育的针对性和有效性;同时可以展示自身风采,进一步促进家长对班级管理工作的理解和支持。

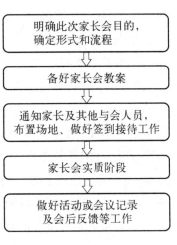

图 4-1 召开家长会的一般流程

问题聚焦

王老师在观察参加家长会的家长时发现,来的几乎都是妈妈,只有几位爸爸。在日常教育中,老师们与学生爸爸的接触也较少。"爸爸缺席"成为小学教育阶段家庭教育一个比较突出的现象。多数爸爸将不参加家长会的理由归结为"忙"。还有个别爸爸坦言，参加家长会比较尴尬。每次家长会上，妈妈们都围着老师问这问那，爸爸挤在一群女家长中间，显得有点格格不入。王老师重点观察了班里几个"爸爸缺席"家庭教育的孩子，发现男孩子性格相对柔弱，女孩子在与同学交往时也表现出焦虑和无所适从。王老师陷入思考：应该通过什么办法，尽快让爸爸们知道自己在家庭教育中的重要性并主动参与日常家庭教育活动呢？

教师思考

1. 爸爸对自身在家庭教育中的作用认识有误

造成爸爸缺席家长会的原因很多，有客观原因，如工作等条件限制，也有主观原因，如爸爸对自身作用的认识不足，也有传统文化中"男主外，女主内"思想的影响。但是，在这些原因中，认知方面的原因占主导，即爸爸对自己在家庭教育中的角色作用认识不清。

2. 家庭教育指导内容和形式单一

事实上，随着时代发展，家长的综合素质提升很快。绝大部分家长看待自己孩子的发展，已不仅仅是关注考试成绩，更注重孩子的全面发展，尤其是孩子性格的塑造及完善。鉴于教师教过各种学习水平、性格特征的孩子，有对比，也有经验反思，所以有相当多的家长更喜欢教师讲一些如何让孩子全面发展的理论与实践经验，特别是希望听到班主任介绍班级管理的理念和特色。而以往的家长会形式单一，内容与家长需求有差距，一定程度上造成"爸爸缺席"。

3. 家长会的氛围较严肃

家长会上，教师一定要注重谈话技巧，切忌开成教师发牢骚、家长听批评的"批斗会""告状会"，切忌语言生硬、态度死板。教师在回答家长问题时要耐心，做到实事求是，既不夸大事实，也不掩饰问题。对学生的优点、闪光点要充分肯定，语气要舒缓、亲切，让家长感受到教师对他们子女的关心；对学生的缺点、问题不要"告状"，而应批评现象，严肃指出后果，积极帮助家长分析原因，提出矫正措施和改善建议。家长会是教师与家长平等交流的场合，双方要真正有互动，有支撑，为达成共同的目标而互相出谋划策,不应将家长会变为教师的"一言堂",致使它失去最初的存在意义。教师要转变以成绩作为衡量学生的核心标准的做法,从更多的角度来发现学生的闪光点,让家长也能认识到孩子的优势所在,继而发展孩子的能力,要给家长指明学生最佳的发展走向,使家长感到学校、教师对所有学生一视同仁,对不同学生因材施教,这样家长才能够放心,并乐于配合校方做好工作。教师更要注意,切记不要在家长会上随便谈论其他班级的情况,无论是分数还是其他不好的方面,也不随意议论任课教师,以免损害教师威信。

教师策略

王老师当了十几年班主任,召开了无数次家长会。来参加家长会的大多是妈妈,爸爸很少参加,对此,她早已习以为常。据了解,在小学和幼儿园阶段,爸爸缺席家长会是种普遍现象,孩子年级越低,爸爸到场率越低。但是这次,她决定组织一次专门面向爸爸的家长会。

1. 确定主题

王老师决定召开一次主题为"欢迎你们,班级爸爸们!"的家长会,希望通过与爸爸们面对面交流,鼓励更多爸爸回归应有角色,对孩子多一份关注,多一份陪伴,家校合力,共促孩子发展。

2. 发出邀请

会前,她发放了"爸爸家长会邀请函",以"父亲的出现是一种独特的存在,对培养孩子有一种特别的力量"为话题进行动员。

3. 会议筹备

通知发出后,她忐忑不安:爸爸们会来吗?家长会有什么反应?怎样开好这次"爸爸家长会"呢?她翻阅教育杂志,边读边思考。接着,她做了两项工作,一是请孩子们说说各自眼中爸爸的形象及其陪伴自己的情况,二是录制了几位孩子对爸爸说的心里话。而这一切,都在暗中进行,爸爸们毫不知情。

4. 拉开序幕

家长会正式召开了,大部分学生的爸爸都来了,少数因工作不能参加的爸爸也都亲自打电话请假,委托妈妈来参加。王老师首先给大家深深地鞠了一躬,继而热情洋溢地说:"奥巴马曾说,在竞选过程中有一件事让他很自豪,那就是在其长达 21 个月的选战中,他没有错过一次孩子的家长会。无论多忙,他每晚仍和女儿一起吃晚餐,耐心回答她们的问题,为她们在学校交朋友的事儿出谋划策。而这一切只因奥巴马知道自己不可能做一辈子的总统,却一生都是孩子的父亲!"就这样,"爸爸家长会"拉开了序幕。

5. 探讨思辨

孩子们眼中的爸爸是什么样的呢?王老师首先用幻灯片展示了孩子们对爸爸的评价:"忙于上班""喜欢打牌""喜欢上网打游戏"……接着,她播放了一段视频:在节目《爸爸去哪儿(第三季)》里,演员刘烨自顾自地玩着手机,儿子诺一突然说:"爸爸,我做了一个梦,观音菩萨让我陪你聊会儿天……"原本很童真的一句话却道出了孩子内心对父母陪伴的渴望,爸爸们若有所思。王老师接着播放了几位孩子对爸爸说的心里话,有的孩子说:"爸爸,请你周末不要玩牌了,多陪陪我好吗?"有的孩子说:"爸爸,这个周末能不加班吗?"……听着孩子们一句句真挚的话语,爸爸们沉默了。

父亲是孩子通往世界的引路人。在教育孩子的过程中,无论是性格培养、情感教育、知识训练,还是道德品质的养成,父亲都起着至关重要的作用。一份对全国千余名未成年犯的调查表明,回答"对你产生正面影响最大的人"是"父亲"的有 39%,是"母亲"的有 22.5%;回答"对你产生负面影响最大的人"是"父亲"的有 11.9%,是"母亲"的有 8%。缺乏父爱的孩子年龄越小,患"缺乏父爱综合征"的可能性就越大。更令人意外的是,在双亲俱全但缺乏父爱的家庭中长大的孩子,患上"缺乏父爱综合征"的可能性更大。

看到调查数据,爸爸们都陷入了沉思。紧接着,王老师"开启"了健康家庭教育模式:"美国心理学家研究发现,父亲对孩子的影响往往远远大于母亲。作为孩子生命中'重要的人',同样一句肯定的话,如果由爸爸说出来,对孩子的影响会更大。"爸爸们或静静聆听,或低头记笔记,认真的神情令人触动。

6. 歌曲结束

最后,在《父亲》这首歌词优美、旋律动人的歌曲中,爸爸们畅谈了对此次家长会的感受。"从今晚起我争取每天陪伴孩子!"一位父亲站起来,激动地下"军令状",好多爸爸当即表示赞同。会后还有很多爸爸发来短信表示会多参与孩子的教育,让王老师感动不已。

这次爸爸家长会,有效改变了爸爸的教育理念,增强了爸爸积极参与家庭教育的责任心。一段时间后,王老师发现爸爸们对孩子的关注明显增多了:班级群里,有更多爸爸参与了对孩子教育的讨论;作业本上,爸爸的签名也逐渐增多……为了让爸爸真正高质量地陪伴孩子,王老师决定在以后的日子里进行如下尝试:组织班级"爸爸会",定期开展亲子活动,活动内容由"爸爸会"决定,如体育竞赛、野炊等。爸爸可以在活动中拍摄照片、发微博、做专辑;孩子们写写和爸爸一起参加活动的感受;王老师负责将"爸爸会"活动的情况汇总,看看哪组亲子在活动中玩得最开心,玩得最有创意。王老师希望通过这样的活动,不仅增强父亲和孩子之间的感情,也让爸爸们在相互学习中提高陪伴孩子的质量。要使这项活动顺利展开,需要老师和家长通力合作,不懈努力!

● 行动反思

1. 家长会注重教育理念的渗透

一个优秀的集体对一个孩子的成长起着不可估量的作用。在家长会上,当班主任讲到班级建设问题的时候,家长们表现出来的情绪很高涨。一位优秀班主任的班级管理理念对集体的影响是举足轻重的,生活在优秀集体中的孩子必定受益匪浅。比如班主任可以在家长会上介绍班级建设特色,请优秀家长代表交流分享教育方法,策划创意"爸爸家长会"等。一些学校每年的家长会可以分别安排"妈妈家长会"和"爸爸家长会"。

2. 家长会前要告知家长做好准备工作

(1) 建议家长会最好由学生父亲或者母亲亲自参加。虽然孩子在学校上学,接受学校教育,但更加重要的教育发生在家庭中,影响孩子成长的最重要的因素也是家庭。所以班主任要把握家长会的机会,更加全面了解孩子的成长过程。

(2) 提醒家长准时到校,准备好记录本和笔,将手机调至静音模式,认真听讲、认真记录。建议家长在记录过程中,要结合家庭、孩子的成长实际,做重点记录,以便会后反思,如果可能的话,利用手机微信功能,将会议重点发给爱人,同步家长会内容,一同学习,共同反思。

(3) 建议家长抓住机会在家长会集体会议后和任课老师单独沟通,及时了解孩子在学校的情况。

3. 家长会前教师自己要做好准备工作

(1) 明确家长会的目的、任务。家长会前教师一定要选好中心内容,明确目的，要编写讲话提纲，拟好讨论提要。

（2）营造适宜环境。家长会前教师要带领学生打扫卫生，布置场地。学校要张贴标语，如"家长、教师携起手来，共同教育下一代""欢迎家长"等，在教室的黑板上，也要写上家长会的主题或欢迎词。教师要把教室布置得清新、整洁、亲切，使家长心情舒畅。如果条件允许，还可以给家长准备些茶水。关于座位安排，取决于家长会的形式，可以是圆桌式，也可以是集会式。

（3）准备好展览品。为了让家长全面了解孩子的情况，可以把学生的阶段发展分类评价表展览出来。教室的墙上可以贴出"三好生名单""进步生名单""纪律评比表""学习评比表""先进事迹表彰栏""优秀作文""优秀作品""考勤表"等，每个学生的座位上可以摆上学生的考试卷子、作业本等。

（4）选出家长交流代表。有时需要家长作典型发言或经验介绍，教师事先要选出有代表性的家长，让其做好准备，以使发言能起到典型引路的作用，活跃会议气氛。

（5）帮助学生代表准备好发言内容。有的家长会可以邀请学生干部或代表向家长介绍班级情况，既真实可信，又锻炼了学生，但教师要帮助学生干部或代表提前拟定好发言内容。

（6）通知科任教师开会内容，请科任教师向家长介绍学生的学习情况，发挥教育集体的作用。

（7）发家长会通知书。通常要提前三天发家长会通知书，以便家长持通知书向单位领导请假。家长通知书要有回执，以便教师及时掌握哪些家长不能到会，有些时候，教师需要协助家长向单位请假，以确保到会人数和会议精神的有效传达。家长会通知书要写清会议内容、开会时间和地点。开会时间要尽量选择有利于家长准时参加的时间。

（8）家长会后的工作。一次家长会是解决不了所有问题的，教师要注重后续的跟进反馈工作，比如个别交谈和跟踪访谈。

智慧分享

家校互动之各国家长会

在国外，学校开家长会另有一番情形，家长会不与成绩挂钩，形式多样，氛围轻松，甚至成为家长参与学校管理的重要渠道，就让我们借鉴一下他们的做法。

英国：家长依次与老师单独交流

英国家长会一学期（一般两个月）一次，一个年级一天，各班分别进行。英国的家长会都是一对一进行，老师和家长直接沟通，但时间有限，一般10—15分钟。家长提前在预约表上填好时间段，然后依次和老师单独交流。

在英国，一个班大约30位学生，家长会从8:50开到15:10，这样做的结果是老师辛苦，家长轻松。老师事先会将每个孩子的情况做一个书面准备，这份长达3页的报告，记录的不是学生的分数等级，而是学生在不同学科中的参与情况、学习态度及能力等，最后是老师据此得出的评语和孩子的自我评价。在这个框架下，家长和老师谈起来比较容易，不可能闲聊，与家长闲聊也是老师忌讳的。另外，老师对学生的评价以夸为主，让家长感到老师将孩子"装"在心里；孩子身上的缺点则被老师隐藏在"需要改进"一栏中。

法国：强调细节与民主

法国家长会十分强调细节。一般而言，每年开学的家长会最为重要，学校需要向家长介绍情况，让他们与孩子熟悉学校的环境、场地、运作方式以及新学期的各项信息与变动。会上有大量时间讨论各种细节，如学生人数、如何分班、学校食堂情况、学校教师情况、教育部新规定、课程设置、新学期时间安排、假期时间等。会议往往需要半天时间。

法国家长会就各种问题提出看法，与校方的对话很多。总体上，家长会的气氛比较民主和平等，无论是校方负责人还是老师，均实事求是地与家长对话，而家长也毫不客气地提出各种疑问并要求回答，家长协会代表会将普遍性意见与诉求向校方提出。此外，家长与老师还会通过练习本的方式相互交流信息。双方可以随时在本子上留言，孩子每天早上将本子带去学校，每天晚上带回家；若家长与老师没有问题则不留言。与中国的家长会不同，成绩不是法国家长会的焦点问题，老师会指出学生学习上需要努力的方向，要求家长配合，但不会因为成绩要求家长抓学生学习。

法国学校也不以学生成绩来评判教师。法国中小学规定不布置家庭作业，教学是学校的问题而非家长的职责，这样家长会不会变成表扬会、批评会。法国家长会不仅是家长了解学校信息与情况的重要渠道，也是家长积极参与学校运作和管理的一种方式。

德国：一起探讨孩子的兴趣爱好

德国的学校一般都会在新学期召开家长会。德国的家长会实际上是家长、教师和学生交流感情的会议,开会时没有人做报告,也没有人谈论考试或成绩等话题,更没有人把学生的成绩拿出来互相比较。德国人认为,孩子们不存在好和差的区别,只是每个学生各有不同的兴趣特长而已,教师和家长的责任,就是要细心地发现和培养孩子们的潜质和特长。教师、家长、学生一起探讨学生的兴趣爱好,以及学生长大后愿意和适合做什么样的工作,这就是德国家长会的主题。

  在德国的家长会上,老师也会讲到新学期的课程安排,还有家长委员会的选举,但在选举过程中,老师不会有任何干涉,而是完全让家长们自己协调安排。一般家长委员会选举结束后,老师们才正式出来,轮流解释自己负责的那部分内容。德国家长会每年都会安排一次出游,可以在国内,也可以到欧洲其他国家。这样的家长会,气氛是非常轻松活跃的。

新西兰:校长一般不露面

  新西兰的家长会和中国的很不一样。首先,校长一般不露面。其次,不开年级大会,也不开班级会议。家长会就在学校的会堂开,里面划分出一块块的区域,各科老师各占一个。

  学生在这之前与自己的各个任课老师预约时间,然后家长按照预约表逐个与老师会面。每次会面时间约为5分钟,老师讲的内容简单扼要、一针见血,主要是汇报孩子情况,该表扬的表扬,该批评的批评,最后都不忘对家长说"以后请和校方保持联络"。当与预约表上的老师会面完毕后,家长就可以离开了。

瑞典:形式多样

  在瑞典,老师和家长一直保持互动,而且形式多样。安妮今年7岁,她上幼儿园时,老师至少举行了3次家长会,第一次在学期中间,第二次是家长应校方要求组织的,第三次则是学期末的汇报演出。

日本:家委会管理有序

  日本中小学一般在开学和期末召开家长会,主要由妈妈参加,很少能看到爸爸的身影。家长会一般由班主任介绍班级情况和需要家长配合的事项,比如暑假里的安全注意事项等。对于孩子的个别情况,班主任不会在家长会上公开点评,而会在平时和家长具体沟通,这一方面是为了保护隐私,另一方面则是为了避免攀比。

(资料来源:伊万.家校互动之各国奇葩家长会[EB/OL].(2016-01-09)[2024-05-15]. http://www.sohu.com/a/53431299_357704.)

第二节　家长开放日：全方位展示好途径

家长开放日活动是教育部门以让学生家长参与到教学过程为目的，为使家长了解学生受教育情况而开展的特定的活动。其面向对象主要为家长，举办形式通常有让学生家长进入课堂聆听教师的授课情况、组织亲子游戏、让学生与家长共同完成某项任务等。家长开放日活动能使学校教育情况变得更加透明。

家长开放日让家长走进校园，走进课堂，让家校"零距离"接触，增强学校、教师、家长之间的沟通，让家长了解学校的管理与发展趋势，了解课堂教学和课改动向，从而更好地配合学校，共同关注孩子的健康成长。学校开放日可以起到渗透家庭教育指导的作用，可以让家长学到不少合适有效的教育理念和方法。

明确家长开放日目的	拟定并下发家长开放日通知书
确定形式和流程	安排好家长开放日内容
家长到校签到	下发签到纸
家长开放日系列活动	有参观校园、观摩早操、进班听课、观摩午餐等
家长填写开放日评价表	下发评价表

图 4-2　家长开放日的一般流程

问题聚焦

某学校地处城郊接合部，建校不到 5 年。学校学生大都是动迁户、外来户，少量是本地户籍学生，其中一部分条件好、重视教育的家庭因为对新学校不信任，想方设法让孩子到周边的成熟学校上学。

该校教师发现多数在校学生家长对家庭教育的重视程度不够，教师联系家长沟通教育教学事宜时经常被家长以不同借口推托。少数家长对家庭教育足够重视，但其教育理念与学校秉持的"为了每个学生的终身发展"存在较大差距。因此,家长和学校无法形成教育合力,家校合作停留在较低层次。

教师思考

造成家长对家庭教育重视程度不同的原因比较复杂,学校需要通过多种途径为家长提供集体指导,从整体上改进家长对教育的认知,引起家长对家庭教育的重视;在整体提升的基础上,再为个别家长提供有针对性的指导。

1. 增进家长对教师工作的了解

很多家校沟通障碍来源于家长对学校工作缺乏了解。有些家长即使对学校工作有所了解,也因为缺乏细致的观察和深入的体验而难以理解教师的具体做法,很容易站在自己的角度去看待教师工作。通过家长开放日活动,家长更容易设身处地感受到教师工作的辛苦,理解教师的工作,与教师的沟通也就会更容易、更有效。

2. 传播科学教育观

家长开放日活动中,教师可以利用丰富多彩的活动形式,引导家长参与活动,亲身体验愉悦和成功,并借助这些活动向家长宣传科学正确的教育理念——关注孩子的个性发展,引导孩子选择合适的学习方法,提高学生的学习能力,使他们在有效学习的同时得到全面发展。同时,教师还要把尊重学生、相信学生、充分给予学生机会等宝贵的经验和教育观念传递给家长。

3. 形成家校共育合力

家校合作有利于促进家庭和学校的教育目的达成一致,而家长开放日活动则为家校沟通搭建了桥梁,不仅让每一位学生家长直观、真切地了解学校开展的教育教学工作,也为学校知晓家长的需求,及时地、更好地调整教学工作,提高教育教学质量提供了帮助。

教师策略

1. 确定主题和时间

家长开放日的主题最好可以在贴近本班学生家庭实际情况的基础上,让家长和学生都眼前一亮,并能突出本次活动的主要内容,如"让我们的心走得更近""共同的责任,共同的期待"等,拉近学校和家长之间的距离,让家长切身感受到,走进校园、配合学校工作可以更好地教育孩子。

同时,家长开放日的时间最好不要放在上午,要照顾到更多家长的时间,上午可能很多家长工作比较忙,难以脱身,最好在下午,以便更多的父母能够参与,而不是由爷爷奶奶代劳。

2. 合理安排活动内容

(1) 把家长请进来。诚挚邀请家长走进校园、走进课堂,亲临教育教学第一线,以开放的校园、开放的课堂迎接家长。

(2) 让家长看一看。让家长参观学校,感受班级文化氛围,观摩学校活动、课堂教学,了解学校教育教学的要求和情况。

(3) 让家长听一听、说一说。由各班班主任老师和任课老师一起向家长介绍学校的教育理念,汇报班级管理和教学工作,家长则参与教育教学管理,提出建议和意见,真正实现"家校携手共话成长",最后可以由家长填写反馈表。

3. 具体分工

教务处：制定活动方案,安排开放日当天课程,全面关注活动过程,组织教师备课、试讲,回收当天家长反馈表,做好活动总结。

德育处：做好学校校园内外卫生;做好当天活动策划,并安排学生志愿者接待家长。

班主任：

(1) 认真做好宣传、动员工作,向学生和家长宣传开放日活动,发放邀请函。

(2) 精心布置教室,加强班级文化氛围建设。

(3) 做好家长签到工作,向家长发放家长签到表、家长开放日活动意见反馈表。

(4) 做好展示学生和班级风采的幻灯片等影像资料。

任课教师：

(1) 所有任课教师认真钻研教材、精心备课、上好课。开放日班级任课教师要于活动前一天上报上课课题或内容。

(2) 所有教师都要热情接待家长,耐心与家长交流,使家长真正了解孩子,了解教师,了解学校。

● 行动反思

1. 开放日活动的时间应便于家长出席

择定家长开放日活动时间时应考虑到家长的时间,如果条件允许,最好放在周末进行,便于家长有时间参加。教师可以事先发书面通知邀请家长,让家长有充分的时间进行准备和安排事务,这样家长在心情上也会比较轻松,能更好地参与活动。

2. 开放日活动的形式应多样化

家长开放日活动深受广大家长的欢迎,家长的参与意识很强,因此活动不仅可以由教师来组织,还可以由家长来组织策划,尤其是鼓励孩子的父亲组织、参与,给活动带来更多不同的思维碰撞和阳刚活力。除了教师和家长们在活动中互动以外,家长参与活动的形式可以更加多样化,如参与娱乐性质的亲子活动等,这样家长的体验会更丰富、更深刻。另外,教师不可能成为每一个领域的专家,而家长来自各行各业,比如医生、演员、运动员、警察等,能弥补教师的不足,丰富课堂的教学内容,带给学生新的知识体验。让家长充分积极地参与学校的教育活动,不仅能使家校双方都受益,更重要的是能使孩子开阔眼界,获得最全面的发展。

3. 家长开放日的优点

对于家长来说,家长开放日是一种有效的家校合作方式,使他们有机会参与学校教育,参与孩子每天的学习生活,能够深刻地体会到孩子学习的不容易,从而使他们更加关注孩子,不仅关注他们的衣食住行,更关心其对知识的掌握情况、与同伴的交往情况等。家长还能通过学校举办的活动与孩子进行深入沟通,了解孩子的真实需求,加强对孩子各方面发展的重视程度。对于学生来说,通过家长开放日,他们看到了父母对自己的关心,也看到了父母的不易,进而能体谅父母、理解父母。和谐的家校合作关系增进了父母与子女之间的感情,有利于亲子交流。

4. 家长开放日的不足

家长开放日活动的时间和频率与家长的需求不完全相符。对于要在上班时间来参加孩子的活动,部分家长感到很有困难;多数学校每学期向家长开放一次,而大部分家长则有更多的了解需求。家长开放日活动的结构自由度偏小:家长开放日活动主要以学校组织的集体活动为主,学生自由活动的时间、家长自主选择的机会都比较少。参与开放日活动的父母亲比例不够均衡:在开放日活动中,学生父亲的出席率不高,远远低于母亲,更有一部分学生是由爷爷奶奶前来参加的,所以能够起到的效果相对有限。

智慧分享

如何使家长开放日受欢迎?

家长开放日是家长与学校交流的平台与窗口。我校多次成功地举办了家长开放日活动,且活动深受家长欢迎。我们的主要经验有以下三点。

1. 目的明确

开展家长开放日活动时,有些家长问:"你们为什么要开展这样的活动?我们来学校能起什么作用?"刚开始,有的家长不愿意来,找人替他们参加开放日活动。这说明许多家长还没有真正弄清楚活动的目的与意义。于是,我校通过板报、宣传单、信函、家长会等形式对家长开放日的目的进行了广泛和深入的宣传,家长了解之后,都表示支持并以认真的姿态积极参与这项活动。

我校将家长开放日的主旨定位于四个方面:

(1) 沟通家长与教师的感情,加强家庭与学校的联系,让家长关注教师的教学情况,了解学校的发展状况,更好地支持学校的管理工作。

(2) 展示推进素质教育和深化课程改革的成果,让家长亲身感受新课改后的课堂教学氛围和师生的精神面貌。

(3) 广泛听取家长对学校办学的意见,全面提升教学质量和管理水平。

(4) 展示名师的风采,更重要的是推出青年教师,让他们接受锻炼,尽快成才。

2. 准备充分

我校对家长开放日活动给予高度重视,为活动做了充分的准备。

(1) 制作精美的请柬或署有被邀请人姓名的邀请信,加盖校章并派专人送达家长手中,以示对家长的尊重和对活动的重视。

(2) 在校内竖立欢迎标语牌,在听课的多媒体教室中播放滚动幻灯片,内容有"热烈欢迎各位家长来我校参加开放日活动""展示教学成果,提高教师素质""坚持教学开放,加强家校联系""广泛征求家长意见,全面提升管理水平"等。在校门口悬挂横幅,预祝开放日活动圆满成功。

(3) 后勤部门负责招待工作,准备茶水及杯子;负责室内外卫生,布置好环境。教务处准备教材及教案,方便家长听课。

(4) 校长热情洋溢地致欢迎词,同时也对家长提出一些注意事项,如听课时不吸烟、不接电话、不讲话、不随意走动、不提前退场等。

3. 活动丰富

我校安排了丰富多彩的活动调动家长的积极性,保证活动的实效性,具体体现为以下五个字:

(1)"看"。带领家长看校容校貌,看是否做到了绿化美化,看教学设备设施是否能满足教学需要,看荣誉室的成果展览,看活动展示,如体操表演、科技活动、文艺汇演等,让家长了解学校全面贯彻教育方针、培养学生创新精神和实践能力的情况。

(2)"听"。听领导汇报,了解学校的办学情况和教育理念;听爱岗敬业的教师代表、教子有方的家长代表和刻苦学习的学生代表的演讲;听教师上课,感受教师教学方式与学生学习方式的显著变化。课程安排兼顾语、数、外等学科,并综合考虑低、中、高年级的教学情况,尽可能安排师生互动活动,有条件的话,让家长也参与其中。如一位数学教师在上"找规律"一课时,让学生将自己在课堂上亲手制作的手帕献给在座的父母,还请他们对作品进行评价。家长参与此类教学活动的兴趣非常浓厚。

(3)"查"。查教案是否规范,是否关注了学生的学习基础和个别差异等;查教师的作业布置是否做到了精选习题、分量适当等;查学校管理制度是否完善,教研活动的安排是否合理等。

(4)"谈"。与教师座谈,了解学生在校的学习及思想状况,咨询家教方法;与领导座谈,就某一个教育观点进行探讨,或就规范办学和师德、师风等问题交换意见,如收费问题、体罚或变相体罚问题、开辅导班以及有偿补课问题等。

(5)"写"。发放意见反馈表,让家长填写意见,对学校办学条件和办学水平进行评估,对开放课进行评议,对学校特色活动进行评价。

(资料来源:夏循藻.如何使"家长开放日"受欢迎[J].中小学管理,2006,(8):33.)

第三节　家长接待日：深化交流好窗口

家长接待日作为家长了解学校教育新观念、了解学生在校情况的一个窗口，能够引导家长逐渐形成科学正确的教育观，从而为学生发展构建和谐的成长环境。与家长开放日略有不同，家长接待日针对性更强，更侧重于解决家长认为学校教育教学中存在的问题和困惑，跟踪落实治理方案并听取反馈意见。

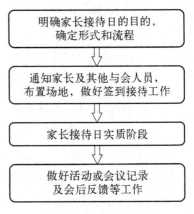

图 4-3　家长接待日的一般流程

问题聚焦

下午放学前，A 校外面经常挤满了等候孩子放学的家长。在等候的时间里，家长会聊起有关学校的事情：食堂台阶上摆放的自行车太多，孩子们进出食堂容易摔倒；学校篮球场关灯时间有点儿早，晚上带孩子出来运动不方便；学校医务室的老师不是一直都在岗位，万一孩子需要紧急包扎多不方便啊……

教师思考

学生的发展需要多方主体的密切配合。为了促进学生全面发展，学校作为教育实施者和家庭教育指导主阵地，应主动配合，同步教育，家校合力促进学生综合素质的提高。

政府有专门的接待日、接待地点和接待人员解决来访百姓提出的困难问题，那么，学校如果有专门的家长接待日为家校沟通提供正式的场合和时间，家长就不会为无处反馈情况而困扰。另外，如果是学校的问题，家长也不便请任课老师转达,有了专门的家长接待日,就赋予了家长监督办学的权力。

为了广泛听取家长对学校管理和教育教学方面的建议,争取家长支持,形成家校合力,学校决定尽快组织家长接待日活动。

教师策略

1. 做好接待的前期准备

(1) 安排接待的时间和地点。

(2) 接待者须端正佩戴员工牌。

(3) 保持接待室环境卫生。

(4) 熟悉单位内所有部门的位置和电话号码。

(5) 接待时热情周到,做到来有迎声,去有送声,有问必答,百问不厌。

(6) 主动问好和话别。

(7) 接待家长来访不能说"不知道""不清楚"。

(8) 提前准备好接待用的资料,接待前先请家长登记,留下家长的详细资料。

2. 接待的一般内容

接待人员解答来访家长提出的问题或困惑,并认真记录。对于能马上解答的问题,接待员一定要第一时间答复,没能及时解答的要向学校提出,在听取相关负责人的意见后,尽快给予家长答复。同时也要向家长介绍学校整体情况,向家长宣传科学的教育观,将家长吸引到学生教育中来。接待人员引导家长以发展的眼光看待学生,关注学生发展的速度、特点和倾向,改变部分家长只关心学生学习成绩的错误教育倾向,强调学校的教育是为了让每一位学生在原有基础上得到发展,并请家长积极配合学校开发学生潜能,促进学生全面发展。

3. 接待的注意事项

(1) 加强沟通,了解家长需求

了解家长的需求和希望、家长的性格类型、家长的教育观念和方法,了解家长的职业、文化水平、待人接物的习惯等情况。不同的家长有不同的爱好、兴趣和特长,若将家长的优势资源应用到学校的各方面工作中,能获得意想不到的收获。学校以学生的发展和教育为关注点积极与家长进行沟通,深入了解家长的需求,促进各项工作顺利进行。

(2) 密切家校关系，形成良好的合作氛围

A校本着尊重平等的原则，吸引家长主动参与学校的教育工作，争取家长的理解、支持和参与，真正形成家校配合，使学生在学校获得的学习经验能够在家庭中得到延续、巩固和发展，同时，也使学生在家庭获得的经验能够在学校的学习活动中得到应用。要把家长对学生的关注转化为积极的配合，就需要提高家长对家校互动的重要性的认识。

在接待日，家长提出如下问题：食堂台阶上摆放的自行车太多；学校篮球场关灯时间有点儿早；学校医务室周六不开门等。

上述问题在家长接待日提出后，校领导现场指示：请基建、后勤、保卫处充分论证在学校适当地方搭建一个方便学生自行车存放的简易车棚的方案，暑期推进到位，并请保卫处做好后期车棚相关监控设置等工作；请学校医务室老师将自己外出培训或请假不在岗的时间及时告诉学校，便于统筹服务。而对于家长提出的不甚恰当的要求，教师也及时向家长做出解释，比如为了便于同学们开展体育锻炼，学校夜间球场的开放时间为夏季到晚 9:30，冬季到晚 9:00，考虑到节能减排及学生们的休息，经征求大部分同学意见，目前开关灯时间已经比较合理，不宜延长。

◉ 行动反思

1. 家长接待日需要遵守的制度

（1）学校设立家长接待室，所有来访家长必须出示有效身份证件，履行登记手续。家长来访须经传达室通知学校有关部门或有关人员，家长身份被核实后方可进入接待室。

（2）学校正常上课期间，学生家长一般不得要求与学生见面；学生可在课间经所在班级班主任及学校有关部门同意后在学校接待室与家长见面。

（3）教师对家长应热情、诚恳，做到彬彬有礼。家长来校访问，教师若没课，不管多忙都要热情接待，教师若有课，绝不能把本班学生放诸一旁不理，只管与家长谈话，应向家长说明不能接待的原因。

（4）所有接待人员必须提高对家长来访接待工作重要性的认识，认真负责、耐心细致地解答问题，热情帮助家长解决困难，并做好接访解答记录，为家长提供满意的服务。

(5) 凡是教师约见家长,必须定好时间,并在家长接待室等候家长,接待完后,教师要主动将家长送出校门。

(6) 对重要来访,教师要做好后续跟进,对反馈的意见、要求、建议、投诉,应及时逐项研究,妥善解决。

2. 家长接待日当天需要注意的地方

(1) 了解和满足家长需求。筹备家长接待日之前,学校可以用多种方式了解家长的需求和兴趣,和家长委员会成员讨论确定家长的参与方式及相关活动的安排,满足家长的参与需要。

(2) 注意细节。许多活动的成功之处在于人们对细节的追求,家长接待日也是如此。如家长的饮水、家长的座椅、接待家长的形式等细节,都能充分体现相关工作是否到位。另外,教师在接待家长时要诚心、热心、细致和有爱心。

(3) 体现班级个性。家长接待日一般是由学校统一安排的,班主任除了要配合学校完成工作以外,还可以调动班上其他任课教师的积极性,分工合作,增加班级个性活动设计,体现班级团结、和谐的氛围。但内容不宜过多,否则会使家长感到紧张,自己也手忙脚乱。

智慧分享

即将分班时的家长接待日

每周的星期三是我校的家长接待日。这学期开学以来,我接待了二十多名家长的校访。九月,家长们集中反映各班老师的搭配问题,尤其是对二年级新扩的一个班的教师持怀疑态度。家长们以孩子小不容易适应新老师为由,不想让孩子从原班分出来,有的家长还试图用心理学理论说服我。其实我能理解他们的心理,一方面觉得班级人数多,不利于孩子学习,希望学校能分班;一方面又担心新老师(外校调来的老师)能力不足。我首先做了耐心的解释工作,同时向家长详细地介绍了新老师;其次是让教师用行动说话。有一名家长说,和我交流后,他感觉我们这个团队是一个办实事的团队,他决定观察一个月,一个月后如果还是不满意的话,就一定要让孩子回原班。一个月,时间是不长,但让教师想办法使学生喜欢上自己,一个月足矣。班主任说:请相信我,我会让孩子们舍不得走的。她把这份压力变为动力,在接下来的一个月里,展示出了她的魅力,用一颗真心、一片诚意让家长们信服了。48名学生没有一个变动。

（资料来源：上海市奉贤区育贤小学班主任潘姿屹带班心得）

第四节　亲子活动：亲子交流好平台

亲子活动是指父母与子女间或(外)祖父母与(外)孙子女间的游戏行为，它是以孩子为主体，家长为主导，家庭为单位进行的。亲子活动是家庭教育的一种重要形式，在儿童成长发展过程中占有重要的地位。

学校组织开展亲子活动是学校德育和心理健康教育的重要组成部分，活动的开展有利于增进亲子关系，促进家校合作，形成教育合力。学校组织开展亲子活动，可以为学生与家长、教师与家长、家长与家长之间搭起一座沟通的桥梁。开展亲子活动既可以满足儿童依恋家长的情感需要以及家长希望了解孩子在集体生活中一些情况的愿望，进一步密切教师与家长的关系，实现家校同步教育；还可以促进家长与家长间的交流学习，使教育资源利用达到最大化。

◉ 问题聚焦

> 很多家长说感觉现在的孩子越来越难懂，随着孩子慢慢长大，自己与孩子之间好像有了隔阂。孩子回家就把自己关在房间里，也不知道到底在做什么，是在学习还是在玩游戏？孩子放学回来，家长当然想问问成绩，但没说几句，孩子就回自己房间了。没办法，有的家长就偷偷到孩子学校，从教室外面看看孩子的上课情况。有的恰巧被孩子看到了，孩子回家便大闹一场，觉得家长不信任自己。家长心里也很委屈，觉得自己拼命工作挣钱，全是为了孩子好，孩子却不领情。

◉ 教师思考

随着社会的开放和发展，家庭亲子关系正在发生急剧变化，青少年群体成长环境中有着显著变化。有研究表明，青少年时期是人生中最关键又有特色的时期,是依恋与独立两种倾向暂时冲突和对立的阶段。而许多父母缺乏主动意识去调适自己与青少年子女的关系。许多父母或多或少面对过一种困惑,不知道为什么自己正确的意见与建议,却不能被孩子接受。而不少青少年学生在面对父母絮叨的教导时,则表现出较强的叛逆性格。加之工作压力大,很多家长没时间陪孩子,导致亲子间出现隔阂,这是父母所不乐见的。

1. 帮助家长建立教育主体意识

教师与家长都是儿童教育的主体,共同的目标是促进儿童发展,相互间是合作伙伴的关系。学校组织开展亲子活动可以让忙碌的家长建立主体意识,与教师共同担当教育孩子的责任。

2. 帮助家长了解孩子的情况

在活动中教师有针对性的指导可以拉近教师与家长的距离,同时经过观察教师的教育行为和孩子的表现,家长会反思自己的家庭教育内容和方法,在活动中获得正确的育儿观念和育儿方法,并将观念和方法融入与孩子相处的每一刻,逐步了解培养、教育孩子的重要性,从而促进孩子的健康和谐发展。

3. 促进亲子关系的健康发展

家庭中的亲子关系直接影响孩子的心理发展、态度行为、价值观念及未来成就。但现代社会中,家长的压力较大,常被自身的一些问题所困扰,容易情绪不稳定。如果家长对孩子的态度较急躁,会导致亲子关系比较紧张,使亲子关系缺乏应有的和谐、愉悦。还有些家庭,几个大人围着一个小孩,对孩子溺爱,这种亲子关系也是不健康的。由此可见,开展丰富多彩的亲子活动有益于亲子之间的情感交流,能促使亲子关系健康发展。

4. 为家长与家长之间的沟通搭起一座桥梁

有些家长为了更好地培养孩子,不让孩子输在起跑线上,经常去学习好的教育知识和育儿经验,成了行家里手。学校组织开展亲子活动,可让家长相互交流,现身说法,共同探讨"育儿经"。

教师策略

1. 做好亲子活动的宣传工作

(1) 向家长介绍亲子活动的目的、意义、在活动中家长应承担的责任以及需要家长配合和注意的事项等内容。

（2）有针对性地发放宣传资料和开展免费咨询活动,使更多的人了解亲子活动的重要性。

（3）利用访谈形式了解家长教育观念,并进行有针对性的指导。

2. 过程与方法

（1）确定亲子活动的目的、主题、场地以及时间。

（2）当天的活动开展时,首先请学校组织者发言,介绍此次亲子活动的目的。

（3）亲子活动一般都是从孩子们的才艺展示开始,然后可以邀请家长表演,这样不但可以使孩子更加了解自己的父母,拉近双方之间的关系,还可以使孩子更加崇拜自己的父母,以自己的父母为榜样进行学习。

（4）最重要的亲子互动时间。既然是互动,自然少不了家长和孩子之间的协作,比如两人三足、夹气球等游戏,也可以根据具体的情况选择最适合的活动,只要不脱离"协作"这个主题就行。

（5）亲子互动结束后,教师可以向家长们询问意见和建议,以便以后更好地开展工作。

● 行动反思[①]

1. 亲子活动中反映的现象和问题

（1）个体差异大。有的家长文化素养高并且比较开朗,就容易投入到活动中;有的家长比较内向、教育方式陈旧,停留在保育方面;而有的家长只知道游戏的娱乐性,忽视了教育性,使亲子游戏成了溺爱孩子的表现。

（2）少数家庭的孩子是由老人带大的,小学生特别喜欢跑动,爷爷奶奶们常常跟不上,导致亲子活动的效果不佳。

（3）家长忽视对孩子生活行为习惯的培养,亲子活动反映出部分孩子特娇气、爱发脾气、不懂礼貌、不愿谦让等不良习惯。

2. 帮助家长正确认识亲子活动

为了帮助家长正确认识亲子教育,正确看待孩子的发展,有意识地调整自己

[①] 邵文琼.亲子活动现状与指导策略[J].新课程学习(下),2013(1): 179.

的教育行为,学校在组织实施亲子活动时,要以家长为教育重点,面向家长进行示范、讲解和指导,有目的地对家长的教养行为施加积极影响。活动前的介绍要能让家长明确活动的目的,让家长"心知肚明"地参与活动。

3. 亲子活动中的个别化指导

个别化指导有助于帮助家长掌握适宜的教养方法。孩子在活动中的表现各不相同。在参与活动时,家长们常常会遇到孩子不愿参与、不按要求参与活动、不能很好地掌握活动规则等困难。面对这些困难,家长常常会十分着急,不是急着拉孩子回来活动,就是训斥孩子,强迫他们按要求活动,甚至自己上手帮孩子完成"任务"。针对亲子活动中存在的问题,教师要帮助家长分析孩子出现这种行为的原因,使他们学会倾听孩子的特别需求,以"平常心"看待孩子的不合作,正确看待孩子独特的表现。同时,教师通过交谈、行为示范等方式,帮助家长分析自己的不适宜行为对孩子的不利影响,使家长能够逐渐转变自己的一些错误的认识,尝试用适宜的方法教育孩子。

智慧分享

请家长进校园开展阅读活动

在深圳市罗湖区百仕达小学,"阅读"被称为校园里最美的姿态。学校开放了图书馆,组建了"图书馆义工"团队。比如学生韩雪元的妈妈,她不仅把女儿培养成了一名阅读爱好者,自己也成长为一位专业的阅读推广人。她以家长义工的身份担任学校图书馆馆长,带领义工团队为孩子们提供丰富多彩的阅读服务。这些家长义工除了负责图书馆的日常服务,还每周开一次图书馆课,用专业的导读,在孩子们心中播撒阅读的种子,拓宽孩子们的阅读视野。学校图书馆也因家长的高度参与所形成的独特文化,被评为"深圳市最美校园图书馆"。学校和家长合作,一起开发了一系列丰富的活动和课程,大大激发了孩子们的阅读兴趣。比如家长义工成立了"演书社",组织孩子们编排了许多精彩的儿童剧,如《没毛鸡》《东游记之大组团》《神笔马良》等,用"演书"的形式给孩子们提供多元的阅读体验。

"阅读活动策划团队"则策划了大量创意阅读活动,如艺术行走、企业行走、黄昏音乐节等,让孩子们在阅读与实践中,进一步感受阅读的美好。孩子们最喜欢的"图书馆嘉年华",就是学校和家长共同策划实施的大型阅读活动,集阅读、艺术、美食、游戏于一身,淘经典好书、玩趣味游戏、看精彩表演、吃美味佳肴……每届活动都受到孩子和家长的热烈欢迎。

通过这些丰富多彩的活动,家长们的亲子阅读水平不断提高,孩子们的阅读兴趣与习惯也越来越好。为了引领和推动更多家庭的亲子阅读,学校每年都会征集家庭亲子阅读案例、评选优秀阅读义工和书香家庭,通过颁奖典礼和公众号报道,推广优秀的亲子阅读经验。

(资料来源:熊佑平.家校携手培养终身阅读者[N].中国教育报,2023-4-23(2).)

第五节 家长学校:家教指导好阵地

家长学校作为一个面向家长,系统传授和专题普及家庭教育知识、改进家庭教育方法的平台,是学校家庭教育指导工作的重要组成部分。办好家长学校是推动教育变革,全方位落实素质教育,推进校家社协同育人良好格局形成的重要途径,对提高父母教育素质和促进孩子健康成长,促进家庭教育和学校教育发展,破解家庭教育低效难题具有重要的意义。2022年,全国妇联、教育部等十一部门印发《关于指导推进家庭教育的五年规划(2021—2025年)》,指出推动中小学、幼儿园普遍建立家长学校,家长学校建设得到了国家层面的高度重视。要促进家长学校优质可持续发展,要坚持创新家长学校发展的理念、模式、内涵,强化家长学校指导队伍的专业化建设和师资队伍的专业培训,提高家长学校的办学质量和教学水平。

2022年,上海市教育委员会印发了《上海市中小学幼儿园家长学校建设标准》提出"坚持线上线下相结合,以集体授课为基本形式,运用互动式、案例式、体验式教学及个别咨询等多种方式"。家长学校的课程指导,是教师实施家庭教育指导的最直接最有效的途径之一,沙龙互动式、团辅体验式等这些充满创意的"艺术指导",能让家庭教育指导"生动"起来,带给家长新的学习体验与收获感受。

根据家长学校工作计划了解开设的主题　　根据不同年级学生的特点
根据培训主题备好指导课　　根据不同年级不同班级进行调整
安排好时间和地点　　以年级或班级为单位
通知接受培训的家长　　下发邀请书
上好家庭教育指导课　　填写家长学校记录和反馈
总结反思

图4-4　家长学校开设的一般流程

问题聚焦

> 程老师收到了班内薇薇爸爸的一条求助信息：由于薇薇妈妈加班，他又回来得晚，薇薇放学后就一直待在奶奶家里。但她根本没有做作业，一直在看电视。晚上9点多，当他去接薇薇回家的时候，却发现薇薇的作业一点儿也没写。当他喊薇薇做作业时，薇薇却表现出乏力、困倦，明显写不动了。他很犹豫，应该坚持不管多晚都让薇薇写完作业呢，还是应该让薇薇按时休息以保证第二天的学习效果呢？当晚，困惑的他发了微信给班主任程老师，请教该怎么处理类似的问题。

教师思考

1. 提前给予家庭教育指导有助于家长及时科学地处理问题

作为有多年班主任经验的程老师，几乎每天都能收到家长通过微信、QQ、电话等方式反映的家庭教育的各种问题。对于能把握的问题他基本上都会及时给予指导，对于不太有把握的问题他也会查阅相关资料或请教前辈后给予指导。最近家长咨询的问题尤其多，开学近两个月，学生多有懈怠情绪，时有学科教师反映学生上课时注意力不集中，作业质量也参差不齐；家长反映最多的是孩子回家不爱预习、复习、朗读、写作业等问题。

程老师想，如果能把家长共同关心的问题整理出来，通过固定的途径解答家长的疑惑,这样不仅有助于家长丰富自己的知识,及时解决面临的问题,而且也能在一定程度上降低班主任临时指导的频率,一举两得。

2. 家长学校是系统地为家长提前提供集体指导的专门方式

《关于进一步加强家长学校工作的指导意见》(妇字[2011]2号)要求:"家长学校要按照阵地共用、资源共享、节俭办学、务求实效的原则,努力达到有挂牌标识、有师资队伍、有固定场所、有教学计划、有活动开展、有教学效果的规范化建设目标。""中小学校家长学校校长由分管德育工作的校长兼任,与德育主任、年级组长、班主任、家长代表等人员共同组成校务管理委员会,负责家长学校日常管理事务。"家长学校有固定的组织机构,有专业师资和既定的教学计划,有科学的组织活动的要求等,所有这些都为家长学校向家长系统提供家庭教育指导提供了保障。

基于上述这些思考,程老师决定将自己平日为家长提供指导的内容整理成文档,并与学校校长和分管校长商讨在学校家长学校共享这些资源。

教师策略

程老师的想法得到了学校领导的赞同。在提交校务管理委员会讨论通过后,该设想交由程老师组建的团队来完成。于是,程老师循序渐进开展了如下工作。

1. 明确家庭教育指导的真实需求

程老师认为,不同年级甚至同一年级不同班级的学生,由于受到身心发展阶段、班级文化、教师引导等多方面因素的影响,表现出来的问题不尽相同,家长面临的家庭教育问题也五花八门。所以,程老师首先要求各班班主任通过问卷、微信、电话等方式,收集家长对家庭教育指导的需求。该项工作用时一周。

2. 对家长需求分类,确定主题编制课程

当班主任们把家长提出的需要指导的问题汇总给程老师时,他根据关键词对这些问题进行了汇总与分类整理。校务管理委员会召开会议,组建专门团队,对每个问题都进行了回答,并汇编家长读本分发给每个家庭。对个别家长提出的问题,由班主任给予及时指导。

同时,程老师团队从学生身心发展规律、学习品质培养、家长情绪管理、家校合作共育等方面设计系列课程,确定课程专题、课程目标、课程内容、课时、授课方式等,进行校本化实施。

3. 家长学校培训方式灵活,有序开展

为提高家庭教育指导效果,学校将这些指导潜移默化地融入日常工作,如利用家长会、学校开放日等,面向全体家长开展讲座,进行指导(见表4-1)。同时针对不同年级的学生和家长的需求,围绕热点、难点和焦点,请区内外专家或骨干教师进行科学指导(见表4-2)。另外,学校组织开展优秀家长评选活动,宣传榜样典范,发挥示范引领作用。

表4-1 "家长微论坛"内容列表

年级	指导专题	总目标	指导目标	指导要求	指导主题	指导内容
一年级	专题一 适应与陪伴	明礼友善 勤学善思	明确规范	遵规守纪	孩子转型,家长助力培养习惯	了解小学生日常行为规范守则;小学生应该遵守哪些规章制度;如何帮助孩子更快适应小学生活
			注重习惯	培养习惯	亲子阅读,家校共育	亲子陪伴在孩子成长过程中的重要性;养成良好的阅读习惯;亲子阅读我们可以做哪些
二年级	专题二 习惯与方法	勤学善思 自理自主	关爱家人	端正态度	家校携手参与孩子成长	孩子为什么会拖拉;学习习惯的养成受益终身;如何培养孩子良好的学习习惯
			尊重生命	劳动习惯	劳动教育,从家庭开始	孩子为什么不会家务劳动;家庭中如何培养孩子良好的劳动习惯;劳动教育贵在坚持
三年级	专题三 生活与沟通	守德自律 自理自主	怀揣责任	遵守家规	好家训好家风	良好家风家训的形成;家长是孩子成长的一面镜子;如何在家庭生活中培养好家风家训
			明确规范	学会坚持	家庭教育指导助力和谐亲子关系	孩子为什么知难而退;让孩子学会坚持的重要性;家长如何培养孩子良好的意志品质

续表

年级	指导专题	总目标	指导目标	指导要求	指导主题	指导内容
四年级	专题四 自信与阳光	明礼友善 守德自律	注重习惯	尊重别人	以礼待人学会尊重	沟通交往的重要性；为什么中高年级孩子交往成为难题；与人友善相处的方法
			关爱家人	学会调节	共育自信的"四气少年"	维护孩子的自尊；学会公平竞争，培养自信心
五年级	专题五 成长与责任	自理自主 守德自律	尊重生命	乐观向上	关注孩子青春前期的变化	小学生青春前期生理、心理变化；正确看待青春期，尊重生命与成长
			怀揣责任	服务社会	在孩子心中种下责任的种子	言传身教的力量；做事情要有始有终；指导孩子树立远大理想抱负的建议

表4-2 "家长微论坛"内容列表

年级	章节	主题	主要内容
一、二年级	第一章	开启"小学生"家长模式	幼儿园和小学大不同
			幼升小入学前的那些事儿
			静待花开，花香自来
			家校沟通有技巧
	第二章	家，孩子成长的港湾	成长要有仪式感
			陪伴是为了更好地分离
			二孩家庭的幸福密码
			妈妈的情绪对孩子的影响
			再忙也要做个好爸爸

续　表

年　级	章　节	主　题	主　要　内　容
一、二年级	第三章	生活中的教育观	挫折教育,孩子人生的必修课
			友善,让孩子拥有温暖世界的力量
			别给孩子贴标签
			爱孩子,从主动谈"钱"开始
			家有劳动小能手
	第四章	让孩子爱上学习	聪明的孩子会倾听
			英语学习妙招
			在生活中学数学
			低年级看图写话训练,家长可以做的这些事儿
			小书虫养成记
	第五章	家教心语	寻找小学学习节奏感
			"书"理梦想,悦"论"远航
			家庭教育就像一场马拉松
			"三乐"教育,培养快乐孩子
			……
三、四、五年级	第一章	变幻莫测的三年级	九岁危机怎么办
			孩子有秘密了
			他为什么总是不高兴
			试着用比赛改变孩子
	第二章	陪伴是真情的告白	陪孩子写作业的小妙招
			支持孩子的独立思想很重要

续 表

年级	章节	主题	主要内容
三、四、五年级	第二章	陪伴是真情的告白	陪着"小蜗牛"慢慢走
			家庭阅读讨论会
	第三章	教会孩子与人相处	帮助孩子倾听身体的"悄悄话"
			重视孩子的性安全
			如何帮助孩子建立友谊
			帮助孩子架起与老师沟通的桥梁
			教会孩子勇敢说"不"
	第四章	让孩子做学习的主人	写日记是个好办法
			探索数学世界的奥妙
			English in travel（旅行中的英语）
			为孩子插上科学的翅膀
	第五章	家教心语	做用心的家长，培养内心富足的孩子
			花开有期，绽放亦有时
			家庭教育从培养好习惯开始
			我们家的家庭会议
			我和孩子一起观鸟
			……

● **行动反思**

1. 丰富家长学校的授课形式

家长学校可根据家长的文化水平、孩子的年级、家庭的结构、家长的实际需求等进行分班分组分形式授课。这样保证了每个家长学员都能学到普适性家庭教育知识，同时也能根据自己的实际需求获得个性化的指导与帮助。同时避免家长被内容固定、形式单一的实施模式弊端。需要注意的是，家长学校教材要采用国家权威部门指定的教材、地方教育行政部门组织专业机构编写的家庭教育指导教程，科学地向广大家长传授新理念、新方法，保证家长学校的教学质量。

2. 制定完整的教学制度

教师要确保每个家长学员都已登记入册，要加强对家长资料的收集；按规章制度对学员进行制度化管理；要对家长听课率和知识掌握率进行记载；要对家长通过学习转变观念、改变方法的事例进行记载。这样做既能保证家长学校的教学计划有效推进，也融洽了家长与孩子之间的亲子关系，实现大手牵小手共同成长进步的目标。

3. 配备专职家庭指导师资

作为学校要为家长学校配备专门的师资力量，作为教师要有志向成为优秀的家庭教育指导师，这样才能更好地为家长学校服务。教师要提前接受家庭教育指导师的课程培训，这样才能保证家长学校教学的有效性、权威性。同时还要调动社会上一切可用的家庭教育资源，积极组建家庭教育志愿者团队，壮大家庭教育指导的师资力量。

智慧分享

家长学校：爱之以道，伴之有方，然后静待花开

德胜少年官暨德胜社区家长学校探索出了课程建设理念、课程体系和家长学校运行机制，建立和完善了社区家长学校的办学目标、制度建设和队伍建设，形成了六类18个系列的课程体系：学习能力培养类、人际关系培养类、习惯养成类、情绪管理类、品格与个性发展类、综合类（教育观念）。德胜社区家长学校研发了新型的亲子类课程，建立了学习能力提高训练基地；建立了基于家、校、社区协同育人的社区家长学校运行机制，形成了在社区家长学校主导下的政府、学校、社区职责明确的目标体系和工作机制；出版了家庭教育系列丛书，拍摄了十部家庭教育微电影。德胜社区家长学校实现了"五个一"的目标，即一个运行模式、一个网络平台、一套系列课程、一套家庭教育系列丛书、一部家庭教育系列微电影。

德胜社区家长学校制定了学校办学指导思想和办学目标：坚持"儿童为本"原则，坚持"家长主体"原则，构建家庭教育专业课程，努力使家庭教育、学校教育、社会教育紧密结合、协调一致。确立学校以"学习滋养人生，学习幸福生活"为信念，不断打造居民终身学习的基地；以"每个孩子都成才，每个家庭都幸福"为办学理念，以"爱之以道，伴之有方，静待花开"作为家庭教育课程建设理念。

从2017年开始，德胜社区家长学校坚持每周六全天面向辖区居民，就如何教育儿女、如何处理家庭关系等常见问题对家长进行免费培训。目前，学校对家长进行教育的形式有系统培训（按儿童年龄阶段，分期分批地培训家长）、跟踪培训、专题培训（针对家长在教养子女中急切需要解决的问题传授有关知识和方法），形式有家教讲座、精品课堂、家教咨询、亲子活动等，更开发实施了"亲子情绪智能课程"，实现了家长教育和学生培训同步进行，融传统文化精髓、红色教育在培训中，使家庭教育的育人方向更具有中国特色。

2019年，德胜社区家长学校开通"德胜社区家长学校网络服务平台"，推出网络系列课程，为不便到校参加学习的家长，提供家教课程直播、点播、回放。同时，举办家长线上伴读活动，采用老师每日陪伴家长读家庭教育类读物、布置读书任务、每日打卡、周末视频答疑的方式，辅导家长将教育方法运用于实际生活，解答家长在教育孩子成长过程中的困惑，还录制开发线上微视频系列劳动课程，配合家庭进行劳动教育，受到家长好评。

（资料来源：朱奎.家长学校：爱之以道，伴之有方，然后静待花开[J/OL].家庭周报，(2021-12-27)[2024-07-22].https://m.thepaper.cn/baijiahao_16028380.）

第五章 ‖ 个 别 指 导

个别指导可以使家庭教育更有针对性,更有利于因材施教。教师要针对学生的个别问题及时与家长沟通,共同商讨教育儿童、青少年的方式方法。作为集体指导的补充,个别指导是一种常用且有效的方式,这种指导方式比较灵活机动,便于进行,也很受家长和教师欢迎。

本章主要介绍四种家庭教育的个别指导方式:上门家访、邀请家长来访、在线云家访和数字化指导。

第一节 上 门 家 访

家访,即家庭访问。它是一种针对个别学生进行教育指导的常用且有效的方法。它有助于增进教师与学生、教师与家长之间的紧密联系,强化学校教育与家庭教育的融合。在家访过程中,教师能深入全面地了解学生的家庭教育状况,从而与家长共同探讨问题,寻求解决对策,实现教育教学目标。

随着社会的发展,通信手段日益先进,如电话、微信、钉钉、QQ 等,使得家校沟通愈发便捷。不少年轻教师认为上门家访耗时耗力,加上有的家长对教师家访的热情度不高,甚至表示不欢迎,导致部分教师在家访过程中仅作表面功夫。有的教师到学生家里家访成了走马观花,坐坐就走。众多的原因让家访逐渐流于形式,失去了应有的作用。

其实,手机屏幕上的文字没有生动的语音语调,电话两端的人看不到对方的面部表情,而传统的老师上门家访有它独到的优势,教师可以通过家访了解学生家

提前备课	设计
预约时间	尊重
实地家访	聚焦 注重沟通艺术,保持平等关系;找到共同语言
持续跟进	关注

图 5-1 上门家访的一般流程

庭学习环境、家庭人际氛围,拉家常式的面谈更能让学生和家长感受到老师的关心和重视,更能敞开孩子与家长的心扉,增进彼此情感的交流。

问题聚焦

> 六年级的小华同学,在进入初中第一个月就出现了上课注意力无法集中的现象。起初,小华的班主任和任课老师认为这只是暂时的现象,希望通过教育引导他。然而,令人遗憾的是,小华在接受教师的教育后,竟然产生了抵触心理。他不再愿意积极配合老师的教学,有时甚至干脆躲进厕所不出来。这种状况让老师们深感忧虑,他们意识到这个问题可能远比想象中的要复杂。因此班主任和任课老师商量后,决定去小华家进行一次家访。

教师思考

"小升初"是一个学生成长过程中的关键时期。从小学到初中,这是一个跨越,因为无论学习内容、学习方式还是学习心态都将发生很大变化。譬如科目增多,难度加大,常识性知识越来越少,反映客观事物规律、考查逻辑严密性的知识越来越多。部分学生由于不能适应这种变化,对学习信心不足,成绩下降,不知所措,需要教师家长共同努力一起帮助学生克服困难,适应中学生活。教师要通过家访,了解学生的家庭情况、家长的教育理念,把学校的教育要求告知家长,使家校拧成一股绳,劲往一处使,帮助学生健康成长。

上面的案例中,小华同学刚进入中学,还没有很好地适应中学的学习节奏,产生了学习上的不适应,没有学习动力,从而用其他方式来躲避学习。家长并不清楚小学和中学在学习方法及要求上的不同,因此,让家长及时了解孩子的不适感很重要。学生刚升入六年级,班主任刚接班,此时老师最好能通过上门家访及时和家长沟通。

那么教师在家访时应该注意哪些问题呢?

1. 选择恰当的家访时机

选择好家访的恰当时机,才能使访问产生最佳效果。家访时机的选择应从了解学生、家长及家庭诸方面的情况着手,即从学生的表现、学生的心理、家长的作息规律和脾气性格特点及家庭的种种实际情况出发考虑。如遇到以下情况,请老师抓住时机及时进行家访,以发挥家访的功能,争取良好的教育效果。

(1) 班上有新生或班级为新接班。

(2) 学生思想或学业有进步。

(3) 学生思想、情绪或学业有较大波动。

(4) 学生病事假超过三天或家庭发生变故。

(5) 学生在校发生意外事故。

(6) 学生在校发生重大违纪违规行为。

其中,针对意外事故的家访应及时,可以让家长感受到老师对孩子的关心及对事件的关注,及时安抚学生和家长的情绪,这样有利于事件的后续处理。其他家访一般应提前预约,具体时间可以双方协调商量,老师不能以"自我"为中心,随意安排家访时间,应考虑到家长的客观实际,避免在家长上班时或上班前的短暂时刻、学生家庭用餐的时间、学生家里有客人或有事时、学生父母间有矛盾时进行家访,避免给家长增添麻烦,引起家长的反感,从而影响家访的效果。老师要做细心人,依据具体情况进行具体分析,巧妙地选择好时机。

2. 理解家长对待家访的态度

一般而言,家长对老师的家访都是比较欢迎的,因为老师到访会让家长觉得自己的孩子是被老师重视的。当然,偶尔也会发生家长不欢迎老师家访的情况。一种原因是家长真的忙,或者家里情况不方便。每一个人都有自己的难处,老师也要换位思考,理解家长。如果家长因为忙或家里不方便而无法接待老师家访,我们可以预约家长在方便的时间到学校来沟通。另一种原因,则是家长对老师的家访存在抵触情绪。这可能是因为以往老师的家访或日常老师与家长的沟通都是以"告状"为主,比如,提出孩子各种各样的问题,批评孩子的同时兼带批评家长,讲话不注意方式方法,伤害了家长的自尊,导致家长的抵触情绪。

老师一定要耐心,不能气馁。首先从情感上走近学生和家长,让家长感受到老师的诚意,打开家长的心门。其次,在家访前一定要做好充分的准备。再就是具体家访时采用智慧的方式。

教师策略

以上述案例为例,我们看看老师是怎么家访的。

(一) 前期准备

1. 提前备课,设计内容

在家访前老师要对小华最近一段时间以来的在校情况进行梳理总结,包括:

(1) 从学习、生活、交往等各个方面全面梳理小华在校的表现,特别关注他表现好的方面,如:助人为乐、和同学相处融洽、对数学学习积极性很高等。

(2) 聚焦小华目前语文、英语学习动力缺乏的现状,梳理改进意见和具体方法等。

2. 电话确认,预约时间

给小华妈妈打电话,商量并确定具体合适的家访时间。

(二) 流程

1. 表达家访目的,拉近与孩子及家长的情感距离

一进家门,老师就感觉到小华妈妈的拘束,于是,老师对小华的妈妈说:"我这次来,主要是想更多地认识一下小华的爸爸妈妈,大家增进了解,一起努力,帮助小华尽快适应中学生活。"亲切的话语能够消除家长认为老师"家访就是告状"的误解,为良好的沟通做好了铺垫。

2. 观察孩子的家庭环境,了解孩子的成长背景和生活习惯

通过沟通,老师了解到,小华父母都是外来务工人员,在上海没有依靠,工作繁忙,经常早出晚归,家里又没有老人照应,经常无暇顾及孩子,再加上妈妈文化水平不高,不能有效地辅导孩子的学习并培养孩子养成良好的学习习惯。

3. 沟通孩子的在家和在校表现,分析孩子的具体情况

老师先从小华待人处事的表现说起:"小华在学校和同学相处融洽,热情大方,会主动帮助班级做事。"妈妈听了很高兴。"他数学课上积极举手发言,课后作业完成得较好,数学成绩也还是不错的。"老师边说边展示孩子的数学作业,小华妈妈的脸上流露出了骄傲的神色,她很自豪地说:"小华从小就很聪明,我们从来不用太担心他的学习,而且他在家还主动做家务,为爸爸妈妈分担。"老师认真地听完妈妈的讲述,对小华的好表现及时予以肯定。但妈妈也说道:"我们家长工作

忙,下班时间不固定,孩子经常无人陪伴,无人督促,孩子自控能力不强,我们文化水平有限,对孩子学习、作业的监督指导实在力不从心。"

4. 提出对孩子的希望,对孩子的发展进行具体指导

老师肯定了小华是个聪明懂事的孩子,指出小华已进入从小学到中学过渡转型的关键时期,如果养成良好的学习习惯,有了积极向上的学习动力,他一定能有更大的提升,但目前小华的学习习惯还未养成,学习动力不足,需要老师和家长共同努力,小华妈妈频频点头。

看到小华妈妈已经认同了老师的观点,老师随即针对小华目前的情况提出指导建议。

(1)家长要多多鼓励孩子,多多看到他的闪光点,多多看到他的进步,及时肯定和鼓励,告诉孩子他能行,还能做得更好,帮助孩子树立自信心。

(2)帮助孩子制定一个合理的目标,并不断进行调整、完善,采用激励、奖励等各种方法,帮助孩子实施和完成计划,培养良好学习习惯。

(3)建议家长加强对孩子家庭作业的检查,不需要检查对错,每天检查一下作业的字迹是否端正,问一问是否完成了读背作业,让他读一读、背一背等。家长有什么问题可以在家校联系册上留言,借助老师的帮助,推动孩子进步。

小华妈妈很愉快地接受了老师的建议,表示不能让孩子再这样偷懒了,家校沟通初步达成共识。在此之后,小华的家庭作业完成情况好了许多,日常的背诵默写也渐渐跟了上来。小华妈妈在那次家访以后就将工作做了调整,以便早点下班能够陪着孩子。在妈妈的陪伴关心下,小华的学习习惯慢慢养成,学习兴趣和学习动力也明显提高。

● 行动反思

成功的家访,要求教师在与家长沟通时能做到人情练达。什么叫人情练达?就是指阅历多而通达人情世故。教师要做到人情练达,必须注意"二要""二不要"。

1. 要保持平等的教师、家长关系

(1)态度谦和,不盛气凌人

教师和家长,从工作关系上讲,地位是平等的,都是学生的教育者。教师和家长的目标也是一致的,都想培养好学生。所以,教师说话态度要谦和,要有礼貌,

给人可敬可亲的感觉,这样家长才会向你敞开心扉。教师不要盛气凌人,说话像传达命令,说一不二,对家长必要的申诉也一概不睬,好像这样才能保持"为师"的尊严。其实,这样做只会在教师自以为保持尊严的同时给家长留下主观武断、心理素质不佳的印象。

(2) 有礼有节,不懦弱求人

教师到表现差、有不良行为且屡教不改的学生的家里进行家访时,有时会碰到蛮横无理、一味包庇孩子的家长。面对这种家长,教师要坦然处之,坚持有礼有节,开诚布公地指出孩子的缺点,说话时不能吞吞吐吐、含糊其词。如果教师表现出对学生无可奈何,有求于家长,只有请家长"帮帮忙"才能管住学生,家长会觉得教师性格懦弱,缺少经验,内心深处就降低了对教师的信任感。

2. 要找到与家长的共同语言

在教育孩子的问题上,家长和教师的愿望是一致的。家访开始,教师要避免单刀直入,可先围绕一些家长感兴趣的话题聊上几句,创设良好的谈话气氛,力求与家长产生共鸣,取得家长信任。然后,教师再逐步将话题引入正题,向家长了解、介绍学生的情况。一般来说,家长都想从教师那里了解到孩子的优点、长处,特别是后进生的家长,他们非常想从教师那里了解到孩子最近的进步。因此,我们在家访时,也要"扬长避短",尽量多谈孩子的进步和闪光点,并把孩子的进步归功于家长教育的结果。这样的家访,一定会受到家长的欢迎。在此基础上,教师再要求家长配合,共同教育学生,使其进步得更快、更好。只有当家长相信教师是在真诚地关心和帮助他们的子女时,才有可能实现双方的合作。

3. 不要对后进生的家长流露出厌烦情绪

社会是复杂的,生活境遇的不同常导致不同个体生活理念的差异。有些家长认为,子女的调皮顽劣是一种聪明,而谦恭忍让则是一种愚笨。这时候教师不能对家长流露出厌烦情绪,武断地打断家长的谈话,甚至直接批评家长的错误观点。无论在什么情况下,教师都要耐心倾听家长的意见,即使有的意见不一定正确,也应当在其中找到自己应考虑的东西。在耐心倾听家长的意见后,教师要坚定立场、耐心细致地从学生的心理特点、发展趋势入手,阐明观点,引导家长改变片面陈旧的理念,达到间接教育的目的。

4. 不要接受家长的礼物

有的家长出于感激之情,可能会送些礼物给家访的教师,对此教师要婉言拒绝,并且不要在学生家中用餐。如果教师接受了礼物或在学生家中用餐,不仅会增加家长的负担,而且不利于下次家访;同时会给学生留下坏印象,不利于对学生的教育。

智慧分享

不同类型的学生家访

(一) 对生活贫困生家访要"帮"

生活贫困生是班级中一个不可忽视的"弱势群体"。无论在农村,还是城市,由于经济条件的限制,一些生活贫困生学习情绪往往不太稳定。这些学生容易成为"辍学生"。因此,老师如果能够经常地家访这些贫困生,就可以有效地调节他们的情绪,对稳定班级、控流有着重要作用。老师家访贫困生要做到三"帮":

1. 帮解决难题。针对贫困生家庭的不同情况,老师要力所能及地帮助他们,如发动全班同学捐款、捐物等,帮助贫困生向学校申请助学金,或开展"一帮一""手拉手"等活动,以解其燃眉之急,让他们稳定情绪,安心学习。

2. 帮鼓舞士气。针对那些家庭特别困难的学生,老师还要经常帮助他们树立"家贫志不贫"的信念,激起他们敢于面对困难、战胜困难的决心和勇气。

3. 帮激发热情。随着知识经济时代的到来,"谁占有知识谁就拥有未来"的观念已深入人心。通过多次家访,老师要反复向家长和学生阐明"知识改变命运""知识创造财富"的深刻内涵,以激发他们努力克服困难、更加刻苦学习的热情。

(二) 对行为偏差生家访要"勤"

所谓行为偏差生是指班级中那些纪律和行为习惯有问题的学生。这些学生由于家庭背景复杂,是班级中的不安定因素,是典型的"问题生"。老师如果不能尽快找出他们的"病因",及时对症下药,就容易出现严重后果。因此,对行为偏差生的家访是老师家访的重中之重。老师对这些学生家访的重点是:

1. 讲明严重后果。家访时老师要及时、严肃、反复地向家长、学生说明不良行为的严重危害,如不及时加以约束和控制,将导致严重的后果,会给社会、家庭、个人带来巨大危害。

2. 深挖偏差的根源。每一位行为偏差生的背后都有一段曲折的故事。老师家访时就要深挖他们的"病根",通过深层次的"CT""核磁共振"检查,切中要害,然后才能对症下药,药到病除。

3. 细列纠改措施。帮助行为偏差生尽快走出偏差误区是老师家访的根本目的。老师根据深挖到的"病根",帮助家长、学生尽快制订详细的纠改计划和严格的督促措施。只有措施得力,方法适当,这些行为偏差生才能逐渐迈上健康成长的轨道。

学生的每一点进步,尤其是行为偏差生的进步往往不是一步到位的,必然有一个反复的过程,家访后,老师要对学生勤加督导,这是家访中一个至关重要的巩固环节。当然,这里的"勤"也是有讲究的,对行为偏差生的家访次数也不能太过频繁,否则会给学生和家长留下老师无能为力的坏印象。

(三) 对性格内向生家访要"细"

俗话说,江山易改,禀性难移。性格内向生的成因比较复杂,他们中大多数人存在孤独、多疑、偏执等不良心理,在班级中经常表现出不合群、认死理、爱钻牛角尖等行为,有时还会出现极端行为。对这些学生进行教育难度较大,因此,对他们家庭进行细访就尤为必要。

(四) 对品学优等生家访要"激"

品学优等生是指班级中思想品德与学习成绩都比较优秀的学生。他们在班级中不仅大多受到老师的青睐和信任,而且也多为班级干部,是班集体建设中的骨干和核心。正因为是班中的"精英",所以他们就更容易骄傲自满,不图更大的进步,故步自封。"金无足赤,人无完人",再优秀的学生也有缺点和不足。老师要根据这些学生的不同情况有选择地进行家访,这样不仅能极大地调动品学优等生的学习积极性,促进他们品格的锻炼,而且还可以及时地帮助他们克服骄傲自满的情绪,促进学生的更快发展和健康成长。

(五) 对亲子矛盾生家访要"疏"

随着学生自主意识的增强,亲子矛盾成为许多家庭的普遍问题。而如果亲子问题不能够有效解决,那么学校工作的开展、学生全面健康的成长就难以保障,教育效果的实现更无从谈起。因此,教师需要排摸了解班级中亲子关系紧张的家庭,对于这部分学生进行重点家访,以期起到"疏导"的作用。教师在深入家庭家访的过程中,与家长和学生共同交流矛盾的症结所在,建立解决问题的三方共同体,并提出更加合适的亲子交流方式。

(资料来源:桃之夭夭.怎样进行有效的家访[EB/OL]. http://blog.sina.com.cn/s/blog_3f29dc460100f4il.html.)

第二节　邀请家长来访

随着现代家庭结构的变化,家长对孩子的期望值不断提高,家长参与子女教育的意识也愈来愈强。为及时全面了解子女在校情况,有些家长时常会主动拜访教师。家长的来访主要分为主动来访和应邀来访。前者一般是家长为询问孩子的情况及存在的问题主动来的,后者是教师为解决某些问题而特意邀请家长来访的。

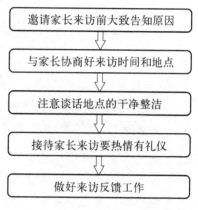

图 5-2　家长来访流程图

问题聚焦

一位学生在校由于违反了校规,导致了一位同班同学受伤。为了妥善处理此事,班主任决定邀请该名学生家长到校进行沟通,共同商议赔偿医药费等相关事宜。但是,家长到办公室后,语文、英语、数学老师你一言我一句:"他最近作业一直不做,你知道吗?""你在家里是不是不管他的作业啊?""你再不好好管管他,就真来不及了。"……面对三位老师的质疑,家长一时间不知道该如何回应,心情也从最初的平静变得愈发紧张。原本班主任要解决的问题被这突如其来的插曲拖延了,办公室里的气氛变得尴尬。

教师思考

接待好来访的每一位家长是教师日常工作中一项烦琐却又十分重要的工作。老师必须用真心、真情去面对家长,及时与家长进行耐心细致的沟通,争取在教育方式、方法上取得共识,使学校教育和家庭教育能够和谐统一。

1. 耐心而仔细的倾听

教师不要轻易打断家长的话,更不能横加指责,而应耐心倾听、仔细分析,从而对学生有一个更全面、更真实的了解,为随后更有针对性的教育提供可靠依据。

2. 诚恳而坦率的分析

家长来访的主要目的是希望真实了解子女在校各方面的情况,所以,教师应对其子女在学校表现出的个性品质、学习成绩、能力等坦诚相告,充分肯定其成绩、长处,同时对其存在的问题不回避,详加分析,坦率地指出由此带来的危害,与家长一起找出原因,寻找合适的对策。

3. 科学而含蓄的指导

学校教育和家庭教育在教育内容、教育方式等方面会存在一定的差异。教师应当抓住家长来访的机会,取得家长的理解、支持和帮助。在具体方法上,教师可以先提出自己的设想、目前采取的措施以及正准备采取的方法,然后征求家长的意见,以求达成共识。

4. 切实而可行的措施

仅有美好的愿望而无具体落实的措施是不行的。家长来访的目的最终是要在某个方面取得实效。因此,在接待时,教师还必须与家长落实好各项要求的检查、验收的时间及方式,定期互通信息,并及时调整和补充。

教师策略

鉴于上次家长来访不成功,班主任通过电话向这位家长说明是因为自己考虑不周导致场面失控,并真诚地向家长道歉;同时,班主任希望家长能支持自己工作,重新选择时间来访。家长在犹豫再三后同意第二次来校面谈,班主任老师这次采取了如下处理方式:

1. 选择谈话地点

向学校申请专门的接待室。良好的谈话环境有利于消除谈话双方的顾虑,有助于双方推心置腹地交流学生的情况,尽快达成教育学生的共识。教师与家长谈话的地点在操场边、走廊以及过道旁的绿荫树下较为合适,如果学校条件允许,最好是找专门的会议室或者接待室。

2. 注意良好的态度

家长到校后,班主任感谢家长的支持,并再次就上次自己的工作失误表达歉意。然后班主任介绍了班级最近的教育教学情况以及该生在学校的表现,对该生的努力和家长的支持表示肯定。家长的紧张情绪得到缓和。

3. 协商问题处理方法

就赔偿医药费的问题,班主任跟家长说:"他们都是七八岁的小孩子,调皮是难免的,关键是通过这次事件我们要让孩子认识到不遵守纪律带来的后果,以及这样做给别人带来的伤害。您作为家长,要和学校共同教育孩子。"这位家长听了老师这样的一番话语后,觉得很有道理,认识到自己孩子所犯的错误,同意尽快赔偿医药费。

4. 征求家长意愿请个别任课教师与家长沟通

事情顺利处理好,班主任征求家长意见,问其是否想了解孩子在某个学科的学习情况,如果愿意,自己将请该科目任课教师来接待室与家长单独沟通。家长表示因为工作时间关系,自己这次仅能和一位任课教师沟通,以后分别请教各位老师。班主任邀请某位任课老师单独与家长交流。家长事后非常感谢班主任细心周到的接待。

● 行动反思

家庭教育是学校教育的重要支持。对于家长的来访,教师应将之视为自己工作的一个延伸。对家长提出的意见和建议,教师要虚心接纳;与家长产生意见分歧时,教师切莫与家长产生争执,而要适时引导他们站在教育孩子的角度去思考,以理服人,以良好的师德服务家长和学生。这样的教育才会是人民满意的教育。接待家长来访要注意以下几个问题:

1. 接待要热情

教师在接待学生家长来访时,无论是对优秀学生的家长,还是对后进生的家长,都要热情欢迎,认真接待,让家长产生亲切感,哪怕学生已经发生比较严重的违纪问题,也应在宽松气氛中处理。因为家长如果感受到了教师的真诚和尊重,就会从感情上接近教师,乐于同教师探讨学生的教育问题,乐于协助教师采取措施做好学生的工作。

2. 注意谈话技巧和调动家长谈话的积极性

首先,教师的谈话要做到宽严有度。严,是指教师反映学生违纪情况或其他不良行为时不仅要严肃,而且要谨慎,对学校已形成定论的处理意见既要坚决执行,又要做好对学生家长的解释工作。宽,是指教师在反映学生违纪情况的同时,应实事求是地指出该生的闪光点,进行客观的评价。这"一宽一严"的目的在于既给家长以压力,又让家长有信心。其次,倾听家长说话,认真记录。最后,教师提出近期转变学生思想的初步计划,请家长谈谈看法。

3. 谈话时间要适度,切忌冗长拖沓

在弄清目前问题,找出解决问题的办法和途径之后,教师应该果断地结束谈话内容。这时,教师应注意做到对本次谈话进行小结,态度要庄重;再次征求家长意见,对家长提出的问题要不厌其烦地解释,让家长弄懂满意为止;对一些尚待解决的问题,也要同家长讲明白。访谈结束后,教师还应严肃认真地反思谈话过程中的不足之处,认真总结本次谈话的经验教训,克服缺点,以便今后做进一步研究。

智慧分享

为家长来访设置接待室

家长们有时要到学校里找老师谈话,询问学生在校情况,学校有时也会请家长到校处理学生事务,因为没有专门的接待场所,所以,接待家长一般都在老师办公室里。办公室是个公共场所,在这里谈问题,一是会影响其他老师办公,二又会因一些谈话内容的隐私性让家长感到尴尬,如牵扯到学生的成绩、犯的错误、家庭状况等内容时,有时为了避免这种尴尬,许多家长就只好与老师在室外会谈。

为了改善老师和家长会谈的条件,学校应设置专门的家长来访接待室,让家长和老师有一处共商教育之计的专门场所,提高学校的服务水平。接待室内应有配套的待客设备,家长在这里要有地方坐,老师还可以为来访家长倒上一杯热茶,拉近家校距离,让家长有宾至如归的感觉。如果家长要找的老师暂时有课不能来,家长则可以在接待室中阅读专门为家长置备的家教书籍,一边读书一边等人,没有在办公室与一群"陌生人"待在一起的尴尬,也没有站在室外不受尊重的感觉。

在接待室里,双方会谈可以无所顾忌,家长想问的情况老师可以介绍得透彻明了,老师想了解的情况家长也可以说得清楚。没有局外者的干扰,老师和家长之间的会谈更深入,更轻松,时间也会长一些,不像在办公室里那样说上三言两语家长就要匆匆离去。

为家长的来访提供一个专门的接待室,让家长到学校有地方去,有椅子坐,有茶水喝,有书可看,有时间可谈,并且可以放心谈,这是对家长的一种善待。这样家长们再来学校找人、问事或是处理问题就不那么头疼了。

如峄城区青檀中学,巧设家长来访接待室,搭建多元沟通桥。每天安排人员轮流值班,校长则是每天上学、放学时间在接待室门前亲自值守。起初,有几位每天接送学生的爷爷、奶奶发现了学校门前的这个新鲜事物,在门口张望,满脸疑惑,不知其所用。于是,学校值班的人员热情地邀请他们到里面去坐坐,征求他们对学校办学的意见和建议。慢慢地一些家长开始主动走进家长接待室,反映问题,提出困惑,咨询学校政策。在如同话家常的氛围中,学校了解了民情、民意,也解答了家长的疑惑,宣传了学校的办学思想、办学成就,以及国家的教育方针、政策。有时难免学生之间、师生之间发生些许矛盾、误会,个别孩子回家不能恰当地转述,容易引起家长的误解,产生怨气、怒气。家长们满面怒容地到学校内"兴师问罪",虽然最终矛盾、误会得以消除,但往往影响了家校间的和谐氛围。家长接待室设立后,家长到校,未入校门先就近请入接待室,一杯热茶,一番倾听,几多劝解、安慰,家长的怨气先消减了几分。然后,一个电话向部门说明相关情况,部门领导和班主任有备而来,问题和矛盾的化解自然就又容易了许多。部门实在处理不了的,校长亲自出面协调,或邀请学校家委会成员共同化解,力争矛盾不出室,怨气不入校,接待室成了"矛盾化解室"。

(资料来源:史峰.为家长来访设置接待室[J].教书育人,2006(12):62;峄城区青檀中学:巧设家长接待室,搭建多元沟通桥[EB/OL].(2022-12-20).https://mp.weixin.qq.com/s?_biz=MzAxODU3ODYwMQ==&mid=2651945560&idx=3&sn=f00c26d72eeb6233442f46fa714f9cfc&chksm=8031f79eb7467e883d66c660911e1cd779288975b286920f1195be05b1b1ff7ea79cba3c8b96&scene=27.)

第三节 在线云家访

教育部等十三部门联合印发的《关于健全学校家庭社会协同育人机制的意见》指出,学校要认真落实家访制度,学校领导要带头开展家访,班主任每学年对每名学生至少开展一次家访,鼓励科任教师有针对性开展家访。家访是科任教师,尤其是班主任工作的一部分,也是与家长共同商洽如何教育学生的一个重要环节。家访不仅是学校教育的延伸,也是家庭教育指导的一种补充。传统的进门家访是一种不可或缺的、有效的家教指导方式。

随着社会的发展,网络时代的到来,微信、QQ、钉钉等即时通信工具已成为教师和家长交流的重要工具,对于教师全面掌握并向家长及时沟通学生在校期间的情况、了解学生在家中的有关情况等起到了重要作用。这种通过微信、QQ、钉钉等现代通信工具进行的家校沟通,其实也是家访的一种形式,除了即时性以外,也能更好地满足多元家庭的需求。

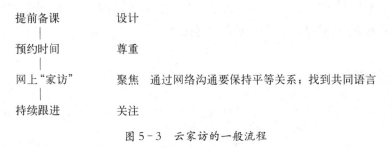

图 5-3　云家访的一般流程

问题聚焦

> 某小学曾针对五年级的学生家长做过一次调研。结果,在有效回收的二百多份调查问卷中,有三分之二的学生家长会选择婉拒老师的入户家访。
>
> 调查问卷显示,这个年级的学生家长中,有很大部分是外来务工人员,他们普遍对居住环境不满意,不太愿意让老师看到自己"家"的状态。了解到这样的情况,老师们调整了家访的形式,改为预约式家访,家长们可以选择合适的时间接受家访,也可以到学校与老师谈谈,或者选择直接在手机、QQ、钉钉、微信上接受在线个别指导。

教师思考

社会发展的巨变,带来了人际交往方式的变革。昔日盛行的老师上门家访,如今已日渐稀少。这主要是因为多元化的通信工具具备低成本、高效率的优势，且不受时间和空间的限制；另一方面，物理空间的阻隔，使得上门家访变得不再那么便捷。在城市中，学生居住地分散在各个区域，老师进行一次家访往往需花费不少时间在路上。在乡村中，除了路途遥远不便，还有学生家长外出务工，几乎难以见面，使家访也变得格外遥远。

迅猛的社会变革，要求家访必须与时俱进，融入更多的"时代元素"。家访的初始目的，在于推动家长与教师之间的有益互动，共同构建教育协同效应。借助微信、钉钉、QQ、电话、短信等通信手段，家长与教师虽无法面对面交流，但仍可就学生的学习状况、生活习惯以及精神层面的成长等议题展开沟通。线上指导的形式或许并不完美，但这是时代发展的重要选择。

教师策略

1. 进行在线云家访前要做好访谈准备

首先教师要了解学生家长的姓名、年龄、职业以及家庭基本情况；其次要明确在线云家访的目的，即通过访谈要达到什么效果；再次对在线云家访的过程进行设计，列出家访的内容提纲，做到心里清楚。

2. 进行在线云家访时要注重访谈礼节

教师在与家长对话时态度要诚恳亲切，绝不可用"居高临下""盛气凌人"的姿态对待家长。由于不是面对面的交谈，对方的表情都看不到，而家长教育子女心切，对老师的话一般都很在意，因此教师在与家长对话时的语气语调就显得尤其重要。教师应尽可能地用平静的心态、平和的语调把家访的内容告诉家长，与家长进行探讨，尽可能让家长时时感受到教师对孩子的关心。

3. 进行在线云家访要把握家访时机

在线云家访最好是选择学生不在父母身边的时候进行，以免让学生陷入尴尬的境地，或让学生陷入不安甚至恐慌的情绪中。教师进行在线云家访要尽量选择家长下班以后的时间，让家长有充足的时间和平静的心态跟教师交流。同时，家长总是很希望及时了解学生在校的学习状况和在校表现，教师切忌让家长觉得"家访就是告状"，当学生取得好成绩时，教师要及时将喜讯告知家长，让家长与孩子共同分享成功的喜悦，鼓励孩子继续努力。在交谈时教师应充分肯定家长付出的辛劳,鼓励其更积极主动地做好家庭教育工作。当学生出现成绩滑坡或其他问题时,教师要及时与家长联系,使其知晓实情,并同家长一起分析学生存在的问题的根源,共同寻求解决问题的有效办法。

4. 进行在线云家访时要掌握访谈要领

开始在线个别指导前,教师应首先报出自己的身份和姓名,然后要对家长进行恰当得体的称呼,消除家长的紧张情绪。在交流中,教师要善于运用赞赏的语言,对学生多表扬,少责备。如果学生存在不足,教师应委婉地指出,找准切入点,尽可能营造出一种和谐的交谈氛围。教师的谈话内容要简洁明了,言简意赅,尽量缩短交流时间。交流结束时,教师应向家长致谢。

5. 进行在线云家访时要全面接收访谈信息

由于在线云家访或只闻其声或只见其字,就是不见其人,因此,教师要注意聆听、细看家长反馈的信息,以便于了解学生在家的情况和家长的态度,及时调整自己的工作思路。

如果家长对孩子有沮丧、失望的心情,教师要设身处地帮助家长分析问题的症结所在,要善于发掘孩子的闪光点,点燃家长的希望之火。教师要向家长传播先进的教育理念,指导其调整自己的教育方式,用科学的方法教育孩子。

教师要正确对待家长的反馈意见,当家长对学校或某个教师不满时,教师要认真地查找原因,做好沟通工作。特别是当家长用隐晦的语言表达对老师某些做法的不满时,教师要用宽阔的胸怀来对待,勇于承认不足,及时改进工作方法。

6. 进行在线云家访要不断改进方式

家访并非一定要亲自见家长,有时也可以"信访",比如发放调查问卷、写信、打电话等。在城市或城乡接合部,夫妻双双外出打工的现象较为普遍,班里留守儿童非常多,有的家庭甚至只剩下孩子自己一个人在家。教师必须想办法建立起与家长联系的新通道。

行动反思

1. 在线云家访的特征

(1) 操作便捷性

随着信息技术的不断发展,家长与教师交流的方式、方法发生了根本变化。

教师可以在条件允许的情况下,随时与家长联系、沟通。而且教师可以与家长分享图文并茂、容量较大的内容。

(2) 内容针对性

在信息化环境下,教师与家长的沟通多数以一对一的方式呈现,教师对家长家教行为的指导渗透在个别联系之中,指导内容因人而异,具有较强的针对性和随机性。

(3) 形式灵活性

在线云家访不受时空的限制,无论在家中还是在单位里,家长都能自由选择适当的时间,与教师就需要交流探讨的问题进行沟通,灵活方便。同时,在线云家访没有固定模式与内容,家长与教师有较强的自主选择权,不仅可以自由选择时间,而且可以用各自喜欢的方式进行交流。

(4) 关系平等性

家长与教师是平等的一对主体。在线云家访无形之中淡化了教师指导的形象,使家长和老师在互抛、互接球的过程中改变老师讲、家长听的被动式指导方式,从而增进彼此的情感,使教师与家长都能积极参与互动式指导、教育工作。

2. 在线云家访的方式

(1) 开学前老师通过 QQ 群、微信群等对每个孩子的假期情况进行了了解,相当于做了全班家访。

(2) 一些老师经常利用"校信通"给家长发一些相关信息,通知一些需要家长配合的事情,以及一些考试或作业情况等。

(3) 有些老师除通过手机信息告诉家长孩子在学校的表现和当天布置的作业外,每晚还不忘打开自己的电子信箱、登录 QQ,查看家长给自己的信件,并进行回复。

3. 在线云家访的优缺点

(1) 优点

① 学生居住地分散,在线云家访可以节约教师的时间,缓解工作压力;

② 部分学生家长在外地工作,在线云家访可以解决教师与家长因空间距离无法及时交流的问题;

③ 部分家长注重隐私,或是工作较忙,教师登门拜访与他们的作息时间冲突,导致家长抵触教师上门家访,在线云家访可以避免这类尴尬;

④ 教师通过在线云家访能够及时迅速地向家长反映学生在校的各种情况以及学校的工作动态；

⑤ 有的家长不善于与人交流，部分家长甚至在与教师的面对面沟通中有紧张感，在线云家访可以避免这类尴尬；

⑥ 班级人数众多，"指尖家访"能够使教师的家访工作快速顾及每一个学生，加强了教师与学生、家长的沟通。

（2）缺点

① 不是面对面促膝谈心式的交流，教师和家长缺少直接沟通；

② 教师不能及时、客观、准确地了解孩子的家庭与生活环境，不容易了解孩子学习与生活的真实情况；

③ 在线云家访让部分家长感觉教师比较陌生与疏远；

④ 在线云家访中的时空差会导致沟通不畅、信息反馈不及时，容易造成信息失真；

⑤ 部分偏远地区缺乏能够支持在线云家访的基础设施；

⑥ 在线云家访要求学生家长具备较高的文化素质和良好的沟通能力。

智慧分享

信息化家访手段利弊谈

在"互联网+"时代，不少中小学校借助网络资源优势，对原有的家校合作模式进行了有效的拓展和补充，纷纷构建起网络环境下的家校合作新模式。

1. 电话、短信家访

与教师通电话是家长了解孩子在校表现的最便捷的方式，也是班主任与家长运用得最频繁的方式。

电话家访在处理、通报学生的紧急情况和突发事件时的作用尤为突出，适合不会使用网络的中老年人，如学生的爷爷奶奶等。

2. QQ家庭教育指导

通过QQ，许多家长能及时看到老师的留言，了解孩子在学校里一天的学习情况。如双方同时在线，老师和家长还可以共同探讨如何教育孩子等问题。

QQ聊天这种家访方式的优势在于，家长、班主任及任课老师能充分整合资源,家长可以很方便地与班主任、任课老师沟通、交流,家长之间也能互相支招。这种形式适用于能熟练使用电脑的中青年家长,一般是学生的爸爸、妈妈等。

3. 微信家庭教育指导

"孩子的作业记录单忘在学校了,哪位家长可以把周末的作业发一下?"这是一位家长在班级微信群里发出的求助信息。很快,就有家长把作业单拍了照片传到群里。

"孩子们,暑假快过去了,收收心学习吧,下面是暑假实践作业小提示。"这是一位班主任在假期里发在班级群中的信息。

现在的年轻家长非常"潮",纷纷加入班级微信群。原来很多不与老师联系的家长,也都利用这个机会针对孩子的学习情况与老师进行简单的交流。老师对表现好的学生会给予鼓励,对存在问题的学生的家长也会进行适当指导。可见,微信,让交流互动变得更加方便快捷。

电话、微信、QQ拉近了人与人之间的距离,使交流更加便捷高效,无论大家是否接受,这都是一种进步。在线个别指导的速度和广度,是传统家访无法做到的,而传统家访的面对面沟通,又是通过微信、QQ隔空交流所不能及的。网络可以弥补传统家访不够及时、便捷的不足,而传统面对面的家访,可以弥补在线个别指导感情沟通的不足。不可否认的是,家访形式多元化是必然趋势,但上门家访依然不可或缺。

(资料来源:王贺,李宗峰.信息化家访手段利弊谈[J].辅导员,2017(15):8.)

第四节 数字化指导

数字化指导是指利用数字技术和平台,为家长提供科学、系统、个性化的教育指导和资源。这种指导方式不仅改变了传统的家庭教育方式,还为家庭教育提供了新的技术手段和方法。数字化指导的核心在于通过信息技术,实现校家社互融互通,共同促进孩子的全面发展。

一方面,伴随着手机、电脑的普及,人们开始从纸质阅读时代走向电子阅读时代。此外,在高速发展的社会节奏下,潜心思考和阅读难以保障。在这两种因素的影响下,家长很难真正意义上研读篇幅较长的家庭教育书籍,而缺乏外在科学指导的家庭教育,其闭塞和狭隘可想而知。另一方面,由于教师工作压力较大,学生人数较多,单一依靠学校推进家校工作、开展家庭教育,显得力不从心。因此,数字家长学校、电子读物推介、"24 小时热线"等数字化家庭教育指导的存在就有其必要性。而且随着国家智慧教育读书平台和各地各校数字平台的建设,家庭教育指导的数字资源更加丰富。

问题聚焦

《家庭教育促进法》的实施,凸显了国家对家庭教育在孩子成长过程中所发挥重要作用的国家意志。在《家庭教育促进法》的推动下,各地各校积极举办线上线下家校指导活动。受曾经发生的新冠疫情和相关社会危机事件影响,线上家庭教育的重要性愈发凸显。然而,在数字化家庭教育指导过程中,主要以普及性问题的解答和指导为主,如家庭教育讲座、案例等,通过社会和学校等途径进行宣传。而数字化指导的针对性和个性化程度不高,难以取得理想成效。

教师思考

个别化沟通以往大多产生于教师和家长的"一对一"沟通,这对于教师本身的工作能力、时间精力都有较高的要求。数字化家庭教育指导的出现,恰恰是对学校主导的家校工作的补充和完善。如何更好地开展数字化家庭教育指导?首先要避免指导的空洞化,所有规划指导均应建立在对家庭教育问题的真实了解上。其次是避免指导的碎片化,对于主要问题和重点家庭进行"一对一"的追踪和跟进。第三是避免指导的形式化,各项措施推进务必要确保宣传到位,保障有需要的家庭信息畅通。第四是避免指导的延迟化,对于家长提出的问题及时反馈。从真实、连贯、深入、及时等方面进行完善,确保数字化个别指导的有效性。

教师策略

一、充分调研,及时调整指导策略

定期根据数字家长学校平台上的提问,形成"学校—年级—班级"三维工作方式。也就是说,首先学校对总的问题进行分析,分门别类,根据热点高频问题进行教师发展指导。其次问题细化到年级,召开同一年级家长沙龙,由学校老师进行主持并解惑。最后到班级,导师进行跟踪指导,直至问题解决。

二、精心设计,用好数字平台课程

学校组织教师学习数字家长学校平台上的视频,指导教师根据自己职业生涯中碰到的家教指导个例完成案例的撰写,形成各个学校特有的家教指导专业库。

每周定期发数字家长学校平台上的视频到家长群,引导家长学习,并且发表感受,有条件的可以举行一月一次的家长沙龙活动。

三、无缝对接,线上线下双轨并进

当然,数字化的指导方式不能独一而行。对于有特殊需求的家长,指导教师要有攻坚的准备,利用数字家长学校平台推送育儿视频、电子读物等线上手段,辅以线下谈心、一对一辅导等方式,建立与家长的互信关系,帮助家长转变观念,掌握正确的教育方法。通过线上线下相融合的模式,让家庭教育指导事半功倍。

行动反思

一、数字化指导更具有针对性

"一把钥匙开一把锁",便捷、直接的线上交流正是由教师或者专家通过与家长的充分互动,在了解孩子出现的具体问题、家庭教育的现实基础上展开的,因此更具有针对性。而教师通过家长提供的材料,进行比较全面的分析研究,可实现在专家的指导下,有针对性地对家长进行指导,提出切实可行、易于操作的家教建议,使得家长能够有的放矢地教育子女,收获更优质的教育效果。

二、数字化指导更具有广泛性

由于数字化个别指导突破了传统家庭教育指导模式中的时空限制,家长可以在任何时间、任何地点根据自己的需要接受有针对性的家庭教育指导,进一步扩大了家长接受家庭教育指导的受益面,更具有普适性,也更方便、高效,这契合"互联网+"背景下家庭教育指导的新要求,也契合新时代家长对家庭教育指导的需要。短小、精悍的音视频课程,更是让这种广泛的、随时随地的学习发挥到了极致,具有"短、平、快"的特点。

三、数字化指导更具有实效性

在虚拟的环境中,交流双方不用面对面,如果家长不愿意,也可以不公开学校、姓名,保护了家长和孩子的隐私,也为辅导教师卸下了一定的社交负担,使得对话的心理环境是安全和舒适的。没有了顾虑,很多家长不会有所保留,更倾向于讲出事情的真实情况,道出自己的真实想法,有利于真正达到互动合作的效果。教师在掌握了最真实、有效的信息后,给出的家教建议才会更有操作性。

四、数字化指导实现"研训"一体

利用数字化工具进行家教指导,对教师而言是很好的学习平台。现阶段,很多教师在家庭教育指导方面的知识和能力储备不足。数字化平台可以提供先进的教育理论、前沿的国内外家教信息,是教师学习和研究的重要途径。同时也是很好的实践平台,数字化平台是个开放式的舞台,能者为师,每一位教师都能对平台上的疑问尝试解答,也可以在实际工作中碰到相似问题时,加以借鉴,不知不觉中提高了家庭教育指导能力。

智慧分享

上海市奉贤区数字家长学校

上海市奉贤区数字家长学校由区教育局牵头举办,上海开放大学奉贤分校负责运维管理,区教育学院负责师资和课程组织。在区文明办、区妇联等部门的协同支持下,数字家长学校与全区中小学校、幼儿园建立了紧密的合作关系,形成了区域联动的运行格局。目前,数字家长学校已成功覆盖奉贤区155所学校、幼儿园,注册家长用户达到95 375个,其中常态化参与且活跃的家长用户达74 304个,约占注册用户的80%。

数字家长学校的师资队伍由在职教师、退休教师以及来自妇联、青保、卫生、文化等部门的专业人士组成,同时还有一批优秀的家长和志愿者加入其中。除此之外,数字家长学校通过严格的选拔和培训,成立了家庭教育智囊团和家庭教育指导团,为整个区域提供服务。目前,数字平台已形成了包括家长必修、家教专题、专家讲座、学习型家庭、热点关注和答疑解惑六大板块的课程体系,其中1 129门课程已上线推送,为家长们提供了丰富的学习资源。课程被划分为高中(包括中职)、初中高年级、初中低年级、小学中高年级、小学低年级和幼儿园六个学段的单元网格,家长可以根据自身需求,随时随地选择适合的课程内容进行学习。

近一年的数据显示,家长对课程的需求呈现出多样化的特点。77%以上的关注度集中于孩子学段升级、孩子成长所需重要素养、"双减"背景下孩子学习、孩子良好学习习惯培养、升学压力下焦虑的解决、假期里家庭教育的重点等方面的课程。同时,内容简短、方法实用的课程,尤其是知名专家的讲座和答疑解惑的课程,受到了90%以上家长的关注和欢迎。

(资料来源:祝燕国,王英,徐龙.数字家长学校,引领区域家庭教育指导新篇章[J].教育家,2024(5):43-45.)

第六章 媒介指导

家校联系指家庭和学校为了实现共同的教育目标,彼此了解、相互合作,通过语言等多种媒介进行的信息传递、思想交流的行为。教师和家长通过互相交流与沟通、共同讨论与研究,来促进学生健康、全面的发展。家校联系有多种方式,就其使用的媒介来说,有传统媒介和现代媒介之分,两类媒介各有优劣,教师需要根据具体情况进行选择。本章主要介绍传统媒介和现代媒介的选择和利用,并以当下普遍使用的微信(QQ)群、微信公众号为例,引导教师在家教指导中正确使用和管理媒介。

第一节 联系媒介:传统与现代的"立交桥"

家校联系是现代青少年教育中非常重要的一环,在学校、家庭、社会三位一体的教育环境中,对受教育者影响最紧密、最深远。随着社会的发展,家校联系也有更多便捷的方式和方法。本节介绍一些历久弥新的传统联系方法以及现代社会发展中出现的一些时尚的联系方法,供教师选择。

一、传统通信

家校之间坦率而又真诚的交流是良好家校合作关系的基础。当一个个体想要传递信息的时候,交流便发生了,学校和家庭之间可以通过各种媒介和人际交流来传递信息。鼓励家长对学校发出的信息做出反应,并将他们所了解的情况、关心的问题和心中所想反馈给学校,是加强家校沟通、促进学校发展的有效方式。那么哪些传统的家校联系方式还在当今时代继续"飘香"呢?

(一)传统通信手段

1. 便条或喜报

学生带回家的便条或喜报,是一种非常有效的交流手段。学生的精彩绘画、有趣的发言、优美的作文、好人好事等,都可以成为教师用便条或喜报向家长汇报的内容。便条或喜报可使用一个固定的标记,如一张笑脸或者其他类似的符号。教师用便条或喜报向家长汇报学生成绩(不是考试分数)的做法是一种积极的与家长交流的方式。

2. 结对子

家长结对互助。教师可以在和家长倾心交谈过程中向家长推荐在教育孩子时可与之结对互助的其他家长,以形成"家长—教师—家长"的教育网络。教师对家长的需求、兴趣、儿童的年龄以及家庭住址等有较详细的记录,家长可以利用它来寻找"对子"。教师不定期地和结对互助的家长进行交流,注意学生的动态,并及时地反馈给家长,使家长结对互助能真正有效,提高家校合作的效率。

3. 电话

随着经济的发展,家庭电话和手机日益普及,电话联系一直是教师和家长相互联系的重要手段。在现实中,如果学生在学校发生了状况,家长通常都会接到教师的电话,这使得家长们形成了一种印象:接到学校打来的电话一定是子女发生了什么不好的事情。教师应该尽力消除家长对教师打电话的阴影。教师如果事先安排好时间,每个晚上给五六位家长打电话沟通孩子的教育问题,在一星期之内就可和班上的每位家长联络一次。教师要用友善的语气,表示他们只是想让学生家长知道自己是多么高兴能教到他们的子女,并说出两三件自己最想努力的事,可以对家长说:"希望我们可以一起合作,为孩子的学习提供最好的安排与协助。"此外,教师也要让家长知道在这一学年中,他们有时可能会收到教师的短函或其他资料。

4. 家校联系簿

书面联系,是教师行之有效、简单易行地与家长保持联系的一种方式。通过书面联系,班主任可以把学校或班级要开展的重大教育活动以及学生在学校的各种表现及时告诉家长,使每个家长及时了解学生在校的表现情况。学期之初,教师便向学生发放"家校联系簿",并在最后一页附上全班学生的联系电话,便于联系;学生每天把作业及时地记录下来,教师和家长则记录学生在校和在家的学习生活情况,这样,教师和家长就可以及时交流彼此的意见和要求了。

(二)传统通信的优劣

虽然现代社会已发展到"互联网+"时代,社会变革也日新月异,但学校中一些传统的家校沟通方式仍有一定优势。

家校联系簿这种联系方式就有两大好处：第一，能全面记录学生的成长。教师每周都将学生的在校情况记录下来，例如完成作业、考试测验、思想品德、文明礼貌、文体卫生及遵守纪律等情况。第二，家校联系簿如同教师、家长之间友谊的桥梁。教师长时间、定期地与学生家长保持联系，双方把各自的建议、要求及教育学生的方法，通过联系簿进行交流，可以提高各自的认识水平，同时也可以促进教师与家长之间的相互理解。这种理解的产生，又会对学生的教育产生积极影响。

再比如，通过便条或者喜报的交流可以密切教师、学生和家长之间的关系，特别是能增强学生的信心。但是要注意，便条或喜报的内容一定要自然真诚，富有意义，如果教师写得太长或在语言上仔细推敲，必然耗费时间，使便条或喜报的最大优点荡然无存。假如教师这样做只是迫于学校的要求，敷衍了事，内容空洞无物，那么家长所收到的不过是一张废纸而已。

当然，随着现代信息技术的飞速发展，这些传统通信手段也显示出了它的不足。如沟通不及时，所要花费的时间较多，教师付出的精力也会较多，这样就使沟通的效果受到影响。因此，在现代家校联系中需要打造现代的通信手段和平台，以更加适应现代信息技术发展的趋势。

二、现代通信手段

家校通软件能帮助教师和家长进行及时的沟通，促进孩子们更好地成长。那么，在"互联网＋"时代，除了QQ群、微信、钉钉外，常用的家校通软件还有哪些呢？教师需要了解一些常见的现代通信媒介，同时指导家长选择更适合的通信媒介。

（一）现代通信平台

1. 班级优化大师

班级优化大师，是希沃（Seewo）专门为教师打造的针对学生行为管理的智能软件，其通过AI等智能技术，为教师的课堂管理、班级管理、家校管理提供数据分析，全方位帮助教师记录学生的日常表现并实施积极性评价，有利于激活课堂氛围,调动学生的学习积极性,并增强家校沟通的便捷性,提高班级管理成效。

该软件为每一位学生设定了专属卡通角色,通过加减分、随机抽选进行角色升级,配合游戏化的规则、界面及音效,激发学生的好胜心与创造力。数据可自动记录、归档和计算,亦可一键发送至家长端。

2. 一起作业

该软件以作业为纽带,串联起了教师、学生、家长三个群体,并有效地促进了师生、家校、亲子间的互动。

在该平台上,教师可以一键布置作业,高效批改作业,随时查看学情分析,轻松获取丰富的教学资源。学生可以便捷地完成作业,获得个性化的学习指导,有针对性地查漏补缺,并可以使用优质的自学产品。家长可以及时查看孩子的作业报告,获得专业的家庭教育指导,并为孩子定制科学、个性化的成长路径。

3. 家校即时通

该软件是一款方便学校和家长联系的即时通信工具,通过这款软件家长和教师可以在手机上进行点对点的语音、图片、文字交流,还可以通过班级群组参与整个班级的讨论等。

家校即时通是为促进中小学校教师和家长之间互动与沟通,班级各类信息发布与交流,学校、班级和学生风采展示与资料共享,基于语音、图片、文字等方式,面向中小学校学生家长、老师用户群体推出的一款移动通信应用。

4. 叮咚校园

该软件是一个家校沟通服务平台,通过学生佩戴的校徽,该软件可监测到学生是否进校,让学校与家庭能更好地监督学生,防止学生逃课、胡乱玩耍,甚至在无人看管的情况下发生意外。

叮咚校园是基于无线射频识别技术的全新考勤、签到服务平台,面向学校提供智能化的移动互联网考勤、签到服务。叮咚校园有消息通、学生到校签到管理、小纸条管理、班级通讯录管理与共享文件管理等功能,通过学生佩戴的电子校徽感知学生是否到达学校,并将信息传递给家长。家长可每天通过叮咚校园掌握学生到校和离校的时间,做到对孩子是否安全到达学校、是否缺勤、是否按时放学等事项了如指掌。

5. V校

该软件是一个一站式智慧教育云平台,面向学生家长、学校老师、教育管理机构,提供一站式移动信息化服务,核心业务包括家校沟通、成长管理、教务管理。

家校沟通方面,V校的智能通讯录能够清晰展现学校班级和老师、家长信息,支持号码、姓名、拼音智能检索,一键拨打电话、发送短信,实时微信聊天。家校互动方面,V校以学生为中心,关注学习、生活、成长的教育社交圈,支持发起各种兴趣、比赛主题活动,及活动话题小组,如读书会、钢琴、自然科学等兴趣活动小组,以激发孩子的学习兴趣,帮助孩子找到志趣相投的伙伴。

6. 掌上校讯通

该软件是为满足即时沟通的需求而推出的手机客户端软件,集在线即时通信、作业通知短信、座位表考勤、教育OA、教育资讯等功能于一体,随时随地架起家长、教师、学生沟通的桥梁。

除上述功能外,该软件还包含家校互动、办公短信、平安短信等业务功能以及讨论、相册等网站功能,校讯通用户只需使用手机即可进行操作,方便、快捷。

(二) 现代通信的优劣

新时代、新社会环境、新教育对象需要新的教育方法,新的教育方法离不开新理念、新平台和不断探求新思路的精神。上面介绍的这些现代通信手段都是现代家校沟通的新模式,都是基于互联网,为教师、学生和家长提供便捷沟通和个性化服务的信息化平台。

它们通过多媒体通信、移动通信、实时数据通信等技术实现了家长与教师不受地域限制的实时沟通,大大提高了沟通效率及范围。这些平台的出现给家校沟通带来了新的契机,它们不受时间和地点的限制,是传统通信方式的有益延伸和重要补充,加强了教师与家长的联系,为学校和家长沟通提供了便利。现代通信手段在家校联系中的优势非常明显。

1. 信息多样化

这些现代通信平台大多能支持文字、图片、语音、视频等多种信息格式,还支持对其他平台的网页链接的分享,且能向家长和学生推送信息,提供自助查询等服务。

2. 精准推送

这些现代通信平台大多还能支持分组,即针对不同的家庭推送不同的信息。学校可在平台建立虚拟班级、学习小组等,针对学生和家长的特点,推送不同的教育教学内容,使教育的针对性和实效性得以加强。

3. 时效性强

这些现代通信平台都是基于手机或平板电脑的移动在线平台。这样的消息推送,有力地提升了家校信息沟通的便利性和互动性。消息的推送与提醒,保证了教师能够向家长及时传达相关内容,减少因接收不及时导致内容过期、效能降低等问题的出现。

4. 互动功能强大

这些现代通信平台除了支持常规社交软件的基于图文和音视频的交流形式外,还有互动交流、及时反馈的功能,它们一般可设置基于关键词等规则形式的自动回复,可自定义菜单等。多样化的交互形式,方便向家长和学生提供多样化的服务。

当然,这些现代通信平台也有其不足之处。如,教师在与家长沟通时需要对素材进行选取、加工,对数据进行采集与统计,对效果进行评估等,这对教师的信息处理能力要求比较高,教师所花的精力和时间比较多,对学校人力资源分配是一种考验。另外,教师和家长在运用这些沟通平台进行家校沟通时缺乏情感的交流,这会阻碍教师对学生生活环境、生活背景的了解,使教育缺少针对性。

家校沟通中的技术优势也可能造成教师和家长双方的过度参与,成为学生发展、学校运行和亲子关系建构的障碍。便捷的家校沟通方式有可能使教师、家长在学生学业问题上双双越位而形成"无缝对接",使学生这一成长主体自主成长的空间被过度压缩,错失自主发展的机会,导致自理能力、自制能力和责任感等发展的缺失。便捷造成的家长对学校工作的过度干预,成为学校顺利开展工作的障碍,不利于形成健康的教育生态。

❀ 智慧分享

钉钉助力,教师与家长沟通无界限

要拥有良好的家校共育赋能环境,需要一步一步做实,一天一天互动。班主任老师要利用好"钉钉"平台,进行有针对性的交流和有温度的沟通,可以聚焦这四个字:看、听、写、省。

一、看:关注学生的学习动态

班主任可以在"班级圈"中设立"每日分享"主题栏目,记录并分享孩子们每日

的成长瞬间；孩子们的"优秀习作"也可以经过精心排版，配上插图或短视频在"圈"里发布；老师可以把知识要点等学科资源分门别类地上传到群文件夹中，让孩子们的学习不再局限于教室，引导家长明确对孩子的学习要求，切实形成合力。

二、听：倾听学生的成长点滴

如果家长对班级工作有疑问，也会在"钉钉"平台上与老师私聊留言，语音文字的自由转换，消息的已读标识，让家长和老师在不打扰对方工作生活的基础上不必担心是否漏看了消息；遇到紧急问题，"钉钉"消息提示与"钉钉"电话沟通也非常方便快捷，可以及时解决出现的问题。

三、写：记录学生的在校生活

使用"钉钉"平台，就可以每日或不定期运用图文记录孩子们的在校生活，将"每日家校沟通"形成文字留存，将这段美好的相伴时光镌刻成永恒，还可以选择在学期结束后，委托家委会制作班级成长册，送给孩子们一份独一无二的成长礼物。班主任可以用"写信"这种传统的方式与家长进行互动交流，可以将写好的信在下班时间通过"钉钉"消息发送给家长，也可以在班级"钉钉"群内分享，写写学生在学校的成长点滴、师生互动，留下沟通痕迹，让家长感受到班主任对孩子的关爱，对家校沟通、家庭教育的重视。

四、省：定期总结反思教学活动

班级开展班队会或主题活动后，班主任可以就活动的亮点、孩子们的参与表现及发现的问题进行总结，通过"钉钉"家校本一键发布，家长和学生可以针对一些问题提出自己的想法和建议，通过设置还可以互相看到留言。

（资料来源：杨帆.基于"钉钉"平台的家校沟通实践与研究[J].甘肃教育研究，2023(5)：28-30.）

第二节　互联网群组：系好家校联系的"纽带扣"

摇一摇、扫一扫、朋友圈、点赞……随着智能手机的普及，这些新名词早已"飞入寻常百姓家"。微信是一种时尚的交流平台，使用者可凭借网络快速发送免费的语音短信、视频、图片和文字，且它能支持多人群聊。为此，以微信群、钉钉群、QQ群为代表的各类互联网群组因其交流的便利性受到人们的热烈追捧，俨然成为人们常用聊天方式的"新贵"。那么如何发挥好微信群的作用,让微信群成为家校沟通的桥梁呢?

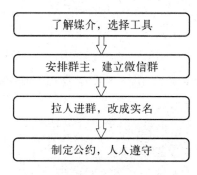

图 6-1 微信群组建的一般流程

问题聚焦

> 陈老师班是学校有名的经典诵读特色班,班级里有许多"诵读大王",每一个都诵读得有模有样。学校马上要举办诵读大赛了,要求每班要推荐 2 名学生参加比赛。在经过班级选拔后,陈老师班的 2 名学生代表班级参加校级大赛,同学和家长都非常期待。正式比赛前,家长们虽然人在工作,但心在比赛,希望陈老师想办法进行实况转播,把现场朗诵的情况和家长、同学分享。可是,陈老师只能想到用摄像机把活动过程拍摄下来,再花时间导出来,利用 QQ 群传给家长。等陈老师全部弄好后,活动已经结束了,成绩也出来了。虽然陈老师所教的班取得了第一名的佳绩,但是家长和同学们总觉得没有现场直播那么令人感到兴奋。

教师思考

陈老师没有在班级的学生进行诵读比赛时进行现场直播,使得家长们因不能即时看到自己孩子的比赛情况感到有些失望,这是可以理解的。因为家长们每天工作虽然繁忙,但是都很关注孩子在学校的各种表现。家长想多了解孩子在学校的表现,但关注的途径有限;而班主任一个人的精力更为有限,不可能天天给每个家长汇报,因此要满足全班几十名学生家长的需求,显然有难度。利用某一个便于操作和分享的媒介,满足家长需求,让家长见证孩子的成长这件极具意义的事,如今已成为教师动动手指即能完成的"简单任务"。

1. 选择班级共建工具

"工欲善其事,必先利其器",要实现生生、家校、师生之间便捷、互动的交流,必须先选择一个合适的媒介,为此教师首先要考虑最常用的几种交流分享工具。

班级微信群:大部分班级都在用,但群里信息数据大,更新覆盖快,不利于信息的查找和全面传达,更不利于信息的长久保存。

班级朋友圈:编辑发送极为便捷,教师可以随时随地发布有关班级任何方面的信息,家长只要拿出手机就可以充分利用碎片化时间来了解学校文化、班级活动,掌握学生的在校表现情况,满足家校沟通的需求。同时,朋友圈的图片、文字和视频可以作为班级资料长久保存、随时查找。

2. 方便教师管理

建立班级微信群是大势所趋,班主任及任课教师不能回避,而是要主动建立、充分利用。班级微信群一旦建立,班主任工作便由 5 天×8 小时工作制变成了 7 天×24 小时工作制,即班主任不再有真正的休息日。因为微信群中,家长、学生随时会发言、会提出问题。建立班级微信群的初衷是让教师更便捷、更灵活、更生动地开展班级管理工作,因此如何发挥优势、减少工作量,是需要每一位教师思考的。

3. 熟悉微信群的利弊

微信群有以下特征,需要教师了解,灵活使用。

(1) 众向性。群中一人发信息,全群人都能看到,信息透明度高。

(2) 即时性。群中新发信息,全群人都可即时看到,传播速度快。

(3) 互动性。大家可以在群里一起聊天,可以发表情、图片、语音、视频、名片、收藏、位置、红包等,形式多样,丰富生动。

(4) 不显示在线状态。群聊中众人是否在线,无法显示。这样,面对一些信息,当成员选择沉默时,他人无法判定未发言的成员是否在线,这也就给了成员选择权,如果不想发言,可以选择沉默,并可以在事后解释说未看到。

(5) 群主特权。群主可将已入群的成员移出,也可设置"群聊邀请确认",设置后,其他成员邀请他人入群时,需经群主同意方可入群。

教师策略

1. 建立班级微信群

当下在国内几乎每个拥有智能手机的人都已成为微信用户。为了避免班级工作和个人生活信息的混淆,建议教师利用 QQ 或者闲置手机号申请一个班级专用微信号,此微信号朋友圈发布的内容都是班级事务,方便家长和学生查阅。建立班级微信群,相当于建立了一个班级社区,班主任作为群主,要承担社区组织者的责任。教师可以选择在第一次家长会时面对面建群,操作方法如下:

(1) 打开微信,点击下方的通讯录按钮,进入通讯录窗口中。

(2) 点击右上角+号按钮,进入下一步。

(3) 点击"面对面建群",随机录入四个数字,便建立一个群聊。

(4) 直接点击"确定"进行确认创建群操作,并在"设置"界面,点击"群聊名称",修改成自己班级名称。

由此,一个班级微信群便建成了,剩下的工作就是使用了。

2. 公布群号,提倡加入

在微信群组建之初,教师要将微信群的号码和名称或群二维码,利用家长开放日、家长会、"家校通"等平台和途径公布给全体家长,热情邀请家长加入。

3. 尊重选择,带动参与

如果个别家长没有开通微信,教师对此也要理解。微信悄然改变了我们的生活,但可能有不少家长担心开通微信会对生活造成影响而未开通,教师不要强求家长非要开通微信,而要通过分享和鼓励,慢慢带动所有家长参与。

4. 安排管理人员实名入群

班主任及任课教师每天都有忙碌的工作,因此在群的管理上,必须要发挥家长的力量。教师可以推荐四五名富有参与热情、有较强教育能力的家长作为群的管理员,并督促全体家长按照"孩子姓名+爸爸或妈妈"的"备注名"格式修改自己的群名片,让所有的家长在群里都是实名制,以确保表达的真实性。

5. 制定群公约,人人遵守

任何一个新加入的成员一定要先学习群里的规章制度。制度包括群的名称、群的管理、发言规则等,包括对教师的要求、对家长的要求。教师要鼓励大家一起遵守群公约,打造清朗微信空间。

6. 整理归档,总结表彰

教师每隔一段时间要对微信管理进行简短总结,并评选微信群优秀家长,特别要对那些大力支持班级工作、教师工作的家长进行鼓励。同时在微信群运行的过程中,会产生大量的资料,如微信群的网上作业、活动的组织策划、活动的照片等,教师要将文字材料等及时整理存档,为以后开展工作提供良好的借鉴。

行动反思

1. 关注群的组成

每一个家长都有权利加入群中,而教师与其他家长的个人好恶不应该成为把某个家长踢出群的理由。如教师与家长在交流时出现问题,应通过官方正式途径沟通,而不能随意把家长踢出群。

2. 明确群的原则

班级微信群只是一个家校沟通平台,并不具有权威性,因此如果有重要的事情,家长要通过面谈、电话或其他途径保证信息及时准确传达到教师或校方。教师应平等地对待所有学生与家长,不应只发布优等生或表现优异学生的照片;反之,也不应发带有侮辱或者歧视性的照片,比如学生接受处罚的照片。教师也不应在微信群中点名批评学生甚至家长,如个别学生有问题,教师可单独与家长沟通。

3. 加强群的监督

既然教师建立班级微信群是为了更好地开展班级管理工作,那么,可以参考一般工作邮件联系的方式来制定规则。在工作中,甲乙双方之间的邮件,一般都会抄送自己的上司与对方的上司,按照这个思路,学校的相关领导也应加入班级微信群中,以监督教师。

4. 关注群的内容

教师在微信群里发布的内容,应该限制在日常性内容,比如通知作业、考试等事项。教师不应在群中发布与家长无关的任务分配,也不得要求家长在文化课上介入。教师作为管理者,如果发现一些不适合发在班级群里的内容,可以提出警示。家长不得在群内发布有关校方的负面信息,如果家长对教师或学校有意见和建议，应通过私聊或电话、电子邮件等方式向有关老师或学校领导提出，这样教师从情感上更能接受，问题的解决也会更有效。

❀ 智慧分享

家长微信群值得"小题大做"

而今，许多中小学的班主任会建立家长微信群，群里除了有学生家长，往往还包括各科教师。笔者经调查发现，现在的家长微信群几乎成了专门发布作业、通知事项、收取费用的平台。更有甚者，个别教师在群里对不遵守纪律、忘带作业、未纠正错题的学生点名批评。此种情况，在小学尤为常见。对于家长而言，每天看家长微信群成为一件不得不做同时又心怀担忧的烦心事。

家长微信群不仅是通信工具，还有着非常重要的教育功能。对绝大多数家长而言，他们很少有机会去学校考察，与教师见面的次数也屈指可数。因此，家长微信群就成了他们与学校沟通联系的主要渠道。从这个意义上说，家长微信群的重要性远远超出通信工具的范畴。学校的校风教风、教师的职业素养以及班级班风的建设等情况，都会通过微信群传递给学生家长。因此，家长微信群不应成为学校管理的空白地带，应引起教育行政部门及学校的高度重视。客观来看，有必要对家长微信群进行适当干预，让家长微信群有教育温度，成为家校联谊的桥梁、家校共育的平台、学校教育的"另一间教室"。概言之，家长微信群不应只是发布有关通知事项的"小黑板"，而应凸显教育温情，起到协同育人的作用。

教师要对每一名学生有呵护之情和关怀之心，这不是挂在墙上的标语口号、名人名言，而应体现在教师的一言一行之中，尤其体现在教师对学生的尊重上，这是学校教育的应有之义。为了拉近家校关系，需要禁止教师在家长微信群里点名挖苦、批评、训斥学生，表扬学生也要慎之又慎。教育无小事，教师无小节。当下家长微信群暴露出来的一些问题，从表面上看不是什么大是大非问题，却对师生关系产生深远的影响，对家校关系也造成不小的触动。

教师在家长微信群里尽量不批评学生，抑或慎重评价某些学生，可极大地避免家校之间产生矛盾。教师职业具有崇高性和理想性的特质。这样的特质，要求教师既具有专业素养，又拥有教育情怀；既要做好教学，又要懂得管理。其中，如何看待孩子犯错误这一现象，最能考量教师的整体素养和教育情怀。回到常识看问题，每一个人都是在错误中成长起来的，不允许学生犯错的教育肯定不是好教育。允许孩子犯错，知道孩子必然会犯错，引导孩子认识错误并从错误中成长，才是优秀教师应有的做法。

教育温度在家长微信群里如何体现？班主任及各科教师可以向家长介绍一些教育方法、教育案例、教育故事等；可以根据季节变化，提醒家长在孩子饮食起居方面应注意的事项；可以将班级里发生的好人好事及时通报给家长，对一些共性问题也要及时提醒家长予以关注和配合；还可以及时报道班集体活动，让家长分享孩子的快乐与成长。总之，只要对孩子怀有一颗关怀之心，家长微信群里的教育温度一定会日益升高。

希望有关部门和学校把家长微信群这个"小题"大做一番，做出教育的味道，而不是将家校共育演变为"家校共驭"。

(资料来源：刘景忠. 家长微信群值得"小题大做"[N].中国教育报,2024-1-2(3).)

第三节　建平台：用好微信公众号的"大舞台"

随着信息化技术的普及，"线上 + 线下"的混合型教学模式逐渐成为学习常态，学校与家庭之间的沟通方式也丰富了许多，微信群的广泛运用则大大加深了家校之间的互联互通。随着学校生活越来越丰富，家校沟通越来越紧密，家校间需要一个更聚焦的互动平台，来记录学生的学习生活，实现文字、图片、视频、语音等多形式的交流互动和展示。为此，开通班级微信公众号，成为很多班主任创新落实家校互动的重要方式。

◉ 问题聚焦

9月30日，国庆节前的最后一天，一年一度的校园"红歌赛"如期举行，这是学生和家长都十分期待的活动，因为全班参与，每个孩子都有在舞台上展示风采的机会。王老师照例将活动中的精彩照片和视频及时发在了班级微信群里。可是正值放假前夕，学校的通知安排、安全指导、作业布置也如雪花片般纷纷扬扬飘进群里，不到半天工夫就把活动信息掩盖了。家长想查看孩子的表现得在群里"爬楼"才能找到,浪费了好多时间,老师和家长都为此感到困扰。

教师思考

微信群是一种非常便捷的即时沟通模式,很多老师把班级群作为家校沟通的重要方式之一,它也是家校合作的一种存在形式。但是这种家校沟通模式在实际运用中也存在一定的弊端,比如:微信群信息量大而杂,对于关键信息的提取犹如大海捞针,家长在查阅信息时容易遗漏;家长在群里交流的主题不突出,往往出现多个话题并存,广而散,无法满足家校沟通的公开化需求;班级群里很多文字和图片难以实现长期保存,对于学生成长过程的记录就显得单薄无效。同时,家长也想更全方位了解和参与学生的在校生活,家校合作还需要更集中的通道。相比之下,班级微信公众号在这些方面都进行了人性化改进,功能更加多元。

1. 让互动更灵活

运用班级微信公众号进行信息传输可以打破时间和空间的限制,避免了口口相传的理解失误问题。以往运用钉钉、微信、QQ等家校沟通方式,更强调信息互动的同步性,需要尽快给予对方回复。而公众号平台则强调信息的留存,家长可以选择自己适合的时间回复文字、图片、语音、视频等信息,既能实现同步沟通,也可异步沟通。并且,学生和家长只需关注公众号即可在第一时间收到通知,从而提高了信息获取的准确性和及时性。这种打破时间、空间的沟通方式,也更易于家长主动参与学校和班级的活动,体现其主体性。

2. 让信息更丰富

微信公众平台用于家校互动的最大优势就是能够让互动信息更加丰富,凸显多媒体性。通过微信公众平台给家长发送的信息不再局限于文字,还可以是图片、语音、视频等。例如,班级公众号管理员可以将家长关心的班级重大活动、学生学习情况以图片或视频的形式推送给家长。还可以在公众号平台开设家长课堂、专题讲座等内容,以数字化形式对家长进行家教指导,丰富家教指导的路径和内容。

3. 让分享更便捷

微信公众号既可以是一个即时通信软件,也可以是一种信息传播媒体。班级信息借助微信平台规模化的传播，可以将信息碎片化，使信息快速、及时地传送到关注班级公众号的人员手中。通过微信的分享功能，家长可以将自己喜欢的文章发送到自己的网络社交圈，例如微信好友、朋友圈等。这样的传播分享容易在班级家长群体中形成共同关注点，让有共同观点和爱好的家庭团结到一起，建立"家庭教育共同体"，实现班级与家庭、家庭与家庭的共同进步，形成教育合力。

教师策略

1. 明确功能和目的

目前微信平台的公众号有如下几种：企业微信、服务号、订阅号和小程序。在这四种分类中，从受众群体来看订阅号更加适合班级和家庭的交流。被誉为"微信之父"的张小龙说过："你如何用微信，决定了微信对你而言是什么。"同样，一个班级微信订阅号的价值取决于班主任对微信公众号的定位、申请时的理念和目的。结合班集体建设的特点以及班主任自身的育人理念，可以定位于个性化学习辅导、家校互动、班级活动平台或者班级宣传等。所以在选择开设班级公众号之前，班主任需要明确公众号的主要功能和目的，设置初始模块。后期，可以根据班级发展和家校互动的需要对板块进行调整。

2. 快速推广和使用

搭建好班级微信公众平台后，就要积极地向家长进行推广。微信公众平台无法主动去添加好友，只能被他人添加为好友。家长可以通过"查找公众号"功能查找并关注班级公众号。而使用二维码推广则是更加简洁、便利的方式，公众号管理员可以在"账号信息"栏目中，生成公众号对应的二维码，将二维码图片在班级微信（钉钉、QQ）群发布后，家长通过微信扫描即可快捷关注，实现快速推广。

3. 丰富内容和形式

相对于传统的通过手机短信发送信息的方式，微信公众平台的一个最大特点就是可以免费推送文字、图片、语音、视频等多种媒体信息。这既是微信公众号用于家校互动的优势，也是"互联网+"时代人们对信息的特色需求。所以，公众号管理员在发布信息时，要尽量充分地运用公众号平台的多元模式，每一条消息都可以是文、图、音、影等媒体信息的组合。如具体应用中，可以向家长一次性推送一个系列的文章、班级的系列活动报道等。

4. 有效管理和发展

微信公众平台有很强的用户分析和管理功能。利用大数据技术进行信息分析和挖掘,一方面可以使用"流量分析"功能,收集班级微信公众号文章阅读、留言、点赞等情况,生成可视化的流量分析报表,从中找到排名前几位的推文内容,分析其共性特征、出彩之处,从而精准找出家长、学生感兴趣的主题和推广形式等,为班级微信公众号后续的运营维护提供依据。另一方面可以使用"内容分析"工具,从留言区和评论区收集家长、学生发表的观点类、看法类、建议类内容,汇总并整合起来,用大数据技术提炼出现频率较高的关键词,从而明确家长、学生对哪些话题更感兴趣,提升班主任的大数据应用能力及微信公众号运营能力。

◉ 行动反思

1. 班级微信公众号的日常管理

申请一个公众号的门槛不高,成功申请创建账号后,班级微信公众号的管理工作才刚刚开始。如何让一个公众号保持着一定的流量,一直受到班级学生、教师和家长的持续关注,进而让班级微信公众号健康有序地发展下去,才是公众号班级管理工作中的重点也是难点。中高年段,班主任可以发挥学生的主体作用,在班级组建一支专门为班级微信公众号服务的宣传小组,分为主编、摄影、文字和技术等多个分支,开展日常班级微信公众号的管理工作。低年段可以发挥家委会的作用,邀请家长一起参与微信公众号的日常管理。鼓励班主任、家长和学生共同参与,团结协作,创设个性化的班级公众号,并把公众号做得长久、精彩。

2. 班级微信公众号的板块设置

对家长而言,他们最想了解的,就是孩子在校学习生活和成长的情况。班主任在班级管理的过程中,就可以充分利用班级微信公众号的平台优势,通过单聊/多聊功能开展丰富多彩的班级互动,甚至每星期的班团队活动都可以通过单/多图文信息展示,让每个孩子都有展示自己风采的舞台。还可以根据受众差异,设置个性化的菜单栏,比如分成几个板块:针对班级学生设计的"班级之星""劳动能手""闪亮舞台"等;针对家长设计的"家教之窗""亲子园地""好家长风采""家长课堂"等,最大程度地丰富微信公众号这个"大舞台"的内容。

3. 班级微信公众号的家校合作

班级微信公众号主要包括学生的学习和生活，因为让家长了解学生的在校情况是家校沟通的重要内容之一，所以在班级微信公众号建立之初，就要鼓励班级的每一位家长都关注，让公众号能够准确地把校园生活和家教信息传输到家长的手机上。这个平台还应该被充分利用于亲子活动的开展中。比如：分享父母与孩子之间的故事，亲子阅读活动，家庭教育主题讲座，家长沙龙育儿故事分享，优秀家长的展示等。在互动交流中，家长们可以赢得教师和其他父母的赞誉，另外也能接收到别人的建议，然后进行改进，让自己不断地进步。此举让整个班级的家长形成一个圈，相互鼓励学习，共同进步。

智慧分享

微信公众号赋能家校沟通

当前，建立班级微信群与家长们交流互动，已成为班级管理的标配。但现实生活中，班主任们会发现有价值或重要的内容经常被淹没，家长需要特意"爬楼"才能查阅到。为避免这种情况，笔者注册了班级微信公众号，发现它支持图文、语音和视频等多媒体素材的管理，并能精准地推送给指定用户，还支持关键词自动回复和自定义菜单导航等，为学生提供了全新的展示舞台，让家校互动摆脱了时间、空间和设备的限制，收获到了意想不到的教育成效。

一、图文推送，分享每一次成长

1. 主题活动

班级每周都有主题队会活动，学校每学期也会有大型的德育活动，每次家长们的精心策划、同学们的精彩演绎，仅仅通过照片和片段视频并不能很好地完整展现。

为此，笔者尝试把一次次的活动、一份份的学生作品，编辑成有文字、图片和视频的精美图文，第一时间通过班级公众号推送出去。如在班队课进行全员参与的"朗读者"大会的同时，录下每位同学的朗读视频，每位同学既是参与者又是评委。在班内推选出"优秀朗读者"后，再次邀请家长们推选"最佳朗读者"。从教育的视角而言，这种做法充分考虑儿童发展的需要，以情感教育温润人的情感，以审美教育陶冶人的心灵，促进个体的健康和谐发展。同时，让更多关心学生成长的家长能了解到孩子成长的点点滴滴，让学生得到更多人的关注与肯定，如此，就为同学们搭建起乐于展现风采的新舞台。

2. 移动学习

一般来说,学生同伴比教师更能准确把握个人的"最近发展区"状况,容易收到"相观而善"的学习效果,即教同伴的过程不仅促使同伴提高,更促使自己进一步提高。如:每周末英语课代表录好语音范读,插入到"每周英语"过关推文中;把学生"优秀习作"精心排版,配上对应的插图或短视频进行推送;把师生共同整理过的易错题、知识要点等学科资源分门别类地推送,这就让学生的学习不再局限于教室,让家长也非常明确孩子的学习要求,与教师之间切实形成合力。

3. 协同共育

家长们将平日的育儿心得,看到的优秀教育文章或书籍,通过公众号进行专题汇总、分类推送,丰富了家长学校教育活动形式,满足了家长群体对于学习时间、学习内容、学习形式、学习习惯等个性化学习需求。在无形之中更新了家长的教育理念,提升了家长的教育能力,从而帮助家长更科学地进行家庭指导。

其实,以上板块内容建设积累的过程,也就是关注学生成长的过程,把学生在学习生活中的"闪光点",通过公众号的一次次推送,助力家长、教师帮助孩子习惯养成、健康成长。

二、自动回复,响应每一份需求

在微信公众平台中设置好关键词和相应回复的内容后,家长回复"关键词"即能自动收到预先设置好的内容。如此以需求带动应用,把家长们最需要的、最关心的先行满足和解决,极大地便利了家校沟通。

1. 自助查询

把课程作息表、通讯录、在线请假单等常用信息,第一时间设置好"关键词"并告知家长,家长们需要时只需自行输入"关键词"即可获取。这样,就避免了家长多次向班主任询问此类信息,让教师能把更多的时间投入到教育教学之中。

2. 成长档案

以学生的姓名为"关键词",关联到每一位学生的"多图文消息",每一条即学生成长中的一个维度,如成长足迹、个人藏书、习作集、荣誉台等。

如此,通过建立个人成长档案,有意识地引导每个家庭积累成长路上的点滴收获,并及时以电子化的方式记录下来,弥补了纸质档案查询和展示的不便。

同时,教师也可以此作为评价的一种工具。学生通过发现身边的榜样,欣赏别人的进步,反思自己的不足,从而积极进取、奋发向上。教师则关注学生成长的过程,及时提供有效的建议和激励,尊重学生的主体意识,调动学生的主观能动性,促进学生的个性成长。

3. 德育量化

借助公众平台中的"开发者模式",笔者通过使用 PHP 语言和 MySQL 数据库,实现了更灵活、更强大的查询反馈功能。结合学校实施的德育积分评价体系,将家长的微信号与学生姓名进行绑定,家长只需输入"积分＋40"即可提交当月的家庭德育积分评价,免去了家长填写家校联系册及教师一位位查找、登记、统计的烦琐过程。

三、自定菜单,凝聚每一份智慧

随着时间的推移,公众号内逐渐积累了不少优质资源。通过自定义菜单可把常用信息专题页面模板等添加于此,形成导航以方便检索。

如我们根据实践需求设置了"我们""风采"和"帮助"三项菜单,其中第 1 项菜单"我们"使用了公众号后台的"页面模板"功能,把每位学生的成长印记、藏书目录、优秀习作汇集形成专题页面。

综上,微信公众号强大的多媒体素材管理、精美的多图文推送等功能,既促进了孩子的健康发展,也使家长和教师实现了有效的沟通,使其成为家长和教师交流沟通的全新平台,实现了家校沟通由单向的联系转变为双向的互动、合作模式,有效促进了学生的全面健康发展。

(资料来源:林森. 基于微信公众号的家校互动创新实践[J]. 中小学德育,2020(1):61-62.)

第四节　云空间:建设零距离家校"沟通链"

跨越以静态网页为主要传播媒介的 Web1.0 时代,而今去中心化的互联网技术特点在赋予班级管理者更多的可能外,更使得在传统家校沟通模式中处于弱势地位的家长拥有了更多的话语权与组织管理的机会,从而让打破信息鸿沟、重构家校共育,并不再只是美丽的乌托邦。"双减"之后,当面对"亲子时间富裕带来的沟通矛盾"与"减负反而带来的学业焦虑"的双重困境,以合作者的平权心态、挖掘多种新媒体的赋能方式,进而形成可持续发展的共育策略,班级管理者便有望转变"家庭是学校的延伸"这一误区,携手家长共筑"修身立德的温馨苗圃"。

问题聚焦

> 后疫情时代,网络成为联结家校的主要渠道,而随着"互联网原住民"的媒介应用能力愈发娴熟,新媒体也必将成为教育共育的主阵地。而如何利用新媒体来推进家校沟通,教师首先需要思考的是:今天,亲子沟通的真实困境是什么?

教师思考

我们在一线教学中发现,学生所处的家庭沟通模式中虽然有一半以上是民主协商,但也不乏有学生长期经受打击教育,从而内心的自我认可度极低,不仅学习内驱力严重不足,更易与家长产生矛盾冲突。此外,不少家长也流露出了亲子沟通的隐忧。学生在"三观"快速形塑的时期不易接受来自外界,尤其是权威的灌输式教育,再加上"双减"后课外辅导机构由线下转为线上,亲子在家相处时间更多,摩擦与纷争加剧,更不利于家庭教育的和谐开展。"我现在说话都得小心翼翼,生怕他/她又要发火锁门","说多了之后他/她又要嫌烦,但是不说我又真的很担心他/她现在的学习状态","说实话在学校里还有老师同学监督,但是一在家他/她就原形毕露,各种懒惰、粗鲁都冒上来了,真的很绝望。"……当亲子沟通成为难题,原本重心错置的家庭教育更是雪上加霜。

教师策略

1. 利用钉钉平台,"早起打卡"化解矛盾

伴随着亲子在家相处时间增多,摩擦与纷争加剧,容易催生表达的情绪化,重建线上社群,不仅用积极的同伴监督化解了家长与孩子因面对面而产生的亲子矛盾,还能通过线上共同编辑、线上打卡等功能形成同伴契约。比如假期和网课期间,早起成为亲子矛盾激化的突出问题。因此,教师可以利用钉钉"早起打卡"等

功能。由于能互相看到打卡时间和励志寄语,学生早起变得更加自觉。正如家长所说"以前喊多了谁也不开心,但是现在我根本不用提醒,他/她自己就会定好闹钟准备好打卡,现在我们早上就不会起冲突了"。

2. 家校本上传"烹饪视频",丰富亲子沟通渠道

正如《家庭教育促进法》所言,家庭应当帮助未成年人养成吃苦耐劳的优秀品格和热爱劳动的良好习惯,因此将闲暇转化为有意义的亲子活动课程值得尝试。通过钉钉平台的家校本,鼓励亲子用图片、视频等可视化的方式记录"共做一道菜"的过程,并在社交圈分享自己的感受,期望利用视觉传播的感染力和社群传播的认同感,推动家庭文化的建设。令人惊喜的是,在朋友圈互动点赞的激励下,即使活动已结束,亲子烹饪的热情持续高涨,甚至有家长每周都在晒出亲子美食:煎牛排、纸杯蛋糕……正能量的配文如:"我家儿子又露一手了,真棒!""看来娃很有厨师天赋啊。"等等,引发了其他家长的模仿学习,引发连锁反应。当"被看见",人们便会努力追求一种积极的社会认同,以此来增强自尊,借助这一心理特点,可视化的传播便能在无形中发挥持续激励正能量行为的作用。

3. 腾讯会议,"赋权班会"连结诉求

新媒体技术作为互动架构的力量推动弱势群体的赋权。传统的班会往往由班主任主导,议题的选择也大多从学校管理需求出发,但家长目前遇到了怎样的困难?教师臆测的问题是否是家长最需要解决的呢?从技术层面而言,可交互的新媒体汇聚家长的诉求有着难以企及的便利,从而打破隐形的霸权。通过问卷调研、腾讯会议等方式,家长更有机会汇聚意见、传递诉求、表达愿景,从而争取到自主设置议程的权力,让班会课"聊我所需"。与此同时,腾讯会议、钉钉视频会议提供的"共享屏幕"功能,也使得主讲者可以自由切换,让更多有经验的家长能够通过屏幕畅所欲言、给予帮助,而不再仅仅是"被帮助者",从而使得班会更具实效、家长的教育能力不断提升。

4. "引入专家",互助提升家校合力

虽然"赋权班会"可以解决家庭教育的普遍问题,但每个家庭的特征各不相同,还应因人而异,才能真正触及具体问题的核心,那么,如何帮助部分情况特殊的家庭,并形成持久的影响?借助专家的力量并形成良性的反馈是有益的尝试。新媒体可承载"钉钉直播""视频会议"等多种传播形式,极大地丰富了家长吸收信息的兴趣和渠道。但如果缺少驱动力,这些优质的教育智慧只会珠玉蒙尘,因此

采用"家长研习群"的方式便使得该问题在"没有人是一座孤岛"的心理下迎刃而解,家长们分享学习心得、促进解决问题的能力。与此同时,学生的导师也是值得信赖的专家人选,且由于更了解学生的学情和性格,往往能够给予家长更有针对性的建议。通过导师制"云视频"的方式,更多专业的力量,赋予家长前行的勇气与智慧。

● 教师反思

比起灌输式教育,通过新媒体给予学生更多的成长空间和渠道,让一颗灵魂唤起另一颗灵魂,从而在可信任的互助关系中消除情绪问题、重获成长动力。然而,新媒体运用于家校协同育人还处于初步探索阶段,落实到实践中仍然存在着一些问题和困境。

1. 缺少评价机制,无法让家长全面反馈

虽有公众号后台留言、班级群内讨论等形式,但是大部分家长由于各类原因可能会忽略推送,缺少定时以及明确的评价机制可以促使家长们真正参与家校协同育人的过程,真正接收到学校的信息。学校后期可以借助定期家长沙龙、线上家长问卷等多样化的形式来进行评价反馈,也可以更好地改进新媒体在家校协同育人中的运用。

2. 缺少针对意见,只能解决普遍问题

新媒体参与家校协同育人的确保证了时间和资源的最大化利用,提高了工作效率。但是一般情况下将新媒体内容通过校级平台或者班级平台进行推送,没有考虑到不同沟通方式的差异性,并且新媒体所选择的家校协同育人内容也主要是针对普遍性问题。因此,如果在家校沟通的过程中,只借助此新媒体形式是必然不足以涵盖所有情况的。

3. 缺少情绪感知,可能产生网络沟通误会

新媒体在家校协同育人的过程中由于是点对面的信息传递,并且隔着网络屏幕没有办法切身实际地充分考虑家长情绪、语言表达等,因此某种程度上可能增加了网络沟通的误会,反而可能"得不偿失"。

4. 缺少专业力量,教师新媒体素养有待提高

虽然随着时代的发展,新媒体也日益介入教师的生活和工作,教师对于新媒体也日渐熟悉。但是教师对于运用新媒体来帮助家校协同育人方面的技术和理念都存在着差异,同时教师有自己本身的教学岗位,对于进一步提升自己的新媒体素养和利用新媒体更好地提升家校协同育人的质效缺乏足够的时间和精力。

家校协同育人是一门需要持续探索、思考的教育课程。在信息技术高度发展的当下,我们要学会更好地、更有效地将新媒体融合在家校协同育人之中,不断创新路径,切实提高工作技能,并且做到大处着眼、小处着手,保持有温度的教育初心。

智慧分享

"1 000条评语"看到孩子的每一点变化

"和以前'千人一面'的评语不一样,现在不仅收到了老师为孩子定制的评语和鼓励的话语,还有一张详细的学业情况分析图,涉及兴趣、习惯、态度等各个方面……"上海市奉贤区南桥·恒贤联合小学一位五年级学生的家长告诉记者,学业测评让家长了解到就算同样的成绩背后反映的也是不一样的孩子,这也让家长不再只盯着分数,而是关注起了孩子的综合素质和变化。

在南桥·恒贤联合小学,述评的模型可以用"二有三能"(有品格、有体魄,能学习、能审美、能实践)来概括。其中,"有品格"主要评价学生的品德表现,"有体魄"评价学生的身体状况和体育锻炼情况,"能学习"评价基于课程标准的学业完成情况,"能审美"评价学生在美术、音乐和创造力等方面的表现,"能实践"评价学生在校内外义务劳动中的表现。开展试点以来,学校在数字评价系统中根据学生的实际情况逐步形成了包含1 000条不同评语的评价库,老师可以根据孩子的不同情况选择使用。如果老师还有更多的话要说,还可以在"老师的话"模块进一步补充。

为了静待每一个孩子的成长,学校在评价系统中给每一个孩子设置了一棵"成长树",横向枝条呈现各项评价维度,树枝上的叶片记录学生的在校表现,纵向树干贯穿学生1—5年级的发展全过程。"成长树"以动态和立体的方式生动展示着每个学生的成长轨迹,并随着每个学生的成长而不断变化。

在四年级(1)班小苇的"成长树"上,班主任张彦蓉老师发现有一根枝条显得非常弱小。印象中,小苇一直是个腼腆羞涩、细声细语的男孩子,总是默默无闻,十分乖巧。该怎么帮助他呢?在一番调查后,张老师了解到小苇的妹妹学习成绩比较优秀,父母无意间总是会将小苇和妹妹比较。时间久了,小苇感到非常自卑,于是给自己加了一层又一层硬硬的"壳",将自己封闭起来。

　　于是,张老师和小苇的家长进行了深入的沟通,在学校里也会悄悄地给小苇特别的"关怀"。"他平时在学校有表现好的地方,我会在全班同学面前表扬他,并号召其他同学向他学习。渐渐地,我发现小苇开始主动举手回答问题了,也爱交朋友了。"张彦蓉说。

　　(资料来源:任朝霞,张赟芳."述"好学生成长"评"出课堂活力[N].人民日报,2023－11－8(1).)

第七章 协同指导

校家社协同育人,作为一种全新的教育理念,它强调了学校、家庭、社会等各方教育资源的有机融合与协同共进。这种理念认为,教育的成功并非仅由学校内部的教学质量和师资力量所决定,而更在于学校如何巧妙地利用并整合外部丰富的教育资源。这意味着,学校需根据具体的教育场景,与家长、教师、司法部门及医疗机构等各个群体或系统紧密合作,共同构建强大的教育合力。通过此种方式,不仅能够提升家庭教育指导的针对性和有效性,还能为学生的全面发展创造更加有利的环境。

本章将介绍家校协同、师师协同、医教协同和法教协同这四类重要的协同指导途径。

第一节 家校协同:家长与学校紧密合作的协同教育

所谓家校协同,是指家长在教育过程中积极发挥其在孩子成长中的主体作用,与学校、社会紧密合作,共同参与教育教学活动,形成强大的教育合力,以全面促进学生的综合素质发展。这种协同不仅包括家长与学校之间的紧密配合,也涵盖了家长与教师之间的深入合作。家长可以通过与教师进行积极沟通与交流,参与学校和班级的志愿者活动,关心孩子的学业与生活状态,甚至参与学校的教育管理,从而实现家长与学校、教师之间的协同。这样的协同不仅有助于提升教育质量,还能为孩子们创造一个更加和谐、有利于成长的学习环境。

◉ 问题聚焦

在 S 学校的运动会上,张老师为调度自己班级的运动员、啦啦队及其他学生而疲惫不堪。他既要引领运动员至相应运动场的检录区,又要带领啦啦队为班级运动员鼓舞士气,同时还要处理其他同学的各种突发状况,以致满头大汗。而另一位班主任王老师则管理得井井有条,她的身边涌现出众多家长志愿者的身影。这些家长志愿者放弃了自身的休息时间,主动为班级学生在运动会上的优异表现贡献力量。他们集体讨论方案,设计制作班级入场式道具,引领班级孩子检录,维持会场纪律,并协助捕捉各种精彩瞬间……"小朋友们请注意安全,避免在跑道上乱跑。""请勿离开座位,文明观赛。""我带你们去检录。"……家长志愿者的积极参与极大地减轻了王老师的工作负担。

教师思考

看着王老师班井井有条的管理,张老师陷入了思考:我也在班级群里告诉了家长们今天学校举办运动会,为什么我们班的家长不像王老师班的家长那样热情参与呢?我该如何引导班级家长共同参与家校协同呢?其实,答案在于四个方面。

一、强化沟通:建立长期且有效的家校联系

1. 开展家长座谈会。组织定期的家长座谈会,邀请家长参与,共同探讨学生的成长问题。通过座谈会,家长可以分享自己的教育心得,教师也可以倾听家长的意见,为教育教学工作提供有益借鉴。

2. 搭建线上沟通平台。利用微信、QQ等社交软件,创建家长群,方便教师与家长随时沟通交流。教师可以在群里分享学生的学习进度、活动安排等信息,家长也可以随时向教师提问,实现家校互动的实时化、便捷化。

二、提升班级凝聚力:打造团结友爱的班级氛围

1. 举办亲子活动。组织亲子活动,如亲子运动会、亲子手工制作等,让家长和孩子共同参与,增进彼此的感情,促进家庭和谐。

2. 组织家长志愿者活动。邀请家长参与学校举办的各类活动,如校园美化、学生活动组织等。通过志愿者活动,家长可以更深入地了解学校,为班级的和谐发展贡献力量。

三、激发家长参与热情:让家长充分展现自身价值

1. 鼓励家长参与学校管理。邀请家长参与学校的重大决策。让家长充分发表自己的意见和建议,提高家长在教育决策中的参与度。

2. 设立家长委员会。成立家长委员会,让家长参与班级的日常管理。家长委员会可以协助教师处理班级事务,为班级的和谐发展出谋划策。

3. 开展家长讲师活动。邀请具有专长的家长走进课堂,为学生分享知识、经验。这样既能丰富教学内容,又能激发家长参与教育的积极性。

四、发挥榜样作用:培育积极向上的家长群体

1. 评选优秀家长。定期评选在家庭教育、班级管理等方面表现突出的家长,予以表彰和奖励。这样可以激发其他家长向他们学习,形成良好的竞争氛围。

2. 举办家长经验交流会。让优秀家长分享自己的教育心得,供其他家长从中汲取经验,不断提高自身的教育水平。

3. 开展家长培训活动。组织家长参加家庭教育培训,提高家长的教育理念和育人方法,为孩子的成长提供更好的保障。

教师策略

1. 广泛动员

通过家长会等场合,对家长进行激励和教育,使其深刻理解家长志愿者活动的重大意义,明确活动的目标和作用。在许多发达国家,家长热衷于参与学校志愿者活动,因为他们认为这有助于监督学校及班级的运作,协助教师开展教学活动。家长们普遍认为能为学校提供义务服务是身为家长的荣耀。在尊重家长个人意愿的基础上,教师应充分激发家长的积极性和主动性,广泛动员他们参与各类志愿者活动。

2. 报名确认

在家长们对家长志愿者活动有了明确的认识以后,教师要动员家长根据自己的实际情况进行报名。有特长的家长可以选择参加一些能发挥自己特长的活动,而没有特长的家长则可以选择参加一些服务性的活动。

3. 规范培训

建立家长志愿者章程,确定家长志愿者的名称、口号、常规服务内容等具体事项。对每次志愿服务活动要进行培训辅导,规范管理。

4. 组织活动

根据实际情况,组织开展各种志愿服务。以S学校的学生运动会为例,张老师可以根据运动会的安排和家长的优势特长，将家长志愿者队伍分为多个小组，包括入场式组织策划、道具采购、节目排练小组，现场带领班级运动员进行检录小组，啦啦队口号训练和现场管理小组，会场纪律管理小组等。此外，家长志愿者还可以为学校提供丰富的课程资源。由于很多家长具有较高的文化素质和专业特长，学校可以让这些家长参与教学，与教师紧密合作，提高课堂教学实效。在担任志愿者的过程中，家长不仅能关注学生的学习状况，还能通过与教师的密切联系增强教育孩子的信心，掌握较好的教育方法。

5. 总结表彰

在平时的家长志愿者活动中，班主任、教师要注意积累资料，包括活动照片和简讯等，可以每隔半学期或一学期进行一次活动总结，为优秀家长志愿者颁发班级奖状或推荐其争取校级荣誉。

◉ 行动反思

1. 要明确家长志愿者服务的工作职责

（1）家长志愿者工作是家委会参与班级、学校工作的一部分，家长志愿者应对学校、班级的工作给予大力支持和帮助。同时，学校、班级也要尊重家长志愿者的志愿服务，对家长的志愿服务表示充分的肯定。

（2）家长志愿者不仅要配合老师组织学生参加综合实践活动，而且要积极向其他家长进行宣传，动员更多家长参与学校管理。

（3）家长志愿者要配合学校的工作，提升对学生的榜样示范作用，鼓励学生积极开展社会综合实践活动，让学生在生活中学习知识，在实践中提升素养。

2. 要建立有效的家长志愿者服务长效机制

（1）建立家长志愿者工作运行机制。建议每学期开学由家委会确定志愿者服务活动的项目和内容，通过校园网站、微信发布招募信息及参与的要求。想要参与的家长向班主任提出申请，学校负责人和家委会主任根据申请家长的具体情况进行筛选，确定家长志愿者人选。

（2）建立志愿者资源库。对已确定的家长志愿者，可通过召开会议的方式部署一学期志愿者活动的具体安排，让家长明确志愿者的义务、责任和权利。发放信息登记表，根据家长填写的特长对其进行归类，建立信息资源库。

（3）开展全方位家长志愿者活动。建立家长志愿者工作站，开展常规工作，辅助组织特色活动等。

3. 要开展形式多样的家长志愿者服务活动

（1）家长志愿者走进学校，走近学生。如组织开展早晚上下学平安护校活动，协助教师辅导学习、写作业有困难的学生等。

（2）家长志愿者参与主题活动、校园节庆、运动会、社会实践等。如协助演出，协助布置环境，做好活动的准备；帮助班级联系参观场地，组织学生参观、保障学生安全，担当监督员、解说员、摄影师等。

（3）家长志愿者走上家长讲坛。如结合自身的兴趣特长、职业特点，为孩子们举办文学、艺术、自然、科技、职业教育等方面的各类讲座。

智慧分享

家长志愿者赋能家校协同育人

上海市奉贤区四团小学是一所有百年历史的学校，承担着过半数外来务工人员随迁子女的教育重任。调查显示，这些随迁子女的家庭阅读状况令人担忧。学校聚焦这一全社会关注的焦点和难题，将提升阅读能力确定为随迁子女综合素质培养的核心抓手。学校通过深入挖掘优质家长资源，激发优秀家长的主观能动性，搭建家校互动、多元开放的阅读环境。在此基础上，四团小学组建了家长志愿者团队，经过专业培训，使其积极参与阅读指导工作。具体实施措施如下：

1. **家长志愿者推荐**

由家委会发出倡议，各个班级推荐有时间、有兴趣、有阅读基本能力的家长到德育室。由德育室进行汇总，根据推荐表进行选拔培训。

2. **家长志愿者培训**

由德育室、家委会组织家长志愿者培训工作，根据培训积分推选出一批能胜任工作的家长志愿者。培训包括家长志愿者专题培训、技能培训、观摩培训、评比培训、模拟训练、知识检测等，通过不同类型的培训让家长志愿者提高自身的指导能力，熟悉随迁子女的身心特点、阅读状况，了解阅读指导的具体操作流程和方法，担负起陪伴孩子、指导随迁子女阅读的责任。学校还下发了一张家长志愿者胸卡、一份阅读册、一份阅读名单、一张阅读评分表。

3. 家长志愿者持胸卡上岗

通过培训,家长志愿者明确了具体要求。在正式上岗前,每位家长志愿者需要佩戴好家长志愿者胸卡,然后到各自的班级阅读区域开展阅读指导工作。

4. 具体阅读指导步骤

家长志愿者进行的阅读指导主要由班主任负责管理。每天,家长志愿者来校后先到班主任处签到,领取材料,再开展阅读指导工作。整个指导过程分为八个步骤:家长志愿者来到教室专门阅读区域,去教室书橱档案柜领取适合不同水平孩子阅读的文章;班主任按名册去教室把孩子逐个叫出来;让孩子挑选文章,准备好之后就开始朗读;其间,家长志愿者用蓝色笔圈出读错的地方;全文读完,再计算出孩子在规定时间内读了多少字;把读错的地方加以指正,从头到尾给孩子大声朗读一遍;让孩子再重新读一遍,用红笔圈出错误点,最后计算成绩;所有阅读完成后,做相关的阅读题目等。

5. 总结阶段

在学期结束前,根据家长志愿者工作的表现,教师、学生的评价等,评比出优秀家长志愿者并进行表彰。根据学生的阅读表现、家长志愿者每次记录的阅读水平能力汇总情况,班主任对该生行规表现的评价、语文教师对该生阅读能力的评价、家长对孩子的评价等进行综合评定,评选出学期"阅读达人"并进行表彰。

在整个过程中,教师感受到了家长志愿者的付出,随迁子女的家长感受到了其他家长对自己孩子的关爱,家长志愿者则因为付出收获了内心的喜悦和满足,自身得到了成长。

(资料由上海市奉贤区四团小学提供)

第二节 师师协同:全员导师制下的协同教育

2023年7月,《上海市中小学生全员导师制工作方案》正式发布。中小学生全员导师制,指的是学校全体教师按照一定机制与学生匹配,担任导师,对每一位学生进行全面发展指导并开展有效家校沟通。这是新时期教育综合改革背景下推进"三全育人"构建新型师生关系、亲子关系和同伴关系的集中体现。从"教师"到"导师",强调了教师教书育人的职责和使命。在校家社协同育人的教育理念下,家长、班主任、学科教师、生涯导师及其他能发挥教育功能的对象都可以作为学生的成长导师,在学生的成长过程中发挥全方位指导作用。

导师制从制度层面上规定全校所有教师都肩负育人的责任与使命,科任教师在从事教学科研工作以外对学生进行思想、学习、心理、生活、行为方式等方面的教育与指导。导师为学生提供精准化的陪伴和个性化的指导,同时对指导的学生家庭进行家访和家校沟通。全员导师制下的师师协同,是指教师(导师)与教师之间协同,比如,班主任与一般任课教师、任课教师与任课教师之间的协作。

问题聚焦

学生的成长和教育离不开教师的悉心指导与培育。在教育教学的实施中,教师对学生的教导大部分停留在课堂教育教学过程中,教师和学生所交流的问题也大多数属于学业问题。如何为学生在学业、升学、生涯规划、心理等方面的差异化需求提供具体、专业的指导?仅仅依靠原有行政班教学模式下的主要"导师"——班主任或者心理教师,已经不能满足学生的需求。而实行全员导师制,没有充分准备、仓促走马上任的"导师"对于如何指导家长、指导学生、指导什么往往会一头雾水、无从下手,要么仅从学科出发进行学习指导,要么仅凭经验、感觉进行低效的日常沟通。导师群体,特别是新任导师,对于提升自身专业水平有迫切的需求,亟须找到有效开展指导的抓手和高效的指导模式。

教师思考

家长、班主任、学科教师、生涯导师及其他能发挥教育功能的对象作为学生的成长导师,既要各司其职,又要相互配合、协同合作。这样才能产生良好的育人效果。

1. 教师(导师)要进行思想引导

班主任是推进学生全面、和谐、健康发展的重要责任人。学生的身心发展是其德智体美劳全面发展的结果,具体内容包括学习能力的提高、良好德行品质的培养、思想觉悟的形成、生活品位的提升、行为习惯的养成、艺术素养的培育、社会适应能力的增强等。班主任要培养学生的集体荣誉感,对学生的思想品德、行为习惯等进行指导。主题班会、团日活动、升旗仪式、班级辩论赛主题演讲比赛等,都是班主任对学生进行思想引导的好方式。

2. 教师(导师)要进行学业发展指导

学科教师要关注学生学习过程中的学业表现,培养学生的核心素养。首先,学科教师要通过查阅学生成长档案袋,并与班主任、家长、学生进行沟通交流,了解每个学生的个性、兴趣和特长,还要通过课堂观察掌握学生的学习专注度、态度和习惯,或者通过作业、纸笔测验分析学生的知识掌握情况、答题规范情况、思维品质等。接着,学科教师要根据学生的实际情况,指导学生制订个人学习规划,并督促学生按计划实施。最后,学科教师要在学生学习的过程中及时进行指导。

3. 教师(导师)要进行心理疏导

面对学习的压力、青春期的迷茫或错综复杂的社会环境,很多学生会遭遇各种心理问题。心理教师要定期排查学生的心理状况,对学生心理偏差、心理障碍、心理疾病等不良心理分级分类建立心理档案,并进行追踪管理。心理教师还要经常关心、开导学生,对学生不良心理进行疏导,指导学生建立正确的学习动机,科学的成败归因,有效的心理调整方式,对有心理疾病的学生要建议其到专业医院就诊。

4. 教师(导师)要进行发展规划指导

学校应开设生涯规划指导课程,除了校内有专长的教师,大学、青少年宫、科技馆、科普工作站、心理服务机构、医院、律师事务所等机构的专家学者,都可以作为开阔学生视野、指导学生进行生涯规划的导师,对学生进行定期指导。生涯规划指导的内容可以包括人生发展目标的确立和对自我发展道路的思考、对人生发展路线的规划等。生涯导师结合自身的专业特长和对职业前景的认识,可针对学生的发展困惑进行及时指导,让学生逐渐清晰自身的发展方向。

教师策略

1. 谁做导师?导师团和共同体组建与培训

建立以班级为单位,由班主任与班级、年级学科教师团队协同合作的班级"导师团"和育人"共同体"。由班主任担任导师团团长,统一负责组织、协调以及督促导师团工作。在全员导师制中,班主任、导师和学科教师各自都应有明确的角色定位。强化导师与导师之间的交流和互帮互助,让每一位导师都能够把自己的育人经验、创新做法和育人智慧分享给他人,配套建立常态化导师校本"育人教研"工作机制,从而实现导师间的扬长避短、互通有无、协同共进,以师师关系优化促进师生关系、家校关系的优化和"全员育人"的实效提升。

2. 重要他人:班主任的职责功能

教师,尤其班主任是学生发展的"重要他人",是校内与学生相处时间最长、与学生和家长沟通最多的人。在与学生的人际交往中,班主任工作的方式、方法和每天的情绪,是造成学习氛围的主因。班主任具有极大的能量,能够让孩子们学习、生活得愉快或者"悲惨"。全员导师制背景下,班主任的角色定位发生了转变。班主任同时也担任学生导师的角色,与学生匹配。作为班级和导师团的领导者、协调者和组织者,以及班级集体文化的建设者,班主任需要用教育智慧来管理班级,履行自身的职责。班主任需要经常与任课教师和其他教职工进行沟通,主动与班级导师、学生家长、学生所在社区联系,努力形成教育合力。比如,联合导师开展家访等家校沟通工作等。此外,学校要充分发挥班主任的力量,联动德育处、导师团、心理教师,加强对导师制的集体研究,以及对困难学生和特殊学生的联合指导。每学期初、末,由班主任召集班级导师团召开联席会议,共商班级导师工作的落实情况及下阶段工作的设想与建议。

3. 良师益友:导师团的工作要求

在正式进入导师角色之前,教师需要做好相关的前期准备,主要包括:充分理解全员导师制的内涵和实施要求;明确导师这一角色的工作职责和工作方法;掌握了解学生的主要途径,如利用现有的学生成长档案信息以及教师自己和学生、班主任、家长交流等。在与学生交流前,教师还要提前做好"功课",明确交流的目标、内容、时间以及地点等,并且提前预设会遇到的问题,准备好预案。

根据师生双方意愿,学科教师担任学生的导师。导师需要关注小组内学生的整体成长发展与个性化学习,尤其是要注重各个学生在学习动机、学习能力、心理特点、兴趣爱好等方面的差异,因材施教,培养学生的核心素养。通过个性化和亲情化的教育方式,进行包括思想引领、学业辅导、心理疏导、行为督导、生活指导、生涯向导在内的全方位辅导,尽可能让所有的学生在学校视野下,都能够得到教师的关爱和支持。学科教师兼任导师这一角色时,应配合班主任这一团长来做好导师所对应的学生小集体及其中个体的指导工作。根据《上海市中小学生全员导师制工作方案》要求,导师对学生发展指导包含三项重点工作:学生家访、谈心谈话和书面反馈。同时,每位导师填写关于结对学生的家访情况、谈话和帮助措施,建立成长记录档案。

导师应与家长建立真诚互动、相互支持、紧密合作的协同关系,引导家长树立正确的教育观念、掌握科学的教育方法、构建和谐的亲子关系,为学生成长创设温馨环境,打破当前家庭教育的困局。导师工作需注重细致性和敏锐度,在进行导师活动时,特别关注学生隐性的心理需求,做好贴身式关怀;在开展家庭指导前,务必做好充分准备,充分了解孩子各方面成长状况。

4. 支持保障:年级组的职能任务

建立以学校、年级组、班级为核心的组织管理机构:学校领导小组、年级指导小组和班级工作小组。明确导师职责、工作任务及要求,同时匹配包括导师的研训和激励制度在内的支持保障制度。搭建教师学习平台,加强学习,全面培训;形成有效的考核制度。各组分工协作,各司其职,保证各项工作都能够有效顺利地进行。

5. 协同育人:导师制的运行机制

依托年级组、学校行政班子和教育教学管理、人事、学校学生发展指导等相关行政部门,明确全员导师制下的责任分工与合作,建立组织架构并确保整体推进与落实到位。以年级组为单位,建立年级导师团,形成联合研讨机制。德育部门组织,年级组长牵头,班主任与年级中其他导师,每月开展一次联合研讨活动,就学生在学习、生活中出现的各种问题相互交流,共同分析,寻找最优策略。在导师团中,不同学科、不同年龄的教师,一方面打通导师经验交互的壁垒,一方面群策群力攻克育人难题,形成凝固的导师群体聚合力。

● 行动反思

1. 师师协同有利于强化教师的育人意识,实现"教书"和"育人"的统一

通过建立"学生人人有导师、教师人人是导师"的制度体系,遵循"以人为本、面向全体、尊重个性"原则,在实践和探索过程中,全员导师制下的师师协同有利于增强全体教师的育人意识和能力。通过学校组织的相关培训和导师的亲身实

践,教师对诸如青少年心理健康危机应对能力、识别和帮助学生有效规避心理健康问题的能力能得到有效提升。每一名学生都是国家的未来和民族的希望,而科学有效地辨识、预防和干预学生的心理危机、建立全面发展的育人和学生发展指导体系、促进学生身心健康成长,是培养勇担中华民族复兴大任的社会主义建设者和接班人的必然要求。全体教师是推进这一重任的践行者,全员导师更是"教书"和"育人"的统一体。

2. 师师协同可以分担班主任的工作压力,提升家庭教育指导实效

全员导师制实施过程中,学校全体教师参与育人和对学生群体的管理,每位导师负责若干名学生的日常沟通与交流,包括家访和一对一的师生谈心工作。与以往的班主任挑大梁、独立承担班级学生的管理和家校沟通重任相比,班主任成为班级导师团的团长后,能够充分发挥其领导、组织和协调的能力,不仅能在组织和参与导师活动中传授班级管理经验,也能放权解压,让更多导师参与学生管理和家校沟通的工作,从而使其获得成长的机会。

3. 师师协同有利于加强师生间的情感联结,促使教师更了解学生

相对于以往多以班级全体学生为对象开展的师生活动,教师切换成导师的角色,使得学生能够更愿意吐露心声和接受其有针对性的教育,从而更加信赖导师,导师反过来也更加了解自己的学生,无形当中重塑了师生关系,加强了师生情感联结。

智慧分享

全员导师制度的实施路径探索

全员导师制旨在重新建构新时代师生关系,让每一个学生都能得到老师的陪伴、关怀和指导,获得身心健康成长和全面发展。根据班级任课教师的不同特点和学科背景,并结合学生的性格特点、学科成绩、心理特征、兴趣爱好等进行导师分配,或者指导学生选择导师,确保学生人人有导师,教师人人是导师。导师对学生在思想上引导、学业上辅导、生活上指导、心理上疏导,形成既教书又育人、既管教又管导的德育融通育人方式。

1. 建立导师例会制度

班主任带领导师开展专题研讨,破解难题,缓解学生过度的学业压力、情感压

力和家长教育焦虑,促进建立更加和谐的师生关系、师师关系。班主任牵头的导师例会是大家交流感悟分享收获、开展主题讨论的学习场;邀请学校心理老师、年级主任定期参与,为导师队伍建设提供有力支持。

2. 搭建师生活动平台

班级开展各类体验活动,为导师和学生创造交流话题和互动平台,让讲台上的导师走进学生生活,如"旱地龙舟""齐心协力""旋风跑"等趣味体育比赛、元旦师生大联欢、"卓越之旅"远足活动、参观朱瑞将军纪念馆等。在这些活动基础上,笔者还组织了一系列主题分享活动,拉近师生距离,营造和谐氛围,让师生获得成就感,提高自我效能感,在温馨的生态环境中体验生命的意义和价值,实现共同发展和成长。

3. 编制导师手册

笔者组织编制了"导师制工作手册",内容主要包括学生个性特征、成绩情况、导师谈心辅导记录、学业辅导记录、与家长联系记录,学生个案分析与评价,学生发展表现、反馈、反思总结,导师工作成果和总结等。"手册"实现了导师与学生在教育教学上的多方融通。

4. 打造导师共同体

把班级导师团结起来,形成一个团队,并在工作过程中互相支持和帮助,有助于导师找到适合的教育契机,对学生的理想信念、学习生活、心理健康与生涯规划等方面进行全方位指导。导师在学生焦躁时给予安慰、沮丧时给予鼓励、成功时给予赞赏,能带给学生积极的情感体验,激发学生积极的行动意愿。当学生感受到这份师爱时,内心会感到温暖,既拉近了师生间心灵的距离,也有助于建立支持陪伴、真诚互动、协同合作的师生融通关系。

(资料来源:王猛.基于"融通"理念的班级育人实践[J].江苏教育,2022(95):13-15.)

第三节 医教协同:聚焦特殊儿童的协同教育

2019年,国家卫生健康委员会等12部门联合印发的《健康中国行动——儿童青少年心理健康行动方案(2019—2022年)》提出,到2022年年底,将基本建成有利于儿童青少年心理健康的社会环境,形成学校、社区、家庭、媒体、医疗卫生机构等联动的心理健康服务模式。2023年5月，教育部等十七部门联合印发的《全面加强和改进新时代学生心理健康工作专项行动计划（2023—2025年）》提出，提升社会心理服务能力，卫生健康部门加强儿童医院、精神专科医院和妇幼保健机构儿童心理咨询及专科门诊建设，完善医疗卫生机构儿童青少年心理健康服务标准规范，加强综合监管。

问题聚焦

> 逐年高发的儿童青少年心理疾病，已是重要的公共卫生问题之一。《中国国民心理健康发展报告（2022—2023）》显示我国抑郁症患病呈年轻化趋势，在抑郁症确诊群体中，50%为在校学生，其中41%曾因抑郁或焦虑等情绪障碍而休学，尤其是三年疫情后，儿童青少年层出不穷的心理问题令人们措手不及。
>
> 人们在生活中总是会听到这句话：现在的孩子是怎么了，以前哪有那么多心理疾病。但是我们又不得不承认如今青少年面临的成长挑战与困难与以往是不可同日而语的，拿以前的"标准"去衡量现在的问题，无异于"刻舟求剑"。个体在儿童青少年阶段出现的心理问题如没有得到及时的干预，对未来的人生将产生不可预计的负面影响，甚至导致正常社会功能的丧失，一生都将处于痛苦的状态。

教师思考

《中国中小学生心理健康发展报告（2019）》中强调："中小学生的健康成长，不仅是学校教育的任务，也是全社会共同的责任；中小学生的心理健康，既是其自身健康成长的需要，也关乎家庭和谐、社会稳定及国家与民族的未来。"

目前在部分国家，已经形成以学校、社区为基本范围，专业医疗与研究机构为核心的儿童青少年心理疾病监测、预防与干预体系，系统形成了学校、社区、医疗机构共同参与的儿童青少年心理健康促进模式，值得学习与借鉴。

一、"医教协同"的内涵

"医教协同"模式是指最早应用于对残疾儿童等特殊教育领域儿童青少年的

特殊教育模式,主要运用医学和教育学相结合的方法,通过现代康复医学的理念和手段进行有针对性的教育教学,最大限度地恢复特殊儿童的功能,发展其素质和能力。

二、"医教协同"的工作层面

"医教协同"的功能定位则有基本层面和拓展层面两种。基本层面是:精神卫生医疗机构按照精神障碍的诊断标准和治疗的规范要求,对就诊者开展疾病就诊服务,并配合学校开展相应的心理健康指导;学校注重促进学生心理健康发展的教育,为学生提供心理辅导服务,对可能患有精神障碍或发生心理危机的学生进行必要的评估和转介。拓展层面是:遵循"以预防为主,教育与医疗部门分工合作,整合利用各类资源"的原则,全面覆盖目标人群,多形式引导和干预,更加有效地促进学生精神障碍的康复与心理健康发展。

三、"医教协同"的工作内容

1. 心理健康促进工作

"医教协同"的心理健康教育除了促进工作基本层面以外,更重要的是实现其拓展层面,以预防和发展为主,评估影响学生心理健康的危险因素,通过心理健康教育促进其健康发展。它包括三类工作对象:面向教师,包括心理健康教育教师、班主任及全体科任教师,开展各级各类专业培训,旨在提高各主体对儿童青少年心理问题的识别与干预、协同育人能力;面向学生,普及心理健康知识,提升身心调整能力,增强心理素质,培养健全人格;面对家长,进行儿童心理身心发展规律、家庭教育方法、儿童青少年心理问题早期识别与干预的科普与宣传,更新育儿理念,推行科学育儿方法。

2. 建立中小学心理健康教育三级预防系统

根据中小学生心理健康三级预防系统,一级预防与处理主要是面向全体学生的心理健康促进,遵循中小学生发展的普遍规律,开展体现学段特色的普适性辅导课程与活动。教师、家长、同伴辅导员关注学生的日常心理情况,提供适时的心理健康教育,发展健康人格;二级预防指的是针对高危学生的预防性辅导,一般由班主任或科任教师转介到学校心理咨询室或区心理中心,经过专业心理评估是否需要进行个别或团体辅导,预防心理障碍的发生;三级预防与处理则是对已经发生危机或罹患心理障碍的学生的干预与处置,包括伤害性事件的应急处置与善后工作。在三级预防系统中,二、三级预防对人员的要求是极专业的,《中华人民共和国精神卫生法》（2014年修正）也严格区分了心理咨询、心理治疗的职责范围及相应的管理措施，因此在三级预防系统中，二、三级预防的工作对象往往需要医学机构的介入，"医教协同"共同为其提供心理支持。

教师策略

1. 掌握相关知识与基本技能

在诸多有关"医教协同"现状调研中及笔者所在的工作区域工作实践中，目前我国中小学"医教协同"模式有效运行最大的问题在于队伍的专业化程度不足，大部分教师甚至学校心理辅导教师均未受过系统的医学训练，不具备对需要医学干预的特殊学生的处置能力，更别提一般班主任和科任教师，甚至对学生身心发展规律、科学的师生沟通技巧都需要学习。当学生出现较为严重的心理危机时，往往作为普通教师也是手足无措的，医教协同模式需要一支梯队化的专业队伍，教师应掌握相关知识和基本技能，主动参与相关培训与实践，参加由教育行政或主管部门组织的专项培训，通过书籍、网络等途径获取专业知识。在医教协同框架下，笔者所在地区针对"学生心理问题识别与干预""学生心理危机的预防与处置""基本精神病理学与药理学"等专题，开展梯队培训。

2. 明确基本职责与边界

中小学生心理健康三级预防系统不仅明确规定了各级预防级别所应承担的工作内容与职责，也对各类教育主体的基本工作职责与边界进行了细致的划分。如在三级预防中，心理辅导教师应负责将疑似有医教协同需求的特殊学生上报学校心理危机干预工作小组，及时转介到医疗机构接受评估和诊断，对在接受医学治疗的学生提供支持性的心理辅导，跟踪其身心状态变化，为医疗机构提供学生在校期间表现，辅助医学治疗，同时还需为学生家长、班主任、科任老师提供必要的指导与支持；班主任的职责是为学生提供温馨的环境，与学生家长开展良好的沟通协作，同时对本班级同学开展相应的心理健康辅导；而家长在孩子疑似发生心理危机，可能需要接受医学评估时，也应主动配合治疗、及时调整家庭教育方式方法，帮助孩子尽快恢复健康。在这样的职责划分中，既有责任承担又有专业作用的划分，在对特殊学生的医教协同干预中，教师应明确自己在三级预防体系中的工作职责与边界，确保对学生心理问题干预的专业与高效。

3. 畅通"校—医—家"协同渠道

一般来说，教师掌握的专业知识与资源普遍会比家长丰富，当孩子出现心理问题甚至心理危机时，家庭一般是无助且茫然的。"孩子为何会出现这样的问题""谁可以帮助我的孩子""我应该怎么做才能使孩子好起来""我的孩子不可能患有心理疾病""去医院看病的都是神经病"等问题充斥在家长的脑海中。与此同时，当前，少儿精神科医生、心理医生和心理咨询师呈现资源不足的现状，而儿童青少年的心理问题日趋复杂，学校作为学生成长的重要场所，教师作为教育的重要主体，有必要畅通"校—医—家"协同渠道，成为协同育人的重要纽带。如，当发现家长对孩子的心理疾病有污名化的感觉时，做好家长的科普宣传工作，提供畅通的医学转介通道，缓解家长焦虑情绪；又如，在学生接受医学干预后积极获取医生反馈与指导，提供学生成长支持，医教形成合力。

智慧分享

探索"医警教"协同的实践
——以"陶老师工作站"为例

陶老师工作站暨南京市中小学生心理援助中心是由南京市教育局主办，南京晓庄学院承办，为中小学生提供心理健康教育、心理辅导、心理咨询及危机干预的公益性心理健康服务专业机构。陶老师工作站日常工作涵盖直接服务和间接服务两大系统。直接服务主要指24小时热线、面询、流动服务、危机干预、家长讲堂、青少年成长团体、家长支持团体等服务形式。间接服务主要是建设服务保障系统，包括学校心理咨询员专业培训、心理志愿者的培训与督导、学校心理健康教师与学校心理咨询员专业资格认证三大部分。

近年来，南京市教育局在各区设立了陶老师工作站分站。各分站受总站的专业指导及资源共享，同时与各区教育系统紧密联系，为区内学生拉起心理健康的"防护网"。陶老师工作站具有心理危机干预功能，承担着南京市中小学生心理危机干预任务。危机干预的形式主要有电话危机干预、咨询室危机干预和现场危机干预。热线咨询员或面询咨询师接触到危机，如果经评估无法妥善处理，则转至危机干预值班员，由危机干预值班员根据情况采取相应干预手段。如评估有必要，则在符合专业伦理要求的情况下报警，并配合警方工作。当即时危机解除后，可在评估的基础上，在符合专业伦理要求的情况下转介至相关医疗部门。

另外，南京市各中小学出现危机时可以直接联系陶老师工作站，请求外派危机干预队伍协助处理危机。危机干预队伍在外派协助的过程中积极与所协助单位的专业力量以及相应区的危机干预行动小组合作，指导开展危机干预工作，在实践中培养锻炼各学校乃至各区的危机干预队伍，建立覆盖全南京市中小学的危机干预网络。

（资料来源：杨蓓蓓.未成年人心理健康服务"医警教"协同体系的构建与实施——以"陶老师工作站"为例[J].江苏教育，2023(51)：14-17.）

第四节　法教协同：聚焦校园问题与事件的协同教育

随着互联网、电子游戏等数字化产品迭代升级，青少年成长环境发生着重大变化，再加上校园欺凌、故意伤害等事件频频出现，公安、检察院、法院、司法局等司法部门参与协同育人、开展指导的作用和意义日益凸显。除了对未成年人教育教导，培养青少年法治思维之外，对涉案特殊未成年人进行司法保护、对罪错未成年人进行特殊矫治教育等也是重要内容。实践中，法治宣传、"开学第一课"、法治副校长等都是法教协同的具体路径。

2003年，中央社会治安综合治理委员会、教育部等六部门联合发布《关于规范兼职法制副校长职责和选聘管理工作的意见》。2022年颁布的《中小学法治副校长聘任与管理办法》进一步明确，法治副校长是指由人民法院、人民检察院、公安机关、司法行政部门推荐或者委派，经教育行政部门或者学校聘任，在学校兼任副校长职务，协助开展有关工作的人员。可以说，法治副校长制度在推进青少年法治教育等方面发挥着重要作用。上述文件政策的陆续出台，进一步优化深化了学校依法治理体系，也为协同育人提供了更多空间和舞台。

◉ 问题聚焦

小华和小峰是同班同学，平常关系很好。一天，课间休息的时候，调皮的小华看到小峰回座位，想"恶作剧"一下，于是趁小峰准备坐下时偷偷抽走了小峰的椅子,小峰在没有防备的情况下摔倒在地上,造成尾骨骨折。班主任胡老师第一时间将小峰送医,并联系小峰的家长。生气的小峰家长认为小华对小峰实施了欺凌,要求赔偿医药费并将小华调离班级,同时,认为学校没有承担好安全管理义务,也需要进行赔偿。

教师思考

在向学校法治副校长咨询后,胡老师了解到《未成年人保护法》130条第3款明确,学生欺凌是指发生在学生之间,一方蓄意或者恶意通过肢体、语言及网络等手段实施欺压、侮辱,造成另一方人身伤害、财产损失或者精神损害的行为。主体是学生,倚强凌弱,对象固定;主观上蓄意恶意,放任结果发生;有多种手段,并具有持续性;结果造成三类损害。主要形式有言语欺凌、社交欺凌、财物欺凌、网络欺凌等。法治副校长还强调,法律上的学生欺凌和一般的普通打闹是有严格区别的。学生欺凌表现如下:第一,欺凌者主观上是故意的;第二,客观上是通过肢体、语言及网络等手段实施欺压、侮辱行为;第三,给被欺凌方造成人身、财产、精神层面的损害,有损害的结果;第四,欺凌的对象往往是固定的,而打闹的对象一般是不断变换的;第五,往往具有很强的反复性,在一段时间内多次伤害。

因此,小峰家长在得知小峰骨折后,便认定小华是"校园欺凌",其实是不妥的。同学之间通过肢体、语言和网络等方式开玩笑、恶作剧等,也可能会给其中一方造成伤害。同样的行为和后果,有可能是校园欺凌,有可能只是同学之间开玩笑或恶作剧,行为举动前并没有意识到会造成损害。具体如何认定,其实还需要结合同学之间的关系和双方日常表现等综合情况才能判断。

于是,胡老师分别找小华和其他同学了解情况,得知小华和小峰平时关系比较要好,经常在一起玩耍,并没有存在其他欺辱行为。小华表示,自己只是想和小峰开个玩笑,恶作剧逗他一下,没想到会造成这么严重的后果,现在也很后悔。

教师策略

小峰受伤已是既定事实,即便小华表示只是想开个玩笑,但是伤害已然造成,更需要妥善处置。

1. 遇到突发事件，第一时间向领导汇报

小峰受伤时，胡老师第一时间联系家长并将小峰送医，同时将此事汇报学校行政领导，寻求支持。学校分管领导在了解情况后，及时与胡老师进行对接，提供专业支持与帮助，如安排临时教师管理班级学生、陪同胡老师走访家长等，以便妥善处理事件。

2. 对涉事学生进行教育教导

本次事件的缘由在于涉事学生小华，虽然主观上是想开玩笑，但因没有预料后果或者疏忽大意，造成了小峰受伤严重的后果。考虑到小华的情绪和整体状态比较消极，胡老师首先安慰了小华，平复小华的情绪。其次，就此次"恶作剧"进行深入探讨，了解小华的实际想法。最后，就所谓的"恶作剧"现象分析利弊，引导小华明确"恶作剧"具有极大的危害性，恶作剧不是"幽默"，除了此次造成同学受伤的情况，还容易造成同学间不和谐，严重干扰学校常规管理活动的进行，有损班风校风。小华意识到自己行为的不妥，主动表示要向小峰道歉，尽力弥补。

3. 争取家长谅解

孩子受伤，家长必然愤怒且心疼。胡老师第一时间将小峰送医，并积极与小峰家长沟通。胡老师先与小峰家长进行共情，安慰并疏导他们的情绪，共同关注小峰的救治情况。同时秉持公平公正原则，深入了解事件情况，尽力还原事件真相，避免偏颇。

作为未成年人的监护人，小华父母对于小华造成的损害，需要承担相应责任。胡老师迅速联系小华父母，还原事情缘由，指导家长积极配合并承担相应责任。在稳定双方情绪的情况下，陪同家长进行有效协商，处理后续事宜。同时表示学校对此事极为关注，会持续跟进孩子的健康问题。对于孩子受伤、学习等问题也会最大程度予以帮助，体现学校的关心关爱关护，争取家长的谅解。

4. 适情邀请检察官开展督促监护令

"督促监护令"指的是人民检察院在办理涉未成年人案件过程中，发现未成年人的父母或其他监护人不依法履行监护职责影响未成年人健康成长，或导致未成年人合法权益受到侵害的，向有能力履行却不履行、怠于履行、不当履行的监护人发出的，要求其依法履行监护职责的检察工作文书，同时也是我国未成年人刑事检察工作加强监护权监督的创新工作机制之一。对于小华"恶作剧"抽走小峰桌子的行为，导致小峰造成尾骨骨折的结果，反映出小华的监护人在日常的监护管教中有所不足。因此，校方可以将此情况向当地检察机关未检部门寻求帮助，根据案件情况、父母或其他监护人履职的情况，检察官可以对其父母或其他监护人开展训诫，适情制发《督促监护令》，责令其接受家庭教育指导，督促其履行监护职责，帮助家长提升监护能力。

5. 邀请"法治副校长"入校，积极开展法治教育

为帮助家长及学生明确什么是真正的"校园欺凌"，学会正确应对"校园欺凌"等问题，经由胡老师提议，学校邀请了法治副校长张检察官到校，为家长和学生各开展一次专题讲座。并且通过学校宣传版面，进行相关法治宣传，营造积极氛围，提高学生的法治思维。

行动反思

校园安全隐患和危害学生健康成长的原因多种多样，仅依靠学校的力量无法有效解决这些问题。法教协同的意义就在于能够通过专业协作，有效处置校园危机事件，推进青少年法治教育，保护师生权益等。因此，教师在处理校园安全治理、触法学生教育、学生权益受侵害事件处置等工作时可以有效运用公安、检察院、法院、司法局等不同司法部门的力量，第一时间寻求"法治副校长"的帮助。

并且，法治教育也是家庭教育指导工作中的重要内容。在专业指导下，家长懂法识法，也能更好地履行监护人的职责，开展科学有效的家庭教育指导，保障青少年的健康成长。

智慧分享

法治进校园　　上好开学"第一课"

"嗒"，伴随着法槌的落下，河池市天峨县初级中学里一节特殊的法治课"开讲了"。9月初，天峨县检察院以巡回法庭进校园的形式，将庭审现场"搬"进校园，给同学们带来了一节生动直观的"开学第一课"。检察官结合自身办案体会与同学们交流互动，以案释法，引导同学们树立正确的法治观。"'零距离'的庭审方式，让同学们感受到法庭的庄严、法律的神圣，认识到违法犯罪的后果，也体现了检察

机关依法指控犯罪和开展未成年人法治教育的职能。"该院检察官表示,要充分发挥法治副校长职能作用,常态化开展法治宣讲进校园活动,推动未成年人保护工作走深走实。

广西检察机关以"巡讲+"方式,持续开展"加强未成年人法治教育助力乡村振兴专项行动",统筹推进全区"八桂未检护航宣讲团"+"女童保护"防性侵教育公益团队巡讲活动,通过积极搭建转介平台,加强乡村地区未成年人法治教育实践基地建设使用,提高帮教救助针对性,促进巡讲活动深入开展。联合教育部门开展"法治进校园"精品网课征集和展播活动,通过由检察官录制精品法治网课并赠送光盘给辖区中小学校的途径,解决当前偏远学校宣传教育内容欠缺问题。加强未成年人法治教育线上和线下平台建设,营造法治学习教育的浓厚氛围。

同时,基层检察院充分发挥紧密联系群众优势,将精准呵护未成年人关口前移,联合妇联等部门在乡镇、村屯设置未成年人保护工作站(点)共40多个,通过建立家长学校,成立留守儿童合唱团、书画苑、"六点半小课堂"等,在提供法律咨询、家庭教育指导等服务的同时,对农村留守、困境儿童全面摸排和精准帮扶,打通未成年人保护"最后一公里"。

(资料来源:黄伟,叶铭予,邹筱溪."检察蓝"守护"少年的你"[N].广西日报,2023-10-13(12).DOI:10.28292/n.cnki.ngxrb.2023.005919.)

/ 第三编 /

家庭教育指导实务

儿童在未进学校之前,其品性、习惯、身体等,早已受家庭方面深刻而又长久的暗示;在既进学校之后,每天和家庭方面的接触,仍占时间的大部分,品性的陶冶、身体的发育和各种习惯的养成,可说无时不是受着家庭方面的影响,至于知识的灌输又在其次了。所以要讲究儿童教育,还要从最初的基本教育——家庭教育上注意。

——陈鹤琴

本编概要

▶ 当前,家庭教育中存在着许多普遍的、共性的问题,家长们被这些常见的问题困扰着,如"亲子沟通""电子产品的使用及管理""衔接阶段""家庭作业""有效陪伴""青春期发展""生涯规划"等。这些不仅是家庭教育指导的热点,更是教师开展家庭教育指导工作的重点内容。

▶ 部分家庭由于父母离异、父母外出打工等因素,家庭环境发生了较大变化,进而对家庭教育观念、方式方法等产生了重大影响,教师需要对这些变化具有敏感性并及时就发现的问题给予指导。

▶ 特殊学生随班就读模式实施至今,全纳教育的理念逐渐为大众接受。对于需要特殊帮助的儿童,学校和教师要给予特别关注,其中,残障儿童、厌学儿童、自闭儿童和困境儿童的家庭教育指导不容忽视。

第八章 家庭教育指导的重点问题

面对快速变化的家庭养育环境和外部社会环境,很多家长在教育培养孩子时茫然、焦虑,甚至盲目从众,家庭教育问题日益突出。

本章围绕当前家庭教育中的热点和重点问题,如亲子陪伴、生涯指导、青春期教育等,以案例的形式引导教师聚焦问题、分析原因、探讨对策,启迪教师与家长沟通的智慧,提高教师的家庭教育指导水平,为家长提供科学有效的专业指导服务。

第一节 焦虑的学段衔接

"幼小衔接""小初衔接"和"初高衔接"是孩子成长过程中的重要过渡期。幼儿园时期的儿童教育主要以游戏和能力发展为主,而小学教育主要以正规课业和静态知识的学习为主。进入初中和高中后,学习的内容和难度都较前一阶段有所增加,原有学习水平较弱的孩子确实会比较吃力,甚至可能会因此丧失信心,失去学习的主动性。为了让孩子适应这种变化,很多父母都帮孩子报各类兴趣辅导班,帮助孩子提高学习水平,期望减轻入学后的负担。很多老师都会遇到共性问题:家长让孩子参加各类辅导班是"为了不让孩子输在起跑线上","双减"政策出台让"盲目报班"行为得到了一定平抑。但学科外的各类兴趣班仍然存在。然而事与愿违,辅导班的学习不仅对孩子成长没有多少帮助,反而影响了孩子的身体发育和心理健康。这就需要教师做好衔接阶段的家庭教育指导工作,及时疏导家长的焦虑情绪,使学生能健康、快乐、顺利地过渡到新学段的学习生活。

问题聚焦

小陈的孩子马上就要"幼升小"了。孩子什么兴趣班都没有参加,小陈也没有刻意去教过孩子,她总觉得孩子还小,让孩子自然生长,到了会的年龄就自然会了。最近,她听说了其他家长帮孩子报名参加辅导班的事,对此并没有太多兴趣。直到她看到家长群里某些家长议论纷纷:"小学拼音教得很快,暑假里孩子要先学一遍,不然跟不上。""去报名时,老师要面试20以内的加减法,还要才艺展示,根据面试的成绩来分班。"……这样的话听得多了,小陈也不免忧心忡忡:自己的孩子什么也不会,面试的时候,老师会不会不喜欢自己的孩子?会不会真的把孩子分到一个差班?小陈还担心别人家的孩子都学拼音了,而自家的孩子没学,以后的语文成绩会受影响,而成绩一直落后会挫伤孩子学习的自尊心。她彻夜难眠,看着大家都在给孩子们铺路,自己却什么也没做,免不了难受,同时也担忧自己孩子未来的学习道路。最后,在其他家长的游说下,小陈也给自家孩子报名了拼音班。

教师思考

每到"幼升小"报名之后,总是会有不少家长焦急地询问老师:"老师,我家孩子要上什么补习班吗?""老师,我家孩子数学不好,要不要加强一下?"家长为什么会有这样的想法?教师需要明白他们焦虑的根本原因。

1. 因担心孩子能力不足而感到焦虑

进入小学后需要进行全面系统的学科知识学习,能力弱的孩子学习确实会比较吃力。这个时候,家长会十分着急,也会开始不断帮孩子报各种辅导班,希望通过这种方式来提升孩子的能力。

2. 受外界影响而感到焦虑

上述案例中,家长小陈就是受外界干扰而感到焦虑的典型。其实,这一人群占升学家长人群的大多数。他们发现其他孩子的家长都在为孩子升学做准备的时候,自己也会感到急躁不安,然后随波逐流。

3. 担心孩子输在人生起跑线上

担心孩子输在人生起跑线上的家长,其实是希望孩子出类拔萃,对孩子要求过高的一类家长,他们总是希望孩子能够做一个全能人才。然而,家长要明白,每个孩子都是独立个体,每个孩子的发展都有个体差异。所谓起跑线只是一种人为的心理设定,弄不好,反而成为阻力线。

教师策略

张老师是案例中小陈孩子的班主任,在开学前,张老师到小陈家进行了一次家访。小陈把心中的困惑提了出来,张老师为她提供了以下指导。

1. 相信学校的教育,家校形成合力

张老师告诉小陈,学校不存在通过面试分班的情况,报名时老师与孩子进行简单的交流实质是为了了解孩子的现有水平、兴趣爱好、家庭教育等状况,以便发现问题及时介入,提供正确的家庭教育指导。张老师建议小陈以后有类似困惑可以及时与老师沟通。

2. 创设良好的家庭氛围,多方面培养孩子的能力

家是最能让孩子放松的场所,家长应该从孩子的兴趣入手,在日常生活中注重对孩子习惯、语言表达、思维能力等的训练,与孩子一起阅读、游戏、角色扮演等,在玩耍中提高孩子对学习的兴趣,这比上某些辅导班更有效果。

3. 让孩子选择兴趣班,并"约法三章"

张老师建议小陈和孩子进行一次谈心,要了解孩子的兴趣爱好,了解孩子内心的真实想法,不要代替孩子做主,而是让孩子来选择,上自己喜欢的兴趣班。但是家长要和孩子"约法三章",孩子一旦参加了兴趣班就要克服一切困难,不能"三天打鱼,两天晒网"。

最后,张老师向小陈介绍了一年级的学习准备期,小陈听到孩子有四个礼拜的时间来调整入学后的作息,适应学习的进度,培养学习的习惯等,终于放心了。

行动反思

案例中的张老师是个很有经验的老师,针对新接班,他选择了最有利的时间进行了一次非常成功的家访。在孩子从幼儿园升入小学时,家长往往处在问题多多、迷茫重重的阶段。这个时候老师进行一次家访是一场"及时雨",能让家长少走弯路,教师也可以第一时间掌握学生的家庭教育现状,对今后家校合作有着极其重要的意义。张老师的家访实质上是对家长进行了三方面的指导。

1. 家长要正确全面地认识孩子

孩子不是一样东西,他是一个独立的社会人,需要家长去尊重他/她。每一个孩子都是与众不同的,家长不要觉得什么好,就强塞给自己的孩子,这样的行为很可能不利于孩子的成长。正确的做法是引导孩子培养自己的兴趣,并让孩子在以后的成长过程中学会坚持自我。

2. 家长不应该给予孩子过多的压力,要正确看待孩子的能力

在"幼升小"这个阶段,如果孩子确实能力不足,家长也不要着急去报辅导班,而是尽可能地创设让孩子感兴趣的学习氛围,去吸引孩子学习。在低年级,家长要注意以提升孩子学习兴趣和培养良好习惯为主。

3. 强调家校合力的重要性

对于学生而言,学校和家庭是最重要的环境,缺失任何一方,教育都是不全面的,学生的心理发展也是不健全的。如果有一方面薄弱,教育就会产生内耗,会导致事倍功半。家庭是孩子的第一所学校,父母是孩子的第一任教师。家长对孩子的要求、期望也是多层次的,家长的有些期望和学生的实际情况、学校的教育思想有可能不相符,所以教师必须和家长联系、沟通,以便相互了解和理解,形成教育的合力。

智慧分享

帮助孩子提升沟通和表达能力

在孩子入学后,家长要通过与孩子的沟通,了解孩子的入学适应情况,并鼓励孩子表达自己的想法和感受,培养沟通能力。

一是鼓励开放式对话。家长可以定时与孩子进行开放式对话,比如在晚餐时,询问孩子在校的生活情况,听孩子讲讲学校发生的事情,鼓励他们说说自己的感受和想法,家长给予及时回应。

二是家长要多倾听。当孩子表达想法和感受时,家长需要耐心倾听和表达理解。不要急于打断或者评价,要尊重孩子的观点,让他们感到被接纳和被理解。

三是可以采用模仿和角色扮演的形式,教会孩子如何在不同的场合表达自己。例如演绎孩子在学校和老师交流或者和同学解决争端的场景。

四是注重培养孩子的情绪表达能力。引导孩子学会识别和表达自己的情绪,

如快乐、悲伤、愤怒等。这不仅能帮助他们有效地处理情绪,也能增强他们的同理心。

五是重视教导孩子在交流中使用礼貌用语,如"请""谢谢""对不起"等,这能让他们学会尊重他人,也能提升他们的社交技巧。

孩子的沟通和表达能力得到增强后,他们将更好地理解自己和他人,更有效地表达自己的想法和感受,进入小学后能尽快结交新朋友,帮助老师了解自己,形成良好的同伴关系和师生关系。

此外,家长可以和孩子分享自己小时候的有趣故事,如家长自己在小学时期遇到的那些有关友谊、挑战、探索和成长的故事,让孩子对小学生活有一个积极的预期。同时在孩子入学前,家长可以带孩子实地参观学校,让他们对学校的环境、设施以及日常生活有一个直观的了解,帮助孩子减少对未知的恐惧和焦虑。如果可能的话,家长还可以提前让孩子认识小学老师或即将成为同学的小朋友,帮助孩子建立初步的人际关系,减少陌生感。还有一些关于小学生活的儿童书籍,家长可以帮助孩子选择阅读,通过故事让孩子对小学生活有更深入的了解。

孩子对陌生环境有一些担忧或恐惧是很正常的事情,家长需要给予正面的引导和鼓励,让他们相信自己能够成功适应新的环境,帮助孩子树立面对挑战的信心和勇气,顺利适应并享受小学生活。

(资料来源:韩秀云. 帮助孩子度过入学适应期[N].中国教育报,2023-12-10(3).)

问题聚焦

孙女士的孩子即将迎来"小升初",在完成初中的报名分班之后,她在与多位学生家长交流过程中发现,许多家长因担心孩子上了初中后跟不上教学进度,所以想让孩子提前学习初中的学科知识。有的家长向亲戚的孩子借了教材,打算自己先试着教一教,有的家长则给孩子报了暑假的课外辅导班。

看着身边这么多"忧心忡忡"的家长,孙女士也不免焦虑起来,原本没有这方面安排的她不但从网上购买了初中的教材和练习卷,还主动联系了孩子的新班主任张老师,询问孩子在学校的学习情况,并焦急地询问班主任:"老师,我家孩子要上什么辅导班吗?我家孩子数学不是很好,初中的数学肯定更难了,要不要这个暑假去加强一下?"

教师思考

每当孩子处于学段转换阶段,总会有不少焦虑的家长担心孩子在新学段会"掉队",尤其是处于"小升初"和"初升高"两个阶段的学生家长,普遍存在着类似的焦虑情绪。作为教师,我们应思考家长为什么会有这样的想法,去了解他们焦虑的根本原因是什么。

1. 担心孩子"起跑慢"

"望子成龙"是所有家长的共同心愿,谁也不愿意自己的孩子输在新学段的"起跑线"上,由此产生的担心和焦虑也是正常和普遍的。新的学段意味着新的学校、新的老师、新的同学,孩子进入新的学习环境后是否还能保持原有的学习状态?会不会不适应?成绩会不会退步?家长们带着这么多的疑问,却又不知道去哪里寻找答案,这种不确定性慢慢累积成了对孩子的"学习焦虑",家长总觉得需要去为孩子做些什么,于是让孩子"提前学"就成了家长眼中的"救命稻草"。

2. 担心孩子"跟不上"

进入小学、初中和高中三个新学段的学习生活后,学习的内容和难度都较前一阶段有所增加,原有学习水平较弱的孩子确实会比较吃力,甚至可能会因此丧失信心,失去学习的主动性。这个时候,家长难免会比较着急,然后开始让孩子先自学起来或是直接帮孩子报各种辅导班,希望通过"提前学"这种方式弥补学习上的原有短板。案例中孩子的数学成绩比较薄弱,家长担心初中数学难度提高后,孩子学起来会更加困难,所以家长希望暑假里在这方面帮助孩子加强和提升一下。

3. 易受外界影响

焦虑的家长更容易出现"从众效应",即对自己原有的育儿方式缺乏信心,转而选择跟随其他部分家长的育儿方式。案例中孙女士就是受外界干扰而感到焦虑的典型。原本没有"提前学"的安排,但是在与其他家长交流的过程中逐渐受到了影响。其实,这一人群占了升学家长人群的大多数。他们发现其他孩子的家长都在为孩子升学做准备的时候,自己也会感到焦躁不安,最终选择"随波逐流"。

教师策略

了解家长的焦虑原因后,教师可以从以下几个方面进行指导。

1. 加强宣传,提高家长认识

教师可以通过家长会、家访、网络宣传、学校公众号等方式,帮助家长了解本衔接阶段的学科设置、学习内容、教学方式、师生关系及孩子身体和心理变化等特点,特别是针对关于孩子在新学段所要具备的学习能力、学习习惯和学习方法作重点介绍,引导家长提高认识,避免家长盲目地选择"提前学"。同时,进一步向家长宣传和普及"双减"政策(《关于进一步减轻义务教育阶段学生作业负担和校外培训负担的意见》),校外培训机构不得占用国家法定节假日、休息日及寒暑假期组织学科类培训。

2. 客观反映,取得家长配合

当孩子进入新学段的学习后,教师要留心观察孩子在学校的生活和学习表现,以真诚的态度、真实的表述、鼓励的口吻向家长介绍孩子在校的具体情况,提出自己的家庭教育建议,努力达成家校共识,赢得家长的有效配合。

3. 分类指导,形成家校合力

家长在孩子"衔接阶段"产生的焦虑原因各有不同,教师可针对不同的焦虑原因开展针对性指导。班主任可以通过家访、班级微信群等方式,与家长开展沟通交流,以便了解家长焦虑的不同原因。结合对于孩子的了解,针对性地指导家长如何帮助孩子顺利过渡到新学段。如:与家长分享初中阶段的学习科目、作息制度等相关信息,指导家长在生活中多方面培养孩子的能力,劝导家长不盲目跟风"提前学"。教师应合理疏导,引导家长与孩子充分沟通,了解和尊重孩子内心的真实想法,共同作出选择和决定。

行动反思

衔接阶段的家庭教育指导工作中,教师首先要知道家长关注的问题有哪些,焦虑的主要原因是什么,并采用适当的方法帮助家长解疑答惑。案例中的张老师是个很有经验的老师,她对家长开展了三方面的具体指导。

1. 指导家长正确地、全面地认识孩子

家长对自己的孩子要有个全面的了解和正确的估计。张老师与家长在沟通中强调了孩子不是一样东西，他/她是一个独立的社会人，需要家长去尊重他/她。每个孩子都是与众不同的，家长不要觉得什么好，就强塞给自己的孩子，这样的行为不仅不利于孩子成长，还容易造成亲子矛盾。

孩子的数学是弱项，但是孩子的语文和英语总是名列前茅，更是在英语演讲比赛中多次获奖。张老师建议家长可以引导孩子培养英语方面的兴趣爱好，将"所长"精进为"特长"，提升孩子的自我效能感，并将这份自信逐步辐射到数学科目的学习上。

张老师同时也建议家长对孩子的学习不能单纯地以分数高低来衡量，要看到孩子学习的原有基础、考试的难易度、孩子学习上的困难等因素，对孩子的成绩不能只关注横向比较（与同学比较），更重要的是要作纵向比较（与过去比较）。

2. 指导家长不受外界影响、不盲目跟从

"帮助孩子解决问题，而不是把孩子当问题来解决。"许多有从众心理的家长因缺乏对家庭教育的了解和认识，盲目跟从他人，总以为校外培训机构的各类辅导班有助于孩子的成长，其实辅导班的学习不仅对孩子没有太大的帮助，反而可能会影响孩子的身心健康发展。案例中张老师建议家长可以利用教育部门的官方平台或者关注一些与家庭教育相关的公众号，自己先学习一些科学的育儿知识，如：奉贤区的数字家长学校平台提供了许多科学育儿的学习视频，内容都是以卡通人物形象来演绎的，生动有趣。家长可以拉着孩子一起观看和学习，不仅可以提升家长的育儿能力，也有利于增进亲子关系，让孩子看到父母也在努力"学习"。有了理论基础以及科学的育儿理念，家长才有能力去甄别各种育儿方式的优劣，再结合孩子的实际情况，选择正确的方式方法。

3. 指导家长家校协同、教育合力

家庭是孩子的第一所学校，父母是孩子的第一任教师。对于学生而言，学校和家庭是最重要的环境，缺失任何一方，教育都是不全面的，学生的心理发展也是不健全的。家长对孩子的期望也是多层次的，家长的有些期望和学生的实际、学校的教育思想有可能并不一致，这就需要教师和家长联系、沟通，以便相互了解和理解，以形成教育合力，发挥协同作用，从而保证学生接受到全面发展的教育内容。

案例中，张老师了解到班内还有许多家长都有着与孙女士类似的焦虑，于是她收集了一些初中的相关资料,如:预初第一学期的科目、每周各科目的课时数、作息时间、作业量等,并整理汇总分享在班级家长群内。同时,张老师也了解到班级内有多位二孩家长的孩子正在读初中,她鼓励他们在群内"现身说法",配合班主任一起答疑。之后,张老师还开展了一次线上的"家长沙龙"活动,邀请全年级有需要的家长,共同参与问答交流。张老师通过班级家长群、家访、家长沙龙等方式,及时解答了衔接阶段家长们的担忧和困惑,缓解了家长们的焦虑情绪,取得了较为显著的家庭教育成效。

智慧分享

引泉架桥,助力小初衔接平稳过渡

一体——"梦想大礼包"课程

为进一步加强小初衔接,学校构建了"梦想大礼包"课程:联合济南第十二中学成立了小初衔接"逐梦"教育集团,聘请小学、初中校长担任"双负责人",注重顶层设计,打造"横向关联互动、纵向进阶衔接"的管理网络;建立了以小学、初中骨干教师为主体的"逐梦"课程研发小组,构建了一体化联合教研机制;成立了由六年级及初一年级教师、家长、社区工作人员为主体的"逐梦"工作坊,请工作坊成员负责小初衔接工作的具体实施,形成家校社联动新局面。该课程关注学生原有经验、发展速度和发展水平上的差异,从身心、生活、社会、学习等方面开展相关教育衔接活动,针对性地帮助学生适应初中生活。

两翼——小学"送一程",初中"接一站"

要想帮助学生顺利实现从小学生活到初中生活的良好过渡,小学与初中应该通过多种方式与渠道,带领他们了解关于初中的信息。

一方面,小学可以多"送一程",例如,为毕业班学生开设初中预备课程或活动,向他们介绍初中的组织结构、教学方法、学科设置等内容;组织初中入学说明会,邀请初中学段的教师及管理人员来校开展讲座,为学生和家长答疑;安排小学毕业班学生与初中生进行交流互动,帮助小学生获取更多实际经验和建议。

另一方面,初中可以多"接一站",例如,向即将升入初中的学生提供详细的初中学校资料手册,以便他们查阅学校布局、学科设置、教学方式、课程特色等信息;组织学生参观即将升入的初中学校,让他们亲身感受初中的环境和氛围,帮助他们更加直观地了解校园；为即将升入初中的学生安排初中导师，请导师负责解答学生问题，并为学生提供相应的支持和指导。

四助力——习惯、心理、家庭、社会

升入初中后，家长和教师应当针对学生注意力不集中、学习动力不足、学习计划和时间管理困难等问题，给予学生科学的指导和建议，帮助他们养成良好的学习习惯。

培养良好的心理素质。良好的心理素质，如保持积极态度、合理调节压力等，能够让学生更好地适应新的变化。为此，教师应肯定学生的努力和进步，帮助他们建立自信心，引导他们关注自己的优点和潜力。同时，适当开展情绪管理的培训课程，帮助学生学会识别、管理自己的情绪，并定期与学生进行一对一交流，了解他们的学习状态与情感状态，为其提供针对性指导。

建立家校合作机制。一方面，家长与教师应保持定期交流，摸清学生在小初衔接阶段遇到的困难和问题；另一方面，学校可聘请家庭教育指导师，通过开展家庭教育培训等方式，帮助家长了解学生在该阶段的成长需求，并提供相关支持。

提供社交体验契机。进入新环境后，学生需要尽快建立新的社交关系。学校应提供丰富多样的社交体验契机，增加他们与他人沟通的机会，如邀请学长向新生介绍学校的社团组织及活动，帮助新生融入新的社交圈子。

（资料来源：韩同旺.引泉架桥，助力小初衔接平稳过渡[J].教育家，2023(50)：56.）

第二节 苦恼的家庭作业

中国教育科学研究院课题组 2020 年 6 月、7 月对全国 29 个省份 176.6 万家长疫情期间家校共育情况的调查显示，51.8％的家长觉得指导不了孩子的学习和作业，48.9％的家长表示没有时间和精力陪孩子学习，超过 50％的家长遭遇陪学困难，在家校合作育人过程中很难担当重任。北京大学中国社会科学调查中心"中国家庭追踪调查"数据显示，在中国家庭中，小孩年级越低，越需要家长挤时间辅导功课。而在所有参与孩子作业辅导的家庭成员中，母亲每周所花费的时间明显更长。受访样本中，每周辅导作业超过 10 个小时的妈妈有 429 位，而父亲和其他家庭成员分别只有75位和107位。① 从这些数据中,我们可以看到,学习不仅是家长最关注的问题,也是亲子矛盾的导火索。

写家庭作业是每个学生必不可少的学习环节,通过完成家庭作业可以巩固每日在课堂上所学的知识,及时发现学习中的薄弱环节。对于教师来说,布置家庭作业是教学的一个重要环节,通过检验学生的家庭作业完成情况,教师可以了解这个孩子对"学"的掌握情况,以便及时调整教学方法和教学重点。然而,大部分孩子在完成家庭作业的过程中,都或多或少存在这样的问题:效率低、质量差,起不到巩固新知的作用。面对这样的情况,教师头疼不已,希望家长能严格监督孩子家庭作业的完成情况,检查后还要签名。部分家长对此不理解,认为这是教师推卸教学责任。对此,教师需要积极与家长沟通,帮助家长认识到家庭教育与学校教育的不同职责。

问题聚焦

陆爸爸有一个正在读小学三年级的儿子。由于下班时间晚,陆爸爸没有时间陪孩子,儿子的家庭作业一直是自己独立完成的,陆爸爸只要最后签名就可以了。小学一、二年级时,儿子的各科学习成绩几乎是全优,全家人对孩子的学习引以为傲。可是一进入三年级,儿子的成绩变得很不稳定,每天做家庭作业时,总是磨磨蹭蹭,拖到很晚。老师在群里常常表扬一些家庭作业质量高、正确率高的孩子,儿子的名字从未在表扬名单中出现过。为此,陆爸爸没少责怪儿子。

一次,在等孩子放学期间,陆爸爸和班里其他家长聊起这个问题,家长们告诉他:三年级学业任务变重了,老师在学校里讲课节奏都很快,孩子如果有不懂的地方,家长一定要在家里再教一教,不然孩子肯定跟不上。陆爸爸似乎找到了儿子退步的原因,于是,他与公司商量,调整了上下班的时间,每天下班都陪着孩子做家庭作业,看到孩子有不会的题,马上指导他。经过一段时间的陪伴,儿子的成绩比之前好了很多,老师也表扬了孩子的进步。

---

① 辅导孩子作业,最"费妈"[J].当代教育家,2023(11):8.

但陆妈妈不赞成这样的做法,她认为孩子家庭作业完成的效果不应该由家长来负责,因为家庭作业是判断孩子是否掌握当天学习内容的重要标准,如果孩子对家庭作业有不懂的地方,但经过家长指导做对了,老师怎么通过家庭作业了解到孩子掌握知识的真实情况?而且,夫妻俩的受教育程度也不高,等孩子再大一些,不会教了,怎么办?陆妈妈觉得孩子学习就是老师的事情,不应该推给家长。陆爸爸觉得妻子说的也有道理,那到底该怎么办呢?

教师思考

陆爸爸和陆妈妈的想法在小学生家长中普遍存在,更有家长反感陪孩子做作业,反对给孩子的作业签名。家长之所以会有这种想法,大致有以下几个原因。

1. 家长不了解孩子升入中年级后出现的不适应

进入三年级以后,孩子就进入了一个新的学习阶段。这一阶段的一个重要表现是孩子的学习任务比一、二年级有了显著的变化,学习活动的游戏性特征减少,学习过程的组织性,认知过程的规范性、严谨性更强,三年级课程似乎一下子变得难了。随着学习难度增加,学习内容增多,孩子学习时常常有点儿手忙脚乱,顾了这儿顾不上那儿,顾了那儿顾不上这儿,成绩出现不稳定的情况十分正常。这个阶段孩子特别需要家长的鼓励和陪伴,家长要引导孩子慢慢适应。所以陆爸爸责怪儿子的做法是不对的,长此以往,会导致孩子对学习失去兴趣。

2. 错误理解检查作业的定义

许多家长认为教师要求家长关注孩子家庭学习、检查家庭作业是教师推卸教育责任的一种表现,家长教会了,教师就可以少教一些。然而家长不明白,孩子在完成家庭作业的过程中会表现出许多学习品质,如做作业是否能专心致志,在遇到难题时是不是能迎难而上,在解决问题时是不是能举一反三等,这些学习品质的养成远远比完成作业更重要。所以教师要求家长配合教育,是希望家长关注孩子完成家庭作业的态度,是希望家长在家里帮助孩子养成良好的学习习惯,更多地参与孩子的学习过程,最终的目的是提升孩子独立学习的能力。

3. 家长角色认知错误

上述案例中,陆妈妈担心孩子在写作业中遇到的问题会因为得到了家长的指导而不被教师重视,担心孩子会在学习上依赖父母等,认为孩子的学习就是老师的事情。而老师们常常听到这样的话:"老师啊,我们家孩子学习怎么样啊?你对她凶一点,严厉一点,我们家孩子最听你的话了,我们的话她都不听的。"这都是对老师教育功能的错误解读。学校不只是教授孩子一些书本上的知识,更重要的是对孩子进行学习兴趣的培养、学习方法的指导、学习习惯的养成,从而达到使学生学会学习的目标。然而,这些单靠教师在学校的教学是无法实现的,需要家庭配合,因此,家长需要更多关注孩子的学习兴趣的培养、学习方法的指导、学习习惯的养成。

教师策略

班主任小何老师的班级中就有这样的学生家长,针对这些情况,小何老师是这样做的。

1. 帮助家长了解孩子

开学第一周,小何老师给每位家长写了一封信,帮助家长了解这个年龄段孩子的特点。三年级是小学学习生活中比较关键的一年,这一年是孩子从低年级向高年级过渡的一年,孩子在低年级养成的良好学习生活习惯要延续和进一步规范,要为高年级的综合学习做准备。同时,小学三年级也是孩子心理过渡的关键期,处在这个年龄段的孩子各方面都起伏不定,时好时坏,对很多事都是似懂非懂的。此外,这一阶段的孩子做事自觉性、主动性、持久性都较差,遇到困难和挫折,往往容易动摇。在这个时候,家长一定要细心观察孩子的变化,遇事要冷静处理,耐心和孩子沟通,当问题反复出现的时候,家长一定要进行正确的引导,不要妥协。

2. 指导家长正确理解检查作业的意义

小何老师利用家长会指导家长正确理解检查作业的意义。三年级学生在学习上的压力感相当明显,因为教师的授课量比二年级时大,还有作文的学习,这些都对学生提出了更高的要求。许多刚刚进入三年级的孩子学习上会出现不稳定甚至是成绩下滑的情况,因此,需要家长更多的关心与陪伴。在陪伴的过程中,如家长发现孩子的任何问题,都可以及时与老师联系和沟通。

3. 给家长提供有针对性的建议

其实,家长检查孩子家庭作业的过程,就是教孩子检查作业的过程,也是一个及时了解孩子学习动态的过程,还是一个亲子交流的过程。小何老师建议家长检查孩子的作业可以从以下几个方面入手：孩子的作业有没有遗漏，孩子的作业能否及时完成，孩子完成作业过程中的习惯是否良好等。有余力的家长可以在孩子作业错误的地方做一个标记，方便老师批改作业时给予反馈。

◉ 行动反思

小何老师对家长进行了很好的指导，让家长在新学期来临之前就知道孩子将面临的问题，以及该如何去解决，让家长未雨绸缪，不至于手忙脚乱。但是两次指导不能解决全部问题，孩子的家庭作业不只是家长的责任，也是家长和老师共同的责任。那么，老师的责任是什么呢？

1. 了解班级每个学生回家做作业的情况

每个孩子的性格脾气、家庭环境不同，完成作业的效果也不同。老师必须要了解孩子不完成作业背后的原因，比如，有的家长不会辅导作业，有的是孩子不自觉，有的家长上夜班没办法监督，有的孩子常常漏抄作业，还有的孩子认为作业太简单，不愿意做等。

2. 针对不同原因采取不同措施

不会辅导作业的家长可以让孩子求助老师或班级群。如果孩子不自觉，就要注重培养他养成良好的学习习惯。如果家长上夜班没法监督孩子写作业，可以尝试远程辅导。如果孩子常常漏抄作业，可以给他配个"小老师"，起到监督作用。另外，老师还可针对学生学习情况的不同布置分层作业等。

3. 帮助家长走出误区

家长们在监督孩子完成家庭作业的过程中容易走入误区，过多地关注作业的正确率以及完成作业的时间，而忽视许多教育细节。教师应该帮助家长走出误区，使其理解家长陪伴孩子写家庭作业其实是在与老师协力培养孩子良好的学习习惯和端正的学习态度。

❀ 智慧分享

如何检查作业

中低年级的孩子正处在养成良好学习习惯的关键期，家长们一点儿也不能偷懒,对孩子的家庭作业,不能只简单地问一句"完成了没有"就结束了,要有行动。在检查作业的过程中,要着重培养孩子认真学习的好习惯、独立学习的能力以及良好的学习心态。

1. 重"示范",忌"替代"

不要让孩子觉得,"检查作业是爸爸妈妈的事情"。例如,家长可以说"咱们一起来检查",而尽量不说"拿来让我检查一下"。检查时,家长可以出声说出如何检查的方法,这样孩子就可以学习到检查的方法。

2. 重"验证",忌"批评"

检查时不但要跟孩子说做错的地方,也要借机表扬他做对的地方。家长可以每道题都念叨一遍:"对的、对的、对的、对的、对的,嗯?这个是对的吗?"这样可以增加正面反馈的机会,让孩子不至于觉得"一起检查"是个特别可怕、会被爸爸妈妈批评的过程。让孩子"不反感",是任何事情在开始阶段非常重要的一点。

3. 逐步"放手",忌"跳跃"

一开始让孩子检查,家长可以陪在旁边,孩子检查得对,就夸奖一下,万一不对,及时提醒孩子再仔细看一下。如果孩子不愿意尝试自己检查,家长可以"故意犯错",故意指着他本来做对的题目说,"好像不太对吧"。孩子对自己被错怪了这种事儿往往比较激动,这样家长就可以顺势表示:"哎呀,看来我检查也不靠谱,你也一起来查吧,咱们查两遍,这样就安全了。"如果家长察觉到孩子比较依赖家长的检查,可以逐步放宽孩子自己检查的范围,比如从一开始的家长直接指出哪里不对到让孩子自己找出某道题错的地方,再到后来,几道题里有一道不对,让孩子自己检查出来。这样既减轻了孩子的畏难情绪,又增强了孩子检查的能力。

(资料来源:寸草春晖话教育.家长应该这样辅导孩子检查作业,你做对了吗?[EB/OL]. (2024-04-09).http://baijiahao.baidu.com/s?id=1644092930893366691&wfr=spider&for=pc.)

第三节 无效的家长陪伴

家长的陪伴对于孩子的成长有着重要意义,陪伴是家长对孩子的爱的最直接表达。陪伴中,孩子们可以感受到家长的关爱,感受到自己的价值;陪伴中,双方能增进了解,家长能对孩子进行及时、有针对性的引导和帮助,这有助于父母言传身教作用的发挥,能有效促进孩子形成良好的行为习惯。但实际生活中,家长们往往很困惑:我明明花费了大量的时间与精力,陪伴效果却不佳,甚至孩子对我的陪伴表现得非常厌烦与抵触。这就需要教师帮助家长们解惑,指导他们走出陪伴的误区,实现有效陪伴。

问题聚焦

> 小黄今年读四年级,原本成绩还算不错的他,这学期却退步了不少。老师们纷纷找小黄谈心,想要了解他在家的学习情况。聊天中,小黄表示:"平时我爸爸不在家,都是我妈妈陪我做作业的。我的妈妈很懒,我做作业的时候,她就躺在旁边床上看电视、玩手机,还在旁边唠唠叨叨。"老师在与小黄的母亲电话沟通几次没有什么效果之后,将小黄的母亲邀请到了学校,与任课老师们一起商讨教育对策。在交谈中,小黄的母亲表示,自己不工作,就在家里照顾小黄,每天小黄做作业时就在旁边陪着。小时候,小黄还是比较自觉的,也肯听她的话,但随着年龄的增长,小黄越来越不听话。他爸爸在家发火了,他才不得不写作业。而每次写作业他都要开小差,作业要做到深更半夜,怎么说都没用。说这些的时候,小黄的母亲一脸无奈。

教师思考

不少家长对于"陪伴"这个词是有误解的。他们总以为"陪着"就是"陪伴",殊不知两个词具有不同的含义。陪伴更加强调交流与沟通,有效陪伴意味着家长在保证基本陪伴时间外,要及时关注孩子的情绪,了解孩子的兴趣与需要,并能全心全意,倾情融入,为他们的成长提供支持。小黄母亲和许多家长都走进了"陪伴"的误区。

1. 陪伴不是控制与命令孩子

有部分家长在陪伴孩子时,密切关注与控制着孩子的一举一动,这个不许,那个也不行,要求孩子按照自己的想法或者自己给他设定的轨道行进,一旦出现偏差,家长就指手画脚说个没完,或是大发雷霆,动辄打骂。长期处于这种陪伴之下的孩子,很难跟父母建立亲密关系,因为他们无法体会到父母的关爱,只能体会到父母的控制欲。而随着年纪的渐渐增长,孩子的逆反心理会逐步加剧。

2. 陪伴不是看管与陪着孩子

从孩子进入幼儿园开始,教师们就不断呼吁家长陪伴孩子。但是我们常常能看到这样的情景:孩子在一边玩玩具、看电视或者写作业,家长待在一边玩手机或者看电视,偶尔抬起头看几眼孩子。有时候孩子跑过来想要和家长一起玩,家长却三言两语就把他们打发走了。可以说这部分家长知道要陪伴孩子,但他们的"陪伴"往往仅限于确保孩子的安全或监督孩子的行为,并没有和孩子建立起良好的亲子互动关系。这种缺乏交流与互动的关系,无法满足孩子精神上的需求,长此以往,家长就难以对孩子进行指导或发挥榜样作用。

3. 陪伴不是满足孩子的物质需求

当下,不少家长为了谋求更好的生活,满足家庭的物质需求,选择投身工作,将大量时间和精力花费在工作上,相应地,陪伴孩子的时间与精力变少了。出于补偿心理,他们会给孩子购置大量昂贵的玩具和漂亮的衣服,有空就带孩子吃各种美味、佳肴。还有些家长认为现在自己忙于工作就是为孩子创造更好的生活条件,都是为了孩子,并以此作为"忽略孩子"的借口。孩子们的成长需要物质基础,更需要精神上的满足。

教师策略

在分别听完小黄和小黄母亲的话之后,班主任张老师给小黄母亲提出了几个建议。

1. 和孩子多交流、多互动,让他明白父母的爱

虽然小黄母亲平时都在家照料孩子,但不善言辞的母亲,更多的都是和孩子交流生活上的琐事,没有向孩子表达自己的爱。张老师建议小黄的母亲平时多开口对小黄说说"我爱你",多夸夸小黄的优点,多拥抱孩子。

2. 陪伴孩子的时候,不要进行娱乐活动

从小黄的话语中可以得知,当他做作业时,母亲玩手机游戏、看电视,对于孩子来说这是无效的亲子共度时间。此时的母亲不仅起不到榜样作用,甚至产生消极影响。张老师建议小黄的母亲在孩子学习时,可阅读书籍或进行与提升自己家

庭教育素养有关的学习。

3. 陪伴孩子时，少些指责或命令，多谈建议

张老师建议小黄母亲平时在和孩子谈话时，多给予孩子建设性的意见，供他去思考去抉择，而不是否定他，或指挥他、规定他要做或者不要做某些事。

4. 鼓励父亲多抽出时间来陪伴孩子

从小黄和小黄母亲的话中得知，小黄父亲缺位，平时都是母亲在照料小黄。张老师希望小黄母亲和小黄父亲多交流，让他多抽出时间来陪伴孩子，发挥父亲在儿童成长中的正面功能。

行动反思

案例中的张老师在给予家长帮助和指导时，并没有偏信一方的反馈，而是在聆听两者的表达之后，分析情况，有针对性地提出了建议，对家长进行了"如何进行有效陪伴"的家庭教育指导。

1. 让家长明白，爱是需要表达出来的

家长经常用自己的方式向孩子表达自己的爱，但每个孩子的领悟力和理解力不同。无法有效接收到家长爱的孩子，很容易就会产生怀疑：爸爸妈妈不爱我吗？他们为什么不爱我？我要怎么样才能获得他们的爱？这些孩子会用自己的方式，引起家长的注意。所以家长要学会向孩子表达爱，让他们感受爱。爱，是开展有效陪伴的力量源泉。

2. 加强亲子间的交流互动，提升有效陪伴的质量

所谓交流互动，不是指我说你听，而是双方在交流时，一个倾诉，一个聆听，再交换彼此的想法。互动和交流能让家长和孩子更了解彼此，在这一过程中，家长要注重指导、示范。

3. 父母需要自我克制，发挥榜样作用

曾经有人对孩子进行了一项调查，近80%的孩子不喜欢父母在陪伴自己的时候专注玩手机或进行其他娱乐活动，这会让他们产生强烈的孤独感，会选择做出一些异常行为去吸引家长的注意。所以在陪伴孩子时，家长应该选择放下手机，给予孩子专注的目光与陪伴，肯定他的进步，帮助他化解困难。父母是孩子的第一任老师，应当注意自己的言行举止，给予孩子正面影响。

4. 重塑父亲在家庭教育中的角色

父亲的角色与功能是母亲无法替代的。父亲应当在工作繁忙之余抽出时间尽可能地陪伴孩子,因为足够的亲子共度时间是实行有效陪伴的前提。

智慧分享

陈昌辉先生谈"有效陪伴"

儿童教育专家陈昌辉先生在接受记者访问的时候,曾谈过"有效陪伴"这个话题。在访谈中,他首先谈到了陪伴的意义与重要性。他说:"我曾记得一位作家说过,我们与孩子的缘分是一个渐行渐远的过程,所以对孩子的陪伴,我们本来就应该十分珍惜,但是我们好多家长却往往以工作太忙和共有的惰性去为自己找理由,没有用心陪伴孩子,这是对孩子的一种极大的不负责。我们家长一定要认识到这一点,我们陪伴孩子的时间并不会太多,上小学时我们可以天天陪伴他们,到了初中或高中有一部分孩子开始寄宿,我们只有周末可以陪伴他们了,到了大学可能就只有寒暑假了。我们为什么不去珍惜陪伴孩子的分分秒秒呢?"相信每个为人父母的家长都会有这种感觉,孩子越来越大,却仿佛离你越来越远,那是因为随着年龄的增长,孩子们渐渐有了自己的思考,有了自己的生活和一方天地,因此,在孩子幼时我们的陪伴便显得极为珍贵了。

不少家长意识到了这点,便天天陪伴孩子左右,甚至是当起了"全职保姆",但陪伴出来的结果令人不甚满意,要么是家长过于辛劳,要么便是孩子反应不佳。而对此,陈昌辉先生提出了"有效陪伴"的概念。他认为"有效陪伴"的概念可以有两层意思,即示范和引领。简单来说,第一层,作为父母,要给孩子树立一个好的榜样,要规范他们的生活习惯,要培养他们吃苦耐劳的精神。第二个层面的有效陪伴在于引领。一般来说,如果你是爱运动的家长,孩子必然会抛开电脑和手机;如果你是爱阅读的家长,孩子们也必然会喜欢阅读。

陪伴既是父母应尽的责任,也是父母爱的表达。家长只有走出陪伴的误区,进行有效的陪伴,才能使亲子间建立起亲密关系,才能使孩子感受到父母的关爱,体会到自己的价值,建构起健康的人格,获得全面的发展。

(资料来源:袁伟华.儿童教育专家陈昌辉:家长如何"有效陪伴"[EB/OL].http://hbrb.hebnews.cn/pad/paper/c/201708/24/c16705.html,2017-08-24.)

第四节　失控的家长情绪

父母良好的情绪管理能力,不仅是孩子安全感的来源,更是良好亲子沟通的保证。但在现实生活中,经常会有这样的情况,在夜深人静时还能听到窗外传来的各种咆哮声:"你的字怎么这么难看!""你动作怎么这么慢!"……甚至很多家长控制不住情绪,采取打、骂、罚等方法对待孩子,对孩子的成长产生不利影响。父母是孩子的第一任老师,父母只有先学会管理好自己的情绪,才能在孩子遇到问题时给予他们正确指导。作为教师,要积极指导家长管理好自己的情绪,用自己稳定的、健康的情绪为孩子树立好榜样,帮助孩子学会管理好自己的情绪,心平气和地去解决遇到的问题,使孩子遇事不急不躁,从容面对。

◉ 问题聚焦

小张是一名七年级的男生,经常会与同学因为一句话不合就发生摩擦,轻则摔本子,重则动手打人。一次,因为同学未经他同意拿了他的一本书,他便大发脾气,冲到校园小广场一脚把大理石桌面踹翻了,桌面摔得四分五裂。班主任陈老师请来了小张的爸爸,想与他沟通一下情况。结果,小张爸爸一进办公室直接就一脚踹在小张身上,一边大声质问"你又犯了什么事",一边扬起巴掌……老师迅速拉开了小张爸爸,和小张爸爸进行了一次单独的深入的沟通。通过沟通,老师得知,小张爸爸平时忙于做生意赚钱,家里都是妈妈在管孩子,而妈妈又过分宠溺小张,偶尔爸爸批评小张几句,妈妈还要护着,爸爸索性就不管了。妈妈管不了儿子了就找爸爸,爸爸只能打骂一顿,而随着孩子慢慢长大,这种方式越来越不奏效,爸爸也不知道该怎么办了。

教师思考

面对孩子出现的问题,家长焦躁咆哮,甚至又打又骂的情况比较常见。这类父母的普遍心态就是"急功近利""心浮气躁"。他们望子成龙心切,期望值很高,但做事操之过急,急于求成,一旦遇到问题就心急火燎。教师要认识到家长的不良情绪反应会对孩子产生很多负面影响。

1. 家长的不良情绪会影响孩子的个性成长

有调查研究显示,家长的性格与脾气,会直接影响孩子的心理发育。父母本身性格开朗、情绪稳定、有责任感,子女多半很自信、独立、自主、有安全感、适应性强、善于交往,在智力发展和行为习惯方面也较理想。反之,父母若态度消极、焦虑不安、容易激动发怒,对子女缺少耐心,不与子女交流思想,或者家庭成员之间不和睦,子女就容易心理紧张,感到有压力,遇事也难免心浮气躁。有的孩子甚至会激动、发怒、反抗,故意做出引人注意或具有侵犯性的行为等。总之,父母的情绪反应很容易影响孩子的个性成长。

2. 家长的不良情绪会影响亲子的有效沟通

孩子是敏感的,家长激动的情绪会使他们感到害怕和不安。家长的不良情绪会让孩子的内心产生恐惧,害怕主动与家长对话沟通。而缺少了家长的正确指导,孩子在成长中遇到问题就得不到解决,尤其是孩子到了青春期,得不到家长的尊重、理解、支持,各种问题积累到一定程度就会爆发。父母要摆脱不良情绪的困扰,对孩子的言行举止做出正向的情绪反应;要采取有效措施了解孩子,给予孩子关怀和支持。

教师策略

案例中的陈老师及时提醒小张爸爸,他的教育方式对孩子已经造成了很大的伤害,爸爸不妥当的情绪示范让孩子也模仿学习到了不理智的情绪反应,并已经影响到他与同学的交往。面对出现的问题,陈老师给小张爸爸提出了建议。

1. 先冷静再沟通

陈老师提醒小张爸爸,遇到问题一定不能急躁,不要不问原因就指责打骂孩子,不给孩子说话的机会。爸爸要先让自己冷静下来,再和孩子好好沟通,问问孩子发火的原因,耐心听听孩子的想法。爸爸对小张因为别人擅自动自己东西而产生的正常的不满情绪要予以肯定,对之后情绪失控造成的后果要进行分析,在分析中帮助孩子寻找解决或弥补的办法。

2. 多陪伴多指导

陈老师建议爸爸平时即使再忙也要多陪孩子,每天抽时间和孩子谈谈心,及时关注孩子的情绪,及时发现孩子的困惑与烦恼,及时进行正面的、积极的引导。针对目前小张与同学交往中出现的问题,家长要教给孩子恰当的自我调控的方法,积极指导孩子学会与他人交往,不要等孩子出现问题了再靠打骂来强压。

3. 夫妻形成合力

陈老师还建议小张爸爸要与孩子妈妈多沟通,不能因为意见不统一就撒手不管,可以通过书刊、网络、家长慕课平台等资源共同学习一些家庭教育理念和方法,夫妻要形成合力,共同想办法教育好孩子。

第二天,小张主动找到陈老师,说爸爸没有再打他骂他,父子俩谈了整整一个晚上。当天放学,陈老师看到父子俩在校园里默默地把破碎的大理石桌面搬出去修补。自此以后,小张的暴躁情绪有了很大改善,与同学也相处得越来越好。

● 行动反思

在家庭教育中,家长的情绪管理直接影响良好亲子关系的建立,影响孩子的身心发展。案例中的陈老师及时发现了小张同学情绪暴躁背后家庭教育存在的问题,并及时予以了指导。

1. 指导家长学会控制自己的情绪

教师一定要帮助家长意识到自己长期不良情绪的不当发泄,会给孩子的身心发展带来难以估量的负面影响。在面对孩子出现的问题时,家长首先要学会控制自己的急躁和愤怒,深呼吸或暂时离开,让自己安静片刻,等情绪稳定下来后,再向孩子表达自己的真实感受,如果家长情绪失控,应及时向孩子致歉。家长要用积极、稳定的情绪为孩子树立可以观察模仿的学习榜样,还要有意识地引导孩子用积极恰当的方法来疏导自己的不良情绪。

2. 指导家长理智对待孩子出现的问题

教师要告诉家长,没有一个孩子是完美的,在成长过程中出现这样那样的问题是正常的,家长不必过分焦虑,也不必急躁。当出现问题时,家长要与孩子心平气和地谈谈心,说说自己的感受,听听孩子的想法,分析问题背后的原因,和孩子共同商讨问题的解决办法,给予孩子及时、正确的指导。

3. 指导家长重视良好家庭关系的营造

夫妻双方需要互相沟通,多体贴对方,共同承担家务劳动,一起完成对孩子的照料,尽力帮助对方减轻压力,避免在孩子面前互相抱怨甚至吵架。同时,夫妻双方需要在沟通中形成统一的教育理念,共同想办法教育孩子。和睦的家庭有益于改善每个家庭成员的心情,为孩子的身心发展创造良好的家庭环境,从而使家庭教育走向良性循环。

❋ 智慧分享

父母之间的情绪互动影响孩子的自我认知

父母之间的冲突往往会导致双方心情烦躁、情绪波动,破坏家庭的和谐氛围,给孩子带来不安全感。而处于冲突中的孩子往往会不由自主地希望重新联结父母的关系以保持自己的安全感。

孩子的情绪感知能力很强,但是他们的情绪解释能力很弱,当父母生气时,他们能感受到父母强烈的情绪,但较难理解父母生气的真实原因。这时他们容易向内归因,认为是"自己不乖"或"自己不够好"而导致父母吵架,比如觉得是因为自己将玩具扔得很乱让妈妈生气或者自己作业写得拖拉让爸爸着急等。孩子会努力去做出改变以促进父母重新建立联结,让自己重获安全感。所以在父母吵架时,很多孩子会变得很乖,或者特别积极地去做一些事情讨好父母。在这个过程中,从表面上看孩子是懂事了,但向内的归因和自责会拉低孩子的自我认知和自我价值感。

然而在现实生活中,父母之间消极情绪的互动难以避免,重要的是如何避免这种冲突破坏孩子的安全感,以保证孩子有稳定的自我认知。父母可以做好以下几点:一是主动做好责任归因,让孩子明白,父母之间的矛盾和孩子没有关系,不是孩子的错。二是保证冲突具有建设性,让孩子看到父母即使吵架了,双方也在尝试表达和理解对方的想法、需求,并努力寻找共赢的方法。三是保持关系的稳定性,让孩子清楚,当父母的情绪消解了之后,他们还是接纳对方、关爱对方的,他们的关系并没有破裂。

(资料来源:田宏杰. 妈妈情绪好 孩子能量足[N]. 中国教育报,2023－6－25(4).)

第五节　桀骜不驯的青春期

青春期是个体成长过程中的第二个生长发育高峰期,这一时期,个体身心发展变化迅速而集中,生理的发育、性别角色的确认、性意识的萌动、对异性的关注、自我意识的增强等,一系列突如其来的变化,使青少年不知所措,矛盾交织。而此时的家长往往还把青少年看作小孩子,对他们应对生理变化的辅导甚少,对他们的心理关心不够,这使他们常感到孤独,心理压力加大,导致他们与家长"冲突"不断,这一阶段也往往是家长最操心和烦恼的时期。作为教师,要积极指导家长关注孩子青春期的变化,并做好正确的引导,缓解冲突,帮助孩子安全、顺利地度过这一关键期。

● 问题聚焦

小李妈妈说,自己的儿子最近变了,每天照镜子的时间越来越长,梳梳头发,挤挤痘痘,不停地换着衣服、裤子、鞋子、围巾……妈妈看着着急,总提醒他,快去写作业,别只顾着打扮,他还总是一副爱理不理的样子。小李做作业也经常开小差,老拿着手机不知道在干什么。他还嫌父母烦,跟父母的交流也越来越少,父母不知道他到底在想什么。有一次妈妈偷偷翻他手机,发现他和同学的聊天记录里带了很多黄色字词,吓了一跳,妈妈拿着手机去质问他,结果他的火气比妈妈还大,一把抢过手机砸在地上,转身回到房间,重重摔上了房门。那天以后,母子间几乎很少说话,关系搞得非常僵。妈妈找到班主任王老师,希望得到王老师的帮助。

教师思考

孩子处于青春期时,亲子之间的各种冲突在生活中非常普遍,教师首先要了解冲突产生的原因,才能指导家长对症下药。

1. 青春期的生理变化给孩子带来一定困惑

进入青春期的孩子到了人体生长发育的第二个高峰,生理上发生巨大变化,身高、体重迅速增长,各项指标接近或达到成人标准。但这些变化发生的时间在不同个体之间存在很大差别,这种差别往往给孩子带来困扰,他们对与同伴之间的不同高度敏感,尤其是外表的不同。这一时期的孩子特别关注自己的外表,对相貌和身材格外重视,尤其注重衣着打扮。同时,随着自我意识的高涨,青少年的内心世界越发丰富起来,他们常常会内省:"我到底是个怎么样的人?""我的特征是什么?""别人喜欢我还是讨厌我?"这一系列关于"我"的问题开始反复萦绕于他们的心中。孩子身体内充满着躁动和不安,但家长往往忽视对他们进行应对生理变化的辅导,孩子内心的疑惑和困扰得不到解答,往往使他们变得更困惑和焦虑。

2. 青春期的心理变化给亲子沟通带来挑战

青春期的孩子开始进入"心理断乳期"。生理上的成熟使他们产生一种"成人感",他们不愿再像小孩子一样对父母、老师事事听从,他们渴望独立,希望按照自己的方式行事,自己决定自己的事情。他们渴望脱离父母,广交朋友,他们需要一个能向其倾吐烦恼、与其交流思想并相互保守秘密的伙伴,朋友关系在青少年生活中变得日益重要。但由于思维发展、生活技能和社会经验还没完全成熟,他们渴望独立却又事事需要依赖家长,这导致他们不停地摇摆与挣扎;再加上大脑发育不平衡导致的情绪多变、敏感,使得当与家长意见不合时,很容易产生较大的情绪反应,跟家长发生矛盾冲突。而此时的家长往往还把他们当成孩子,对他们心理上的关心不够,一味地去管束和限制,往往导致孩子表现出偏激行为,给亲子沟通带来巨大的挑战。

教师策略

面对青春期的孩子,教师要引导家长多多观察孩子的变化,分析变化背后的积极因素，给予孩子足够的包容、理解和尊重。针对案例中小李妈妈的苦恼，王老师给了她以下的建议。

1. 接受孩子的变化

小李的很多变化如关注穿着打扮等都是成长过程中的正常现象，李妈妈不用过于担心，坦然地去理解和接受这种变化即可。妈妈应在一旁注意观察孩子，当发现孩子出现困扰时适时地给予引导，但要避免唠叨。王老师建议妈妈可以和小李一起读一本有关青春期的书籍，让孩子明白进入青春期是怎么回事，以减少其进入青春期后可能碰到的问题。

2. 适度适当放手

王老师建议妈妈在孩子穿衣选择、外表打理、时间安排等日常琐事上尽量放手，让孩子自己决定，让孩子对自己的决定负责，妈妈不要过多地干涉。父母要多尊重孩子的感受，还可对孩子的穿衣搭配大方地表明自己的赞赏，让孩子感受到理解与支持。

3. 尊重孩子隐私

青春期的孩子都愿意将自己想象为成人，父母要理解这种心理，并像对待成年人一样给予孩子充分的尊重。任何强行干预、直接侵入的行为都会让孩子觉得被轻视、被侵犯了。小李妈妈偷看孩子聊天记录的行为会让孩子失去对妈妈的信任和信赖，妈妈要理解孩子的心情，应主动向孩子道歉。

4. 改善亲子沟通

首先，家长要学会调控情绪。在和孩子沟通之前，家长要先冷静和处理自己的情绪。如果已经发生冲突，家长可以通过深呼吸或者换一个空间等方式让自己先冷静下来，控制自己的消极情绪。待家长管理好自身的情绪后，再与孩子讨论存在的问题及解决办法。

其次，家长要找准沟通时机。面对目前小李与妈妈的冷战，王老师建议妈妈积极寻找机会与孩子沟通，如饭桌上、亲子运动时，或通过微信、QQ等方式与孩子进行沟通。因此，在晚餐时小李妈妈主动向孩子赔礼道歉，对偷翻孩子聊天记录的行为表示了歉意，妈妈真诚的话语得到了孩子的回应，母子俩的关系有了改善。

再次，家长要掌握沟通的策略和艺术。家长要改变消极的语言模式，尽量保持理智、温柔的态度与孩子交流，多给予孩子正面肯定及鼓励，少批评指责，少发号施令。当然，对孩子的不良行为，家长也不能纵容，但要讲究方式方法，多观察，用比较客观的方式表达立场，明确指出后果，再给出建议，引导孩子强化道德与法律意识。

◉ 行动反思

青春期的亲子冲突让很多家长深感焦躁和无力。面对家长的困惑，教师要帮助家长认真分析冲突的原因，并及时给予专业、科学的指导。教师对家长的指导可以从以下几个方面展开。

1. 正确看待叛逆

叛逆是青春期的标签，是孩子迈向独立的象征，是孩子成长的表现，他们开始有主见，喜欢新鲜事物，喜欢挑战。进入青春期，孩子开始疏远父母，更多地与同伴相处，这种人际关系的调整对孩子未来良好地适应社会非常重要。面对青春期叛逆的孩子，家长首先要肯定叛逆是孩子成长的表现，给予更多的理解和关爱，不要盲目否定孩子的想法，不要在言语上与孩子硬碰硬。

2. 理解尊重孩子

青春期的孩子更需要理解、信任和尊重，他们有较强的自尊心，其言行受到肯定和赞赏时，会产生强烈的满足感；反之，易产生强烈的挫折感。家长要多与孩子进行情感交流，与孩子成为朋友。情感交流可以是一起玩游戏、一起运动、一起玩笑，也可以是一个温柔的眼神、一个会意的微笑、一句暖心的话语、一个赞许的姿态、一个体贴入微的动作，这些都能让孩子感受到家长的关心、赏识。

3. 畅通亲子沟通

家长应尽量避免单一的沟通手段，多利用游戏、信件、高科技手段等与孩子沟通。家长不要随意用消极的语言指责孩子，更不要用损伤自尊心的话语来刺激孩子，要试着以朋友的姿态与孩子平等交流，站在孩子的角度和立场上和他们倾心交谈，放低姿态、坦诚自我，多倾听孩子的想法，以开放、民主、自由的态度与孩子交流，争取获得孩子的信任。

4. 理解孩子情绪

家长要理解孩子当时当下的情绪，认同孩子的感受。如孩子向父母抱怨："这题好难啊，我怎么做也做不出来！"这时，父母的回答可能是："肯定是你没动脑筋，自己再去好好想想！"也可以是："是的，这些题目确实不容易，你再试着动动脑筋，好吗?"前一种回答表明,父母站在孩子的对立面,无视他们的苦恼,将问题推回给孩子,使其处于孤立无援的境地;而后者则表明,父母是站在孩子的立场上的,理解孩子的困难,安慰并鼓励他再次进行思考。显而易见,父母充满同理心的回答容易打破与孩子的隔阂,有利于双方进行深度交流。

🌀 智慧分享

如何让青少年愿意和父母交流

一般进入青春期的青少年"金口"难开。父母想要和这个年龄段的青少年对话往往不容易,要让他们掏心掏肺更难。

找到合适的交流时机很重要。心理学专家曾经分享过一个秘诀——在稍晚的夜间时分,青少年往往容易向父母打开心房。

方法很简单,只要在孩子晚上走出房间休息、差不多忙完手头事情或晚上还没睡的时候,父母把握住跟他们照面、擦肩而过的时机,多说几句话,就有机会打开话匣子。

这样的对话,地点不拘,自然随性就好。合适的对话时机包括:青少年出房门后,看到父母在看电视或看书凑过来瞄一眼时;或是他们出来倒水、上厕所,在走廊或厨房偶遇时;或是经过父母的房间,探头看一下时;或是父母观察孩子应该忙得差不多了,可以关心一下孩子有没有喝水、要不要睡觉时……但是青少年如果看到父母是在低头看手机或用电脑时,就往往不会主动打扰父母。

这样的对话,题材、时间长短不拘,最好让孩子自己做主。毕竟,要青少年多说几句话已经不容易了,更不用说他们正处在发展自主性的年龄阶段,喜欢有主导的感觉,大人此时扮演被动的角色,反而有可能让他们愿意说更多。形式上可以是随意闲聊、讲些近期发生的生活琐事,或是正经八百地讨论什么话题。关于什么时候结束对话,也可以随孩子兴之所至。

要把握孩子自己上门的黄金良机。不管孩子说什么,都不要嫌烦,不要问他们到底要说什么或要求他们讲重点,因为他们在这些时候说的话,真的就是心里正想着的事情,而且也代表他们愿意付出时间与大人交流。

为什么孩子在夜间比较"好聊"?

一方面,因为他们从清晨起床到上学再到课后活动或补习,已经累了一天,回家还有功课要完成,所以刚进家门的那段时间,正是他们疲累又有点儿焦虑的时候,他们也像大人刚下班时一样,想要先静一静,不喜欢一回家就被问东问西。但是到了比较晚的时刻,他们有了一定的自主时间,不会觉得父母过度盯梢或咄咄逼人,心情会比较放松。另一方面,在夜间时刻,孩子比较容易感受到关怀与善意。

不过,父母们可能面临的挑战是到了晚上自己也有点儿累了,但是花点儿时间和精力与孩子聊天、培养亲子感情还是很值得的一件事情。

(资料来源:龙悦.如何让青少年愿意和父母交流[N].中国教育报,2023-10-22(4).)

第六节 刻不容缓的生涯教育

人生是需要规划的,成长中的孩子需要有人去引导他们正确认识自己的兴趣,发展特长、培养志向,科学地规划自己的人生。作为孩子的第一任老师,父母当仁不让地是孩子生涯教育的原生力量。从对家长的家庭教育指导需求的调查中可以看出,家长对孩子未来从事的职业普遍都有比较明确的期待,但在家庭教育的过程中往往忽视对孩子的生涯教育。家长在孩子生涯教育中缺位或者越位等不当现象非常突出,急需学校和教师给予适当指导,帮助家长做好孩子的生涯教育。

问题聚焦

在未来发展方向的选择上,小周与其家长发生了分歧,小周执意要报考职业学校的中本贯通机械工程专业,他说他要当一名工程师,这是他从小的梦想。可家长认为小周成绩不错,只要稳定发挥应该可以进入区重点高中,到时可以考个好大学,找份好工作,双方争执不下。随着中考填报志愿临近,冲突愈演愈烈。小周坚持自己的志愿选择,可家长认为孩子还小,还不懂事,作为家长,自己必须要为孩子的未来考

虑，因此坚持让小周报考高中，并表示，如果他填中本贯通，就不在志愿表上签名。小周因为这事儿心情郁闷，影响了正常的学习生活。家长无奈向班主任张老师求助。

教师思考

初三学生填报志愿时往往会出现这样的现象：一种是孩子没有自己的想法，家长说什么就填什么；另一种则是家长与孩子在未来发展选择上发生分歧，面对分歧，很多家长往往根据自己的主观判断代替孩子做选择、做决定。作为教师，要善于发现这些现象背后的成因。

1. 家长生涯教育意识淡薄导致家庭生涯教育缺失

当前，家庭、学校、社会普遍关注的还是学生的分数，家长也一味地盯着孩子的学习、作业、成绩，而忽略了孩子的生涯教育。在大多数家长看来，孩子接受教育的最终目的在于高考深造，而考虑职业问题是上大学之后的事。由此造成孩子接触社会的机会不多，认识职业、体验职业的机会较少。生涯教育的缺失导致很多学生在填报志愿时一片茫然，甚至在大学毕业后对未来依然感到迷茫，不知道自己想干什么、能干什么、会干什么。

2. 家长不当的成才观导致家庭生涯教育步入误区

怎样才算成才？当前，很多家长还是认为考上大学才能成才，认为上好大学就可以有好工作。受社会大环境的影响，家长对职业的认识还存在着很多误区，还认为社会职业有高低贵贱之分，更期望孩子长大从事收入稳定、丰厚的职业。家长不当的成才观影响了家庭生涯教育的目标与方向，家长对职业认识的误区直接影响到孩子对职业的认识与选择。

3. 家长教育理念偏颇导致亲子之间出现分歧

很多家长常常居高临下地对待孩子，帮助孩子做好一切选择，如给孩子报各式各样的培训辅导班，为孩子确定中考志愿等。过度关心、过度照顾剥夺了孩子成长、选择的空间，过多限制、过多干涉，甚至一手包办阻碍了孩子潜能的释放。不少家长常常因孩子听话而感到骄傲，但往往忽略了孩子的能力、个性、兴趣、智力优势等。很多家长不顾孩子的学业水平和学习能力现状，不考虑孩子的发展意向，坚持鞭策孩子，使其依照自己设计的道路前进。随着孩子自主意识的发展，家长与孩子之间的分歧开始不断增加。

教师策略

针对案例中小周与父母的分歧,张老师采取了以下对策。

1. 帮助家长转变对职业的认识

张老师首先与小周父母进行了一次深入的沟通,通过生活中的真实事例引导家长认识到人的智能结构是多元的,孩子今后的路怎样走,能否一路走好,应充分考虑到个体差异,每个孩子都有适合自己的发展方向。社会需要多种多样的人才,据目前的调查,上海在先进制造业、现代服务业、"互联网+"等领域的应用型人才缺口,特别是中高级应用型人才的缺口特别大,家长要有"匠人"意识,设立较为理性的职业期待。

2. 建议家长认真倾听孩子的想法

张老师建议小周父母认真听听小周的想法。在张老师的鼓励下,小周说出了自己的职业理想与规划,他说自己从小就喜欢动手,喜欢拼装,在学校组织的职业体验活动中,去工厂参观体验过,对机械充满了兴趣,对成为一名工程师充满了向往,而且坚信凭着自己的努力和较强的动手能力,一定能学好。在听了小周慎重的回答后,小周父母开始相信,这不是小周的一时冲动,开始认真对待和思考孩子的想法。

3. 全面客观分析帮助孩子做出选择

在明确了小周的想法后,大家一起坐下来,客观全面地分析孩子的个性、能力、兴趣、优势等各方面的情况。小周性格内向、沉稳,做事稳重、细致、认真,动手能力强,喜欢研究,对机械工程的学习充满兴趣,"我想学,我要学"的信念强烈。经综合分析判断,小周对学习机械工程有动力,也有优势。小周父母再次与孩子确认,一旦做出选择就要为自己的选择负责,要为自己的选择担负起应尽的责任,小周欣然应允。

通过深入沟通与全面分析,最终小周父母理解并尊重小周的选择,支持了孩子的职业梦想,小周也信心满满地投入到了迎考准备中。

行动反思

6—15岁是开展生涯教育的黄金期,教师要引导家长做有智慧、有远见的家长,适时实施生涯教育,让孩子在未来的生涯发展中少些迷茫和困惑。

1. 帮助家长尽早形成正确的生涯教育观念

教师要通过家长会、家长开放日及日常的沟通交流等帮助家长树立起生涯教育的意识,向家长积极宣传正确的生涯教育观念及生涯教育的基本思路和方法,帮助家长形成正确的成才观。家长要科学合理地对孩子进行生涯指导,不要不顾孩子的实际与孩子的发展意向,代替孩子设计人生道路。

2. 指导家长学会观察和了解自己的孩子

一个人选择什么样的职业和未来,常常与他/她本人的兴趣、爱好、性格、气质及能力有密切关系。教师要主动与家长交流孩子在学校的学习生活,经常与家长一起分析孩子的学习能力、兴趣爱好、个性特长等,帮助家长全面、客观地了解自己的孩子。教师还要鼓励家长经常关注和观察孩子在各种各样的活动中的表现,不断发现孩子的个性、能力、兴趣、潜能等,着力发现孩子的优势智能,并积极加以引导和培养。

3. 共同努力丰富孩子的职业体验

生涯教育应从小开始。教师要指导家长创造机会带领孩子开展实践体验活动,如当一天老师、服务员、交警、记者、厨师等,让孩子真正进入职业角色,在模仿中更客观地认识到自己的兴趣所在,激发他们对未来职业生涯的思考。教师还可以积极整合家长资源,将从事不同职业的家长代表请到校园,为学生开展专门的职业讲座并组织体验活动,让学生充分了解社会上有哪些职业及与各职业相关的知识和素养要求,让学生感受、体验职业的多彩和职业的意义,激发学生学习知识、培养志趣的主动性,也为学生未来的生涯发展打下坚实基础。

智慧分享

适合的就是最好的

在第六届全国数控技能大赛决赛开幕式的会场上,周浩吸引了媒体记者们的眼球。周浩有足够让人惊讶的经历,他从北京大学退学,转学到北京工业技师学院,谈起当年的决定,他说"毫不后悔,很庆幸"。

在当年的高考中,周浩是青海省理科前五名。本来他想报考北京航空航天大学,但这个想法遭到了家人、老师的一致反对,父母觉得这样高的分数不报考清华、北大简直就是浪费,高中班主任也一直希望他能报考更好的学校。"我从小就喜欢拆分机械，家里的电器都被我重装过。在航空航天大学，有很多实用性的课程，这比较对我的胃口。"但是，周浩最终还是妥协了。"当时还小啊，再有主见也还是听家长的。"没想到，当年的妥协竟困扰了他两年多。

到了北大，周浩以为可以有一个新的开始，会习惯这里的生活。事实证明，他错了，不感兴趣的专业让周浩痛不欲生，对于未来，他也时常感到非常迷茫。他开始谋划转院，大二还休学了一年。在转院、逃避都没有解决问题的情况下，周浩开始打起了转校的"算盘"。在终于得到父母的支持以后，周浩从北大到了北京工业技师学院，开始了人生新的起点。找到兴趣点后的周浩重新拾回了对学习的热情，这也让他在新学校得以大显身手。凭借在北大学习的理论基础和在北京工业技师学院学到的技术，周浩慢慢朝着成为知识技能复合型人才的方向努力，他成了学院最优秀的学生之一。尽管有很多企业向周浩伸出橄榄枝，但对于未来，周浩有自己的设想："现在还不想就业，我还是想继续深造，对数控技术了解得越深我就越觉得自己学得太少，还是要再多充充电。"

（资料来源：彭燕，吴雪阳.弃北大读技校，自定别样人生[N].中国青年报，2014—11—17(11).）

第七节 不畅的家校沟通

教师要做好家庭教育指导工作，实现家校步调一致，良好的家校沟通是关键。因此，如何与家长沟通就成了教师工作中的重要内容。然而，并不是所有的家校互动都是顺利的、相互支持的，也会有一些家长不愿意和教师进行沟通，甚至出现情绪对立的情况，但教师千万不要因此得出家长不关心孩子的结论，这也有可能是家长不知所措的表现。作为教师，必须要掌握与家长沟通的技巧与智慧，取得家长的理解和信任，凝聚起家校教育合力。

问题聚焦

小强经常不能按时完成作业，为了改变这一现状，老师把小强妈妈请到了办公室。"他最近一直不做作业，你知道吗？""你在家里是不是不管他的作业啊？""你再不好好管管他，就真的来不及了。"……办公室里语文、英语、数学老师你一言我一语，小强妈妈低下了头，不知道该说什么。当天放学，妈妈把小强打了一顿。第二天，小强的家庭作业还是没完成，老师又打电话给小强妈妈："小强妈妈，他怎么今天还不做作业啊，你到底管了没有？"妈妈答："昨天我打也打了，骂也骂了，他还是不做作业，我也没办法。"随后挂了电话，老师又生气又无奈，小强的作业也依旧拖拖拉拉。之后不久，老师再打电话想请小强妈妈到学校来面谈，结果小强妈妈到了校门口却不肯进校门……

教师思考

像这样教师与家长沟通不畅，甚至导致家长产生对立情绪的现象并不少见。究其原因，还是教师在与家长的沟通中存在着一些不当行为。

1. 随意呼叫，限定时间

教师在工作中及时与家长取得联系是必要的，但不分轻重缓急、不分时间场合，随意呼叫家长甚至要求家长马上赶来会产生一定的负面影响。家长有自己的工作，并不是随叫就能随到的，家长往往因为老师"有请"要临时请假，甚至耽误工作，这就使得一些家长人还未到校心理上已经产生了一定的抵触情绪，沟通也就较难达成预期的目标。建议教师邀请家长到学校沟通商谈时一定要注意用语及语气，要与家长商议确定时间地点，避免强势地要求家长立即赶到。

2. 居高临下，喜欢说教

作为教师，我们的职业习惯使我们容易在说话时居高临下、喜欢说教，这样的习惯会让我们在和家长的交流中，不注意倾听，不注意分析学生、家长的情况，急于抱怨学生、指责家长。而一味指责、抱怨、教训、说教的口吻会使家长产生"低人一等"的屈辱感，引起家长反感，影响家长主动思考和寻找解决问题的方法的积极性。教师在与家长沟通时，要把家长当成朋友来对待，做到起身欢迎、搬椅倒水、语气委婉，与家长一起积极乐观地分析原因，共同找到解决办法。

3. 不分场合，轮番轰炸

很多教师请家长到学校，直接在教师的办公室内交谈，办公室人多口杂，私密性差,家长会有很强的防御心理,不愿意敞开心扉,甚至会觉得自尊受损。在办公室交谈,还经常会有其他任课教师加入进来,你一言我一语,几个教师联合起来轮番轰炸,容易引起家长的抵触情绪,甚至会激怒家长,引发冲突。因此,如果教师请家长到学校来沟通,首先要寻找一个安静的、相对私密的谈话地点,这样既保护家长的自尊,也能保证谈话不被打扰。

教师策略

针对案例中出现的问题,老师及时改变了态度与方法,采取了积极的应对及沟通策略。

1. 主动出门邀请

老师主动到校门口,把家长请进了学校的接待室,泡上一杯水,让家长先坐下,老师的以礼相待让家长的情绪得到了一定的缓和。

2. 改变说话方式

老师一改电话中咄咄逼人的讲话态度,不再说孩子的不是,而是真诚地表达了想与家长共同商讨方法、帮助孩子进步的愿望,家长的抗拒态度明显有所转变。

3. 认真倾听了解

在老师的询问和鼓励下,小强妈妈开始讲述孩子在家的情况,老师这才了解到孩子的爸妈工作忙,晚上经常加班,孩子一个人在家,自己做饭、写作业。家长无暇照顾孩子,内心已经充满愧疚,听到老师一次次说孩子不做作业,又伤心又无奈。

4. 共同分析商讨

老师理解了家长的难处,与家长积极商讨解决方法。针对家长无暇照顾孩子的困难,老师主动提出会多利用课余时间抓孩子的作业,并会通过"家校联系册"及时反馈孩子的作业情况,家长每天回家要关注"家校联系册",多鼓励孩子,督促孩子养成良好的学习习惯。家长也可以通过"家校联系册"多与老师沟通反馈。家长很感动,一再表达对老师的感谢。

通过积极有效的沟通,问题得到了有效解决,家长与老师之间架起了理解与信任的桥梁,并努力达成了共识。

行动反思

教师需要面对各种各样的家长,要实现与家长的良好沟通,形成教育的合力,需要掌握一定的沟通方法与技巧。

1. "尊重"是教师与家长沟通的前提

教师与家长之间的交流是一种平等的交流,教师必须尊重学生家长的人格。首先,教师要礼貌待人,不论在何种情况下请家长到校,都应主动给家长让座、倒水,要有为人师表的风度和人格魅力。其次,教师还要有平稳的情绪,特别是对待那些调皮孩子的家长,更要悉心交流,教师不要动辄向家长"告状",不要当众责备他们的子女,更不能训斥、指责家长。再者,教师要多从自身找原因,不要推卸责任,要站在公正公平的角度客观地分析问题的症结所在,公正地评价学生的表现和家长的家庭教育工作,与家长共同研究解决问题的方法和对策。

2. "倾听"是教师与家长沟通的手段

与家长交流,要懂得倾听,不能以"教育权威"自居,一味讲述自己认可的大道理,这样的交流是片面的,不利于教师掌握更多信息,甚至有可能会犯错误。教师只有懂得倾听,才能发现更多,才能更加全面地分析问题。家长永远是最了解自己孩子的人,教师的任务是以合作伙伴的身份和家长一起找出解决问题的办法。教师要认真、耐心、诚恳地倾听家长的意见,使用有效倾听的技巧准确地捕捉家长传达的信息,并尝试理解家长的观点。

3. "策略"是教师与家长沟通的保障

教师与家长交流要讲究方法和策略。首先,学生的问题初见端倪时,教师就要跟家长沟通,不要等到问题严重后才告诉家长,如果家长感到问题出现得很突然,那么就较难配合和支持教师的工作。其次,教师在向家长反映问题时,一定要讲究策略。教师可以采取以下步骤:第一步,肯定孩子的优点与进步。如果教师一上来就用负面信息对家长进行狂轰滥炸,就很可能激起家长的防御心理。第二步,提出孩子存在的问题。教师对问题的分析要做到适可而止,不要过度批评指责,以免引起家长的反感。第三步,了解孩子在家情况及家长的教育方法,与家长共同分析找出问题的原因。第四步,教师与家长共同商讨提出解决问题的设想和方法,明确家长需要配合做的事。教师在提出需要家长配合做的事时,不要用命令式的语气，而是要让家长感受到大家的目标是一致的，要多用鼓励的方法，鼓励会使家长高兴地与教师结为同盟，形成强大的教育合力。

智慧分享

智慧沟通"六步曲"

在咨询室的每一个日子里，我们看着一位位家长在我们面前流泪，看着一位位家长的眼眸里重新燃起亮光。近一年的时间里，我们共接待了86个家庭的家长。而在这一过程中，咨询室年轻的老师们在不断地学习着，成长着。

"对待家长要真诚"，"要学会将心比心"，"家长也需要老师们的表扬"，一个个从实践中得来的真知在这里得到了新的碰撞、新的生成，与家长交流的"智慧沟通'六步曲'"诞生了：第一步：倾听心声——蹲下来和孩子面对面沟通交流，听到孩子心底真实的声音。第二步：寻找对策——从孩子的立场出发，寻找对孩子最有利的策略与方法。第三步：情感互动——与家长谈话，真诚感谢家长来校，感谢家长的支持。第四步：激励肯定——肯定孩子的优点与潜能，相信每一个孩子都是好孩子。第五步：坦诚事实——反馈孩子心里的想法，分析利弊，帮助家长通过事情看到本质。第六步：有效指导——提出应对策略与方法，指导家长有效实施。

我们把这个方法在全校教师中进行了推广。老师们的思想渐渐改变了，孩子本没错，是不正确的家庭教育理念和方法造就了他们的坏习惯、坏脾气、坏性格，孩子怪异的行为背后是一颗受伤的心。老师们的行为也明显有了变化，喊家长来校的老师减少了，面对来自五湖四海的孩子时也不再感到紧张和压力大了，而是静下心来，分析原因，正确对待，学会"疗伤"。

(资料来源：上海市奉贤区江海第一小学 "百分爸妈"咨询室)

第八节　放不下的"手机"

信息化的时代，电子产品充斥着人们的生活，孩子对电子产品和网络的依赖令众多家长头疼不已。毋庸置疑，网络和电子产品给人们的生活带来了很多的便利,但是过度使用网络和电子产品,也会给青少年带来很多的伤害,如网络成瘾、游戏成瘾、影响学习和效率、影响睡眠、网络诈骗等,青少年电子产品的使用已成了众多家长的"心头患"。

问题聚焦

一天,六年级的班主任李老师接到飞飞妈打来的电话:

"李老师,你说这孩子怎么变成了这样……"飞飞妈没说上两句,就开始泣不成声。

"飞飞妈,别哭了,到底怎么回事?快跟我说说……"李老师着急地问,飞飞妈哭了好一会儿才稳定情绪,跟班主任说起了事情的缘由。

原来,最近孩子沉迷网络游戏,不仅在家做作业不专心,还背着妈妈偷偷购买了2000元的游戏装备,这2000元钱是妈妈预存在卡里准备还这个月房贷的,当银行催缴了,她才知道这事。打也打了,骂也骂了,可是钱也追不回来了。飞飞妈很伤心,也很寒心,自己从小带大的孩子怎么变成这样了呢?

教师思考

2020年,互联网络信息中心发布了全国未成年人互联网使用情况研究报告,分析表明,未成年人网民拥有自己的上网设备的比例达到82.9%。2022年2月,中国互联网络发展状况统计报告显示,我国网民规模达10.32亿,其中未成年人网民已达1.83亿。在上海市奉贤区数字家长学校平台的"答疑解惑"版块,家长关于孩子电子产品和网络使用问题的提问占了很高比例。

在这庞大的数据背后,我们不可避免地会出现这样的疑问,为什么有些青少年离不开电子产品呢?教师要首先了解原因,才能指导家长对症下药。

1. 电子产品的诱惑

电子产品具有娱乐性、隐匿性、便利性、互动性和即时性等特点,具备了通信、学习、游戏、社交等功能,对青少年具有很强的吸引力。

2. 社交模式的更新

随着微信等新社交工具的普及,成人的交流方式发生了改变,青少年也在慢慢主动接受发朋友圈、刷朋友圈等新的社交模式。

同伴环境对青少年有着重要的影响。青少年所处的班级或者社交小团体中,如果有沉迷电子产品或者游戏的氛围,会增加孩子对电子产品的使用。案例中,飞飞要好的朋友也都喜欢玩游戏,妈妈曾翻看飞飞的微信群,发现孩子至少加入了五个游戏群,孩子们热衷在群里讨论打怪升级等游戏话题。

3. 学习方式的影响

近年来,无论是网络教学资源的开发,还是线上作业提交方式的普及,都增加了青少年使用手机等电子产品的概率。同时,许多兴趣课、拓展课等线上课程同样增加了他们对电子产品的使用频率。

4. 家庭教育的不当

如果家庭亲子活动少,家长缺少有效陪伴,孩子的心理需求长期得不到父母足够的认可、接纳和回应,孩子容易把网络当作生活中的依靠和情感的依赖。

不当的家庭教养方式容易使孩子沉迷于电子产品。采用溺爱型和粗暴型教养方式家庭中的孩子更容易沉迷于网络。案例中的飞飞父母,一开始对孩子溺爱,对孩子电子产品的使用不加限制,而后来发现孩子沉迷网络的问题后,又采取了粗暴型的教育方式。

5. 自我认同的不满

自我认同感低的青少年容易沉迷电子产品。他们或对家庭环境不满意,或对自己的学习成绩不满意,或对自己的相貌、身材等不满意。当自我需求不被满足时,便会产生焦虑、空虚等心理状态,而电子产品和网络恰好是一个需求满足的载体。案例中的飞飞由于脚部的缺陷,自我认同感较低,而游戏的一次次升级给孩子带来了成就感,弥补了孩子现实生活中的挫败感。

教师策略

孩子沉迷电子产品,与其背后的家庭教育有着很大的关系。作为教师,我们首先要了解其家庭教育中的不当因素,如亲子陪伴少、家庭教养方式不当、家长期望值过高等,帮助家长认识自身问题,并给予改正的建议。

1. 走入家庭，指导制定家庭规则

教师可以指导家长根据孩子的实际需求，与孩子协商，制定一份家庭成员电子产品使用规则，规则要包含什么时候可以使用电子产品、用来做什么、一次可以玩多久、如果超时会有怎样的惩罚，遵守规则又会得到什么样的奖励等。

教师指导家长制定和实行规则时要注意以下几点：一是尽量听取孩子的想法和意见，可以通过家庭会议的方式商议大家都能接受的方案，必要时教师可参与指导该规则的制定；二是将规则书面化，父母和孩子共同遵守；三是定好奖惩，鼓励孩子自我监督，培养自我管理能力；四是"签约"应有仪式感，"执行合同"须坚持。

2. 技术支持，指导设置产品模式

虽然电子产品给教育孩子带来很多麻烦，但是凡事有弊就有利，如果通过技术防控，有效管理好电子设备，也能带给我们资源和便利。作为教师，首先要掌握一定的电子产品设置模式，必要时可以给家长技术支持。如教师可以指导家长设置"屏幕使用时间管理"，一到时间，屏幕或某一类 App（手机软件）就自动锁定不能继续使用。再如，指导家长安装一款叫作 ScreenMonitor 的软件，用于监控电脑屏幕，每隔 20 秒截一次屏幕保存下来，这样家长就能及时了解孩子的上课情况。

教师还可以指导家长给孩子安装防沉迷系统和手机软件的监测功能，如"腾讯成长守护平台""番茄钟时间管理""风筝守护"等。这些平台可以协助培养孩子健康游戏和娱乐的习惯，提升孩子自主管理时间的能力等。要强调的是，无论电子产品模式的设置怎么先进，教师一定要指导家长做到不厌其烦，舍得花时间学习新技术且愿意倾听孩子的想法，与其有效沟通协商。

3. 沟通思想，指导培养网络素养

信息化时代，家长应顺应时代需求，更注重孩子网络素养的培养，用"疏"代替"堵"，取得更好的教育效果。

首先，指导家长营造和谐的家庭氛围，与孩子一同辩证探讨电子产品给生活带来的各种好处，如便捷、内容丰富、形式多样等，同时也要意识到相关的危害，如对眼睛、身体发育以及人际交往带来的不利影响等。其次，指导家长培养孩子的网络安全意识，告诉孩子可以看哪些网页，用什么 App，哪些是绝对不能碰的，如何避免网络暴力等，以此来提升孩子的网络素养。

4. 活动建议，指导加强亲子互动

现实生活中，家长因忙于工作而疏忽对孩子的陪伴，已成为大部分家庭的常态。而电子游戏中有同伴，QQ和微信中有朋友，很大程度上满足了孩子的心理和社会交往需求。因此，将孩子的注意力从电子产品中转移出来，最好的方法是丰富家庭活动，增强孩子的生活体验。教师可以指导家长多开展一些亲子活动，比如：聊天分享彼此有趣的事情，旅游带孩子领略国家的飞速发展；家务劳动，如体验厨艺、烘焙点心、花草修理等，提高孩子的动手能力；组织线下家庭或同学聚会，帮助孩子增进社会交往，提高对真实情感的认同度。

其间，教师要指导家长遵循以下几个原则：共同商量形式丰富的家庭活动；家庭活动提前规划，合理分工；固定家庭活动的时间，不轻易打破计划。例如可以制定"家庭读书日""家庭电影日""家庭郊游日"等，当亲人之间的交流变多，孩子的注意力便不会投入网络世界。

● 行动反思

青少年电子产品的使用让很多家长感到焦躁和无力。面对家长的困惑，教师首先要帮家长分析孩子沉迷电子产品的原因，并给予专业、科学的指导。教师对家长的指导可以从以下几方面展开。

1. 指导家长分析孩子沉迷电子产品的原因

虽然电子产品对孩子有很大的吸引力，但孩子沉迷电子产品的原因各不相同，有的是自控力弱，有的是家长疏于管理，有的是受同伴影响，教师要和家长从家庭、学习和个人多个方面分析原因，才能对症下药。

2. 指导家长改变心态，理解接纳

在处理孩子使用电子产品这一问题上，指导家长首先要做的是改变心态，采用理解和接纳的态度，不再把电子产品看作洪水猛兽，不再采用禁止或严查的方式来管理孩子的电子产品使用，而是在互相尊重、心平气和的氛围中与孩子协商一个合适的使用方案。

3. 指导家长加强亲子陪伴，增强亲子情感

孩子长时间与电子产品为伴，其中一个主要原因是缺少父母的陪伴，想让孩子少玩电子产品，家长就要多陪伴孩子，通过丰富的亲子活动，转移孩子的注意力，

增加现实生活对孩子的吸引力,如与孩子一起阅读、一起运动散步、一起做饭等。

智慧分享

放下手机,让我们在一起

  2017年,北京史家小学当时四年级(12)班的学生朱子薇和同学们发起了名为"放下手机,让我们在一起"的服务学习公益项目,呼吁家庭制定行动计划表,连续28天,大家每天晚上至少一个小时远离手机和微信,远离连续剧、游戏,一起读书、交流。这个活动得到了学校的大力支持。朱子薇的班主任、项目指导老师陶淑磊介绍:"28天后,我们收回近1 000份记录合格的行动执行卡,统计后得知每个家庭平均每天放下手机2.2个小时。很多家庭都有自己控制看手机的高招。很多参与的家庭都受益匪浅。活动结束后,很多家庭依然继续参加'放下手机,让我们在一起'的行动。"这一届学生毕业后,陶淑磊又带了新一届学生,"放下手机,让我们在一起"项目延续了下来。梁昱暄就是陶淑磊新一届班上的学生。"经过我们的倡议,我的父母已经把陪伴家人从被动打卡变成了一种生活习惯。通过自己的亲身体验,我感受到成长过程中有父母的陪伴是一件多么幸福,多么温暖的事,我希望这种陪伴能一直持续下去。"梁昱暄说。

  "'放下手机,让我们在一起'项目的意义是希望家长每天有意识地陪伴孩子,可以一起读书、运动、游戏、看电影、交流等,而不要让手机成为家长和孩子的交流屏障。"陶淑磊说,身教胜于言教,家长能每天到家真正放下手机,和孩子一起学习、做事、运动,也能促使孩子课余时间放下手机,让生活更丰富多彩。不做低头族,也有利于家长和孩子的身心健康。

  (资料来源:张春铭,周子涵.放下手机,这所学校有妙招[N].中国教育报,2021-3-26(3).)

第九节 令人头疼的"拖拉"

  "快点吃,饭菜都要凉了。""赶紧穿衣服,上学要迟到了。""快点写作业,已经十点了。"这一声声催促在很多家庭十分常见。明明一个小时可以写完的作业,孩子总要拖到两个小时以上,家长看着心急,忍不住催促。如果催促没用,家长可能开始发火,朝孩子吼,转眼间引发一场亲子大战。"拖拉"是很多家长养育孩子中最头疼的事情,也是教师教学工作中经常遇到的一道难题。

问题聚焦

小果是小学四年级的学生,头脑也不笨,妈妈说她在家做作业时总是磨磨蹭蹭,一会儿要喝水,一会儿又要上厕所,有时玩弄文具,甚至坐在那儿发呆,一个小时就能做完的作业往往要拖两三个小时才能做完,而且经常出错。妈妈想了很多办法,激励法、规定时间法,甚至打骂,但是收效甚微,孩子依然会把做作业的时间拉得很长。面对这样的情况,家长没办法了,只好求助孩子的班主任沈老师。

教师思考

一线老师在日常教学中,碰到的最多的情况就是孩子做作业拖拉,在学校里没法完成课堂作业。家长求助老师占比较大的问题也是孩子回到家做作业战线拉得太长,磨蹭到三更半夜才能做好。在上海市奉贤区数字家长学校上线后,家长提问较多的也是拖拉问题。其实拖拉不仅仅表现在做作业上,这样的孩子往往做其他事情也是习惯拖拉的。

美国一项研究表明:儿童时间管理能力直接影响孩子的学习效率。时间管理能力强的孩子,他们学习效率高,不磨蹭拖延,玩得痛快,学得专心,当天的学习当天完成。不懂时间管理的孩子觉得学习的时候,时间是魔鬼,玩闹的时候,时间是上帝。

教师首先要了解造成孩子做事拖拉的原因。

1. 父母包办太多,缺乏独立做事的能力

在孩子的成长过程中,家长最不希望的就是他们受到伤害,不管是身体上的还是心理上的。出于这种心理,很多孩子被保护了起来,就如活在温室里,什么都不能做,什么也不敢做。该孩子做的事情,父母都替孩子完成了,这样的行为就是一种过度包办,剥夺了孩子动手实践、探索体验的机会,不利于孩子的成长。

在这样的情况下,孩子会非常依赖父母,碰到问题不想解决,等待着被施以援手,原地踏步的情况下,拖拉就发生了。

2. 时间概念模糊,不会进行时间管理

现在的孩子对时间基本是没有概念的,碰到自己喜欢做的事情可以保持高效率,并且很快就完成。一旦碰到不感兴趣的,就会无限制拖延,对孩子来说,时间是触摸不到的东西,他们不知道一分钟一小时具体是多久,所以根据喜好办事的孩子自然就对作业产生了拖延。

3. 生理发育不全,容易受到外界干扰

孩子的大脑还没有发育完全,神经系统和抑制系统还没有平衡,所以他们非常容易受到外界的干扰,这其实是一种正常的现象,要学会正确看待这一问题,并适当干预,随着孩子年龄的增长情况会好很多。

4. 遇到困难无法解决,进入长时间的思考

在大量孩子拖延的背后,我们会发现孩子不只是单纯地走神,很多情况下,孩子碰到难题后没办法解决,会进入长时间的思考。但是,这种思考是无效的,对于孩子来说,会做就是会做,不会做就是不会做,长时间的思考并不会让这一情况改善,所以一旦碰到这种情况,家长和老师最好介入,让孩子掌握知识点,快速走出无效思考。

教师要了解儿童注意力发展的关键期。从学科角度来看,不同的注意功能在儿童发展中各有其关键期。

出生后不久,新生儿(出生—2岁)就逐渐展现出对周围环境的方向性关注,能够追随声音或移动的物体。此时,他们无法同时关注多个事物,也难以在同一事物上保持较长的注意时间。

幼儿阶段(2—6岁),孩子开始学会有选择性地关注特定的事物,能在多个目标中做出判断并选择自己想要的。比如,幼儿园放学时,儿童可以迅速而准确地从各式各样的小书包中找到自己的。这一时期儿童的注意力分配能力较弱,无法持久,也容易受到外界环境的影响。

学龄阶段(6—12岁)的儿童逐渐能更持久地关注特定的任务,并能在需要时在不同任务中来回切换。随着年龄增长,孩子看书的持续时间逐渐延长,有时能全神贯注,对外界变化浑然不觉。

注意力对学龄期儿童有着极其重要的影响。小学阶段,儿童学业困难和行为

问题往往与注意力发展水平有直接的关联。注意力发展较好的儿童更容易在课堂上专心听讲,作业准确度和整洁度更高,很少丢三落四,学习成绩也更好。此外,他们情绪和行为控制能力也较强,情绪相对稳定,在学校和公共场合较少出现情绪失控的情况,与同学相处也更融洽。

同时,女孩的注意力发展往往优于男孩,因此在小学阶段,成绩优秀、情绪稳定、行为良好的情况在女孩中更为普遍。相反,注意缺陷多动障碍在男性中的患病率较女性高,大约为 2.28∶1。[①]

教师策略

面对小果做事拖拉的问题,沈教师从以下方面引导家长做出努力。

1. 提供机会锻炼孩子,培养孩子独立完成任务的能力

在日常生活学习中,老师和家长要让孩子自己完成自己能做的事情,切不可因害怕麻烦,担心浪费时间就大包大揽。孩子的独立性是在实践中培养起来的。凡是孩子自己能做的应该让他自己做,不要代替他,在保证孩子安全的前提下,放手让孩子去做力所能及的事情。培养孩子初步思考的能力,就是让孩子自己勤动脑、勤动手,不仅让他们自己独立动手去实践,还要他们自己独立动脑去思考。

2. 指导孩子学习时间管理,增强时间观念

(1) 给孩子自己支配时间的机会

孩子没有成人那种"一寸光阴一寸金"的概念,这就需要父母帮助孩子树立遵守时间、珍惜时间的良好时间观念。针对每天孩子需要完成的学习任务进行时间预估,注意一定要给孩子留下可自由支配的时间,每次给 1~2 小时就可以了,也不需太多。

(2) 让时间"看得见"

家长可以在家里显眼的位置摆个时钟,给孩子购买一个手表,这样家长就可以指指墙上的时钟,或者问他现在几点几分了,孩子就会明确时间,做自己该做的事。有了"时间"这根无形的指挥棒,可以让孩子从小就养成有规律的生活习惯,孩子也比以前更"听话"了,做事也不会那么磨蹭了。

---

① 严超. 儿童注意力发展有哪些关键期[N].文汇报.2023-12-14(8).

(3) 制定时间任务表

做作业时，家长不妨与孩子商量好做作业的时间和休息的时间，这样做可以使孩子具有一定的紧迫感，增强了注意力，最终使其学习效果得以提高。孩子自己制订计划表，能够让他明白时间的重要性，懂得计划好的事情要按时完成，否则后面的计划就无法完成。制订计划表，可以有效地培养孩子的时间观念，引导其珍惜时间。

(4) 奖惩分明

如果刚开始孩子还没有时间观念，那么，在做某件事情前家长要和孩子约定好时间，先约法三章，这样可以减少不必要的冲突和亲子关系危机。由于都是事先约定好的，到了约定的时间，就一定要遵守约定。可能刚开始孩子会耍赖，家长可以事先承诺：如果遵守约定，将会得到一定的奖励。有了奖励的刺激，孩子会更认真地遵守约定。当一向对时间缺乏概念的孩子做出了按时作息的事情时，父母不要吝啬奖励，因为赞赏和表扬可以激发起孩子更大的积极性。

3. 营造安静的学习环境，避免人为干扰

安静，不嘈杂，这是最基本的要求，孩子在一个嘈杂的环境里很难集中注意力去学习，尤其是现在孩子课业繁重，很多时候都只能利用碎片时间来学习或看书。当然这里并不是说完全杜绝噪音、电视等的干扰，而是尽可能地选择相对安静、空气清新、光线明亮些的地方作为居住环境。

4. 适应和辅导慢性子孩子做事

(1) 要适应孩子的慢性子，并不是说家长放任不管，而是要适应孩子的节奏，既然知道孩子慢，那么家长就多配合孩子的慢节奏，比如给孩子更多的时间去完成任务。

(2) 家长不能太惯着孩子，有些孩子会以为"只要我慢下来，爸妈看不惯就会帮我完成任务"，既然孩子有这样的心理，家长就不能顺着他的想法走，就算再慢，也要看着孩子完成，绝不能插手。

(3) 激发孩子的兴趣，对于一些孩子不感兴趣的事情，他的动作会放慢，那么家长不要急于求成地强迫孩子马上去做，而是要先引导孩子有了兴趣再做。

5. 提供有效帮助，培养孩子的自信心

当孩子碰到难题无法解决，进入长时间的思考时，家长和老师要及时介入，询问孩子的困难是什么，帮助孩子寻找解决问题的方法，快速走出无效思考。

6.指导家长通过认知注意训练、运动训练和正念冥想训练对孩子进行适当训练和提升

面对家长因孩子拖拉、磨蹭、注意力不集中等引起的焦虑,教师也要适当安抚,让家长了解随着年龄的增长、适当的训练以及养育者的理解和陪伴,孩子的注意力问题通常会逐渐减轻,而不会成为永久的困扰。

行动反思

经过一段时间的努力,小果做事情拖拉的情况有所转变。但对于正在成长中的孩子来说,所有的教育措施都不可能一劳永逸,习惯的养成需要一个漫长的过程。对待像小果一样的"小拖拉",还需做到:

1. 让努力看得见

为孩子制定一份任务清单,每天按时完成任务后,及时进行记录和表扬,让孩子每天的努力和进步都清晰可见,为孩子能够坚持遵守时间约定,更积极主动地完成各项任务积累信心。

2. 让反复被原谅

习惯的养成不是一蹴而就的,更何况是思维的转变。所以,治疗"小拖拉"的过程是容易反复的过程,这是正常的。只有家长保持积极乐观的心态,给予孩子鼓励和支持,才能让孩子感受到自己的点滴进步和成长。

3. 让教育常相伴

苏霍姆林斯基曾说:"教育的效果取决于学校和家庭教育影响的一致性。"只有通过家校共同努力才能实现教育效果的最大化。在指导家长的同时,教师也要反思和优化自己的教育行为,在学校生活中开展各式各样的教育活动,培养学生的自主意识和主观能动性,实现与家庭教育的同频共振。

智慧分享

做时间的主人
——以时间管理App"番茄ToDo"为例

"番茄ToDo"是一款广为人知的时间管理软件,它通过强制锁机,强迫用户离

开手机，从而专注于所设定目标。围绕"计划""专注"以及"回顾"三个板块，结合"自习室"功能，"番茄ToDo"软件帮助学生提高学习效率，增强自控能力，在远离课堂时也能够养成自主学习的良好习惯。

1. 计划模块

计划模块即"待办"或"待办集"，学生可以根据需要完成的目标或想要养成的习惯创建待办卡片，并可以选择"番茄钟""定目标""养习惯"三种模式。"番茄钟"模式可以自由选择正向计时或倒计时，记录自己的学习时间；"定目标"可以选择在某个日期前完成这项卡片的累计时长数；"养习惯"即每天规定一定量的该项学习任务。

在假期期间远离老师监督的情况下，计划模块可以高效地帮助学生规划自己的时间安排。针对学业任务较为繁重的学生，倒计时可以使得学生在规定时间内完成模拟化考试，正向计时可以帮助学生对比记录时间以寻找自身薄弱点。

2. 专注功能

专注功能是这类时间管理App的核心功能，是基于"番茄工作法"构建的时间规划管理功能。"番茄工作法"是弗朗西斯科·西里洛于1992年提出的，其主要规则包括：一个番茄时间共30分钟，25分钟工作、5分钟休息；一个番茄时间是不可分割的；每4个番茄时间后，停止工作，进行一次较长时间的休息，大约15到30分钟；完成一个任务，划掉一个。这样的方法有助于学生提升注意力和集中力，巩固达成目标的决心，并唤醒内心激励。在"番茄ToDo"软件中，番茄钟的时间还可以自行设定。

专注功能实现的具体方法多数都是通过获取手机权限来限制使用手机。在设定完任务卡片后，学生通过开始这项卡片，实现手机锁屏。其间，正向计时可以随时停止，但倒计时必须要等到倒计时结束，否则这项任务被判定为未完成。"专注"期间可以选择学霸模式，用户将无法打开手机桌面，甚至无法回到App。这将有助于学生自主远离手机，对抗拖延症，克服时不时接收碎片化娱乐信息的困难。同时在锁屏期间可以提供白噪音，辅助学生快速静下心来，投入到学习中。

3. 数据回顾

统计数据是见证成长最重要的可视化模块。当日专注时长可以统计学生自己今日有效学习时间，专注时长分布可以总览自身不同科目的学习投入程度，还可以选择某个时间段，如某个月数学学科的总学习时长。

直观的数据显示,能够让学生、老师和家长更加客观地认识自己不同科目的投入比。学生可以结合近期学习成绩,分析投入产出比,进而优化自己的学习安排,更高效地完成自身任务。

4. 自习室功能

线上自习室是共同学习、相互见证的网络空间。在这个页面可以看到不同人的专注时长以及排名,开放权限后还可以观察不同人的专注时间分布,以及早起打卡时间。需要注意的是,线上自习室没有开通聊天等功能,减少了不必要的社交,而更加专注于自身的提升和学习任务的完成。

(资料来源:王西凯.做时间的主人——以时间管理App"番茄ToDo"为例[J].中小学信息技术教育,2023,(08):89-90.)

第九章 ‖ 特殊家庭的家庭教育指导

改革开放给中国带来了繁荣发展,随着人民生活水平提高,人们的思想观念也在不断发生着变化。由于种种原因,现代家庭的结构更多样也更复杂,不同家庭结构对家长的教育理念产生不一样的影响,因此,家庭教育效果也各不相同。

本章围绕当前较为普遍存在的特殊家庭,如离异家庭、隔代家庭、随迁子女家庭、留守儿童家庭中存在的教育问题,引导教师展开有效指导。

第一节　离异家庭的家庭教育指导

父母双全、温馨美好的家庭氛围对孩子的身心健康尤其是健康人格的形成起着举足轻重的作用。但是,随着离婚率上升,交通事故、天灾等特殊情况的发生,学校里离异单亲家庭子女日益增多,这些孩子幼小的心灵受到了不同程度的影响,从而产生学习障碍、情绪障碍、交往障碍等心理问题,既影响了学生的健康成长与发展,也会给社会进步带来隐患。

◉ 问题聚焦

有一位同学名叫小涵,父母在她小学时离婚。小涵一直随母亲生活,不定期去见父亲。升入初中后,小涵成绩优异,但与人相处霸道敏感。在与同学们聊天时,大家不经意的话语就会触发她,使她突然暴躁并用言语攻击他人。对待体形偏胖的同学,她会尖酸刻薄地挖苦;对不愿跟她分享读物的同学,她会一把把书扔到地上,并命令对方捡起来。她形容自己像一只刺猬,当外界一有危险信号时,她就会毫不犹豫地竖起自己的"刺"保护自己。归根到底,这种敏感多疑、霸道任性的性格,源于她内心深处儿时经历父母离异的伤疤仍未愈合,在她心里一直认为父亲伤害了母亲。久而久之,她一直生活在内心缺乏安全感的环境中,所以在遇到她认为的威胁时她宁可先伤害别人,也不允许被别人"伤害"。

教师思考

1. 缺乏关怀

离异家庭的家长在生活压力下往往会情绪失控,并将这种情绪传递给孩子。离异家庭中的一方会把对过错方的怨恨转嫁给孩子,这是非常可悲的。较多遭受此类变故的家庭,生活负担会由此加重,单亲家长因此会忙于应付生活,忙于工作,与孩子很少有见面机会,更不用说是与孩子沟通,自然便会缺少对孩子学习、生活和心理的关怀。

2. 缺少监督

离异家庭的孩子往往因缺少家长的监督,学业成绩下降,而后因缺乏父亲或母亲的关怀而导致心理失衡。他们常常感到孤独、忧虑、失望,往往情绪低沉、心情浮躁、性格孤僻。为引起家长的注意,他们可能会故意犯错误,惹是生非。如果不及时矫正孩子的这种心态,久而久之,就会使孩子性格扭曲,严重影响其情感、意志和品德的发展。

3. 榜样影响

家庭环境及家人之间的关系影响着孩子的身心成长。案例中的小涵认为母亲受到了父亲的伤害,因此在成长过程中形成了一种过度自我保护的心理,在与人相处中随时启动的过度自我保护心理就会伤害别人。

教师策略

在孩子的成长过程中,无论年龄大小,作为父母,在任何情况下都应该关心其成长,不仅仅要提供物质上的保障,更应该关注孩子的身心发展,给予孩子应得的爱和关怀,让孩子在健康和快乐中成长。以下是小涵班主任的做法:

1. 建立离异家庭子女档案

了解和掌握该班离异家庭学生人数,熟悉并掌握其家庭状况、单亲的原因,进而采取有效的措施。

2. 采用一帮一结对子

教师和一部分学生与这些学生结成对子,主动找他们谈心,给他们物质上的帮助和精神上的鼓励,帮助他们克服自卑心理,消除孤独感。

3. 定期对离异家庭进行家访

教师要和家长们促膝谈心,讲清情理。家长往往由于家庭的具体原因忽视了子女的教育问题,对子女放任自流,认为有学校教育家里就可以不管了,忽视了家庭教育的重要性。这就需要教师向家长讲清楚,与家长共同教育学生。

4. 要求严格合理,培养学生自立精神

首先,让学生清楚地知道,克服自身弱点,是自强、自立的基础;其次,老师对学生严格要求是对他们最大的爱护;再次,逐步培养他们的自立精神,使他们能自觉自愿地在老师的严格管理和真挚关怀下成长进步,感受到学校这个大家庭的温暖。

5. 积极给出家长对于孩子学习、生活上的指导方法

① 孩子放学后,家长要尽快与孩子取得联系,分享孩子一天的喜怒哀乐。假如家长不能及时赶回家,可以给孩子打一个电话,让孩子知道家长是时刻关注关心自己的。

② 了解孩子的回家作业内容,指导孩子合理分配时间完成。家长如果不能及时回家,可以录一段视频或音频,告知孩子在几点之前需要如何完成作业,不要让孩子认为作业是可以等家长回家后依赖家长完成的。

③ 告知孩子完成作业的要求、评价方式、奖惩方式。这是学生认真及时完成作业的动力。假如家长不在家,可以让孩子通过拍照片、拍视频等方式将完成的作业发给家长,家长再及时反馈给孩子作业评价,激发孩子的自信。

④ 发现孩子作业中的问题,家长要及时记录,可以提醒,但不要具体指出。给孩子自己发现问题的机会,孩子没有发现也没关系,第二天让老师指出,这样可以加深孩子对这道题的印象。几天后,家长可以再拿出之前的易错题给孩子操练,帮助孩子补缺补漏。

● 行动反思

离异家庭的家长,既要当妈妈,又要当爸爸,在子女的教育问题上,尤其要讲

究方式和方法，要将爱和管教适当结合。教师在对这类家庭进行教育指导时，需要帮助家长形成以下思想观念。

1. 不要无原则地迁就、溺爱孩子

在丧偶或离异之后，为人父母者往往更加怜悯孩子，啥事都依孩子，一切都任由孩子摆布，宁愿自己受苦受累，也不让孩子受一点儿"委屈"。这样常常导致孩子处处以自我为中心，变成自私、专横和任性的"小霸王"，缺乏同情心和责任感，不懂得尊重他人，甚至瞧不起含辛茹苦养育他们的父母。

2. 要培养孩子的独立意识

有许多离异家庭的家长与孩子相依为命，把孩子当作生活的唯一希望，唯恐孩子不安全、出事故。家长对孩子的生活包办代替，使孩子从小就养成衣来伸手、饭来张口的习惯。家长还采取种种办法限制孩子的活动，这也不行，那也不准，生怕孩子出问题，使孩子事事不能独立，没有机会亲自去体验一些生活中必须经历的"风险"。这样的孩子缺乏独立意识，一旦离开了家长，便不知如何面对生活中的困难和挫折。

3. 简单粗暴不可取

与特殊照顾和过度保护相反，有的家长对孩子的教育方法简单、粗暴，动不动就又打又骂，使孩子整日生活在惊恐不安之中，个性发展受到严重的压抑，形成胆小、孤僻、倔强、缺乏自信心等不良品质。孩子因害怕惩罚而回避家长，不愿回家，便到外面寻找"温暖"，容易被坏人拉下水而走上犯罪的道路。因此，家长教育孩子切忌简单粗暴，要注意采用正确的引导方式。

4. 孩子不是唯一的支柱

失去配偶之后，许多家长便把孩子作为自己唯一的精神支柱，往往把自己全部的希望、梦想都寄托在孩子身上，要求孩子出人头地。但如果家长对孩子的期望值过高，会导致孩子的心理负担过重。

5. 引导孩子参与社会活动

离异家庭的孩子往往易受到社会的歧视、偏见，因而在性格上容易变得内向、忧郁、自卑，甚至孤僻。家长要注意多和孩子进行交流和沟通，重视孩子情感方面的需要，多给孩子提供精神上的支持，教育孩子自尊、自强、自爱、自励，鼓励孩子积极参加集体活动，尽可能地参与社会活动，不要逃避社会，要主动与人交往，从而培养孩子健康、开朗、乐观的性格。

6. 注意性别角色教育

在孩子成长过程中,性别角色的学习是一个重要的环节。没有父亲的男孩或没有母亲的女孩,在性别角色的学习中缺乏最直接的模范榜样。所以,离异家庭的家长应注意调动亲戚、朋友中的性别资源,给孩子适宜的影响,让其性别角色得到充分的表现和发展,培养其健康高尚的人格,以适应社会生活的需要。

教师在新形势下必须肩负起保护、教育单亲家庭孩子的重任,而做好这一工作的关键又在于教师对这些孩子要有爱心、耐心和诚心,要动之以情,晓之以理,这样才能够帮助并逐步引导他们克服不正常的心态,与其他孩子一样健康成长。一句话,离异家庭孩子的教育工作,任重而道远,唯有不懈努力,方能取得最后的成功。

7. 不要将自己的情绪转嫁到孩子身上

离异家庭往往有很多生活中的不如意,但父母无论哪一方抚养孩子,都要努力营造一个健康、积极、充满阳光的家庭氛围,让爱包围孩子,呵护孩子的心灵。

智慧分享

那束光照亮了他

"谁会和我做同桌?"

今年,我新接了一个班,班里的孩子大部分都来自周边村庄。上课第一天,我给每个学生发了一张纸条,让大家用"我是×××,我想和×××做同桌"的句式写出自己理想的同桌名字,完成后举手示意。一会儿,绝大部分学生就陆陆续续举起手。可是,有一个叫小炎的同学面无表情地趴在桌上,既不在纸上写名字,也不举手。我没有问小炎为什么不写,只是在全班其他学生都完成后直接收了所有学生的纸条,包括小炎那张没有写名字的空白纸条。

课后,我在办公室梳理字条,给同学们匹配同桌时,发现有一个同学选择了小炎。于是,我请来小炎,问他为什么一个都不选。小炎低着头说:"我要一个人坐,我不想和任何人做同桌。"我说:"你看,我们班48个人,每两个人1桌,正好分4大组,每组两列,每列6个人。而且,课堂上,我们有很多话题需要和同桌或小组交流,有了同桌,交流的时候才方便啊!"小炎说:"我选了也没用,谁会和我做同桌啊?"我立即拿出那张写着"我是小雪,我想和小炎做同桌"的纸条给他看。小炎的眼睛一亮,我趁热打铁,说:"现在有人选择了你,你愿意和她做同桌吗?"小炎点了点头。

"我讨厌她们!"

然而,好景不长。有一天下课,突然有学生来报告:"不好啦,小炎和小雪打起来啦!"我赶紧去教室,发现"战斗"已经停止了。小炎怒气冲冲地坐在自己的座位上。我问他发生了什么,他也不理我。我说:"告诉周老师,为什么这么生气?你说出来,也许我可以帮助你。"小炎看看我,突然歇斯底里地哭着说:"她嘲笑我,嘲笑我以前在地上打滚儿的事。女人没一个好东西!我讨厌她们!"

我很诧异,小炎为什么会这么说?于是,我找小炎的同桌小雪了解情况。小雪说:"我们几个人一起聊天,说一些好玩的事情。我就说,小炎在地上打滚儿蛮好玩的。不知为什么,他就发火了,还拿书砸我。"回到办公室,我向其他科任老师了解小炎的情况才得知,小炎的父母在小炎上一年级的时候就离婚了,妈妈离开了他和爸爸一起生活的家。小炎爸爸不让小炎妈妈探视孩子,家里其他长辈也有意无意地提醒他:"你妈妈不要你了。""你别想这个坏女人。"从那以后,小炎就觉得妈妈抛弃了他,认为自己是一个没人要、没人喜欢的孩子。无论在家还是在学校,小炎动不动就会发火、摔东西,要么往地上一躺,哭闹撒野。

"那道光让我重获新生!"

心病还需心药医。小炎的状况让我很心疼,我立即联系了小炎的父亲,与他探讨了小炎的心理问题,告诉他要治愈小炎,必须允许小炎的妈妈来探望孩子,并且要求他不要允许家里任何人说孩子妈妈的坏话。可能小炎爸爸也早已觉察到了孩子的异常,爽快地答应了。然后,我又联系了小炎妈妈,告诉她我的看法。她说:"快4年了,我非常想念孩子。有时候,我买好了东西在小炎放学的地方等他,可他根本不靠近我,还说我是坏女人。"我告诉小炎妈妈,我一定会帮她,请她不要急,慢慢来。

我开始有意识地在班级里寻找机会表扬小炎,让他体会到老师对他的喜欢和关心。然后,我策划了一个主题班会——今天我要赞美你。我请同学们用一周时间留心观察生活,主动发现身边同学值得赞美的行为。班会课上,我先让大家交流什么样的行为值得赞美。接着,我让所有学生赞美两个同学,一个是自己最想赞美的同学,还有一个是自己学号后面的一个同学。然后,伴随着《想把我唱给你听》的音乐,学生纷纷走向自己要赞美的人,真诚地表达自己心中的赞美。最后,每个学生就这次活动写一篇作文,抒发自己的感情。

班会课上,赞美小炎的同学除了他学号前面的同学,还有两个同学。班会结束后,小炎在他的作文中留下了这样的文字:"赞美是什么?可能只是一句简单的话语、一个字。虽然看起来微不足道，但它可以感动一个人，温暖一颗心。我，就是一位受益者。想想以前的我，人生好像永远都是黑暗的，永远都别想逃离那无尽的深渊，无法感受和煦、温暖的阳光。于是，我总是用叛逆来吸引别人的注意。在同学眼里，我是一个蛮不讲理的人；在老师眼里，我是一个好动、没自控力的学生。他们都不懂我内心深处的孤寂。直到那一天，我居然得到了别人的赞美：有人把我比作他心中的大山；有人把我比作一棵大树；有人立我为他心中的榜样……我万万没有想到，满身缺点的我竟然会有那么多优点。那一刻，我感觉有一道耀眼的光射进了那黑暗的深渊，那道光芒变成一双手，将我拉出深渊，让我感受到阳光的温暖。那一刻，我仿佛重获新生。"

（资料来源：周岳梅.那束光照亮了他——离异家庭儿童心理辅导案例[J].新班主任，2023（25）：46－47.）

第二节　隔代家庭的家庭教育指导

随着改革开放深入发展和人口流动的加剧，不少年轻的父母由于诸多因素，或外出务工，或为自己的事业奔波，无暇照顾孩子，他们把孩子托给祖父母或外祖父母照管，形成了隔代家庭的结构。这种变化对孩子教育的影响重大。由于祖辈年龄大，学历偏低，在孩子教育问题上会有一些陈旧的观念。他们的观念无意中会传递给孩子。隔代家庭的祖辈家长对孩子往往溺爱，一切依着孩子，凡是孩子要的，都想方设法满足。祖辈家长喜欢包办代替，即使是孩子力所能及的事都不要孩子动手，生怕累到孩子。一切都围着孩子转，不利于孩子独立性、自主性及生活自理能力的培养。在隔代家庭中成长起来的孩子，往往会出现一些心理、行为上的偏差。

◉ 问题聚焦

> 小亮今年上初二，是某重点中学的学生。刚上初一的时候，小亮学习非常用功，成绩排前五名，爷爷奶奶非常自豪，因为孙子是他们带大的。

爷爷奶奶宠着，爸爸妈妈对他有求必应，在家当惯了小皇帝的小亮在学校也很随意，看谁不顺眼就要打人，下手还非常狠。一次，一个同学在单杠上倒挂金钩，他上去就把人家脚给碰了下来，造成同学头部受伤；还有一次同学跟他开玩笑，他认为同学侮辱了他，在放学的路上用砖头向同学的后脑拍去，幸亏同学躲得快才没有受伤。

小亮打同学后，根本没有向同学道歉，发生矛盾时也不会用沟通和交流的方式解决，而是用简单粗暴的方法，一来二去，小亮遭到了同学们的疏远和孤立。

教师思考

隔代教育可以分为完全隔代教育和不完全隔代教育。完全隔代教育就是孩子长期离开父母，完全由祖辈抚养和教育。不完全隔代教育就是父母和孩子短暂分开，因为父母工作等原因孩子短期由祖辈照顾抚养，这种情况比较常见。不管是完全隔代教育，还是不完全隔代教育，对有关孩子成长的学校教育，乃至社会教育都有很大影响。

1. 容易形成溺爱

多数祖辈家长常有一种因自己年轻时生活和工作条件所限没有给予子女很好的照顾，而把更多的爱补偿到孙辈身上的想法。这种想法往往导致"隔代惯"的现象。祖辈家长对孙辈疼爱过度，处处迁就孩子，容易造成孩子任性、依赖性强和生活自理能力低下。还有一些祖辈家长因过度疼爱孩子而"护短"，致使孩子的弱点长期得不到矫正。

2. 思想观念陈旧

许多祖辈家长不顾时代已发生了很大的变化，仍用老观点要求孩子，教给孩子过多的老经验，忽视开创性精神和发散性思维的培养。还有一些祖辈家长因文化低、思想旧，无意识地给孩子传授不少封建迷信思想，无形中增加了孩子接受新思想、新知识的难度。

3. 造成孩子与其父母的感情隔阂

祖辈家长对孙辈的溺爱和护短，造成孩子很难接受其父母的严格要求和批评，容易造成孩子与父母感情隔阂、情绪对立，使正常和必要的教育难以进行。

教师策略

针对小亮的家庭教育情况，班主任对祖辈家长主要提出如下建议：

1. 多学习

祖辈在抚养教育孩子方面确实比年轻人有更丰富的实践经验，但时代在进步，人更需要不断学习。老师建议祖辈家长有意识地通过书籍、网络平台、育儿场所等学习新的育儿理念与技能。同时，面对学习热情高涨的祖辈，父辈应及时给予鼓励，这不仅能激发祖辈的育儿积极性，还能增强其成就感、充实老年生活，形成良性循环。

2. 多交流

一要多与自己的孩子（即父辈家长）交流。要求祖辈及父辈家长作为共同养育者在所有育儿事务上保持绝对一致未免是一种苛求，但交流是为了双方能更好地把握育儿界限。过度干涉往往引发矛盾，应保持适度界限并相互尊重，求大同而存小异。祖辈尊重父辈育儿主导权，与父辈共同坚持重要的育儿原则。当父母对孩子进行教育时，祖辈务必不要出面干涉，要努力维护孩子父母的权威，让孩子懂得尊重父母。

二要多与孩子身边的人交流。祖辈家长接送孩子上下学时，多与老师、年轻的父母交流孩子在校的学习和生活情况，了解老师对学生的基本要求，了解年轻父母在教育子女时的思想和方法，并有选择地将好方法运用在自己的家庭教育中。

对父辈家长，班主任老师主要提出如下改进建议：

1. 尊重祖辈参与意愿

祖辈的共同养育参与意愿存在差异：大多数祖辈有强烈的支持意愿，积极主动投入育儿活动，发挥主观能动性促进学前儿童发展，更契合父辈的育儿目标；少部分祖辈迫于父辈请求被动参与育儿，育儿积极性不高，难以达到父母的育儿标准，不应违背其参与意愿。

2. 担负家庭教育责任

年轻的父母首先要端正态度，不管多么忙，都要抽时间与孩子在一起，不要把对孩子的教育权、抚养权完全交给祖辈家长——这是对孩子不负责任的做法。做儿女的要把老人放在第一位，不要给他们增加负担，养孩子是自己的责任，不是老人的责任，要满足祖辈物质保障、生活照料、情感陪伴等需求，解决其后顾之忧。部分祖辈因抚育孙辈无法继续工作，父辈应给予适当经济补偿；祖辈投入大量精力和时间支持父辈育儿，影响其休闲娱乐和人际交往，父辈应采取购买婴幼儿照护服务与家庭育儿的组合养育模式，让祖辈获得喘息时间，保障老年生活质量。

3. 两代家长统一思想

父辈在教育孩子的问题上应与祖辈多沟通，相互学习，取长补短，要尽可能地在培养孩子的问题上达成一致。父辈要尊重祖辈的育儿劳动，采纳祖辈有益的育儿经验；要充分发掘祖辈特长，激发育儿能动性，利用隔代抚养与父母抚育的双重优势，为孩子创造一个和谐开放的家庭环境。

◉ 行动反思

在"隔代教育"中，祖辈家长是非常不容易的，其实他们不该再担负教育小辈的责任，但由于多种原因又不得不承担起本该由年轻父母们担负的责任。在这个过程中我们要鼓励、支持他们，让他们觉得自己不是孤军奋战。同时，家庭教育的指导应该是一个漫长的、持续的过程，家校双方应该多交流、多反馈，及时根据孩子的情况变化做出相应的对策，以便取得更好的结果。

但有些祖辈家长固有的思维不太容易改变，他们不太会听从教师的建议，所以在实际操作过程中教师会碰到困难。因此教师先要和祖辈家长们搞好关系，在交往中可以热情地招呼、唠唠家常，拉近距离后才能更好地沟通。

隔代教育指导恰当，实施顺利，会起到非常好的效果。祖辈家长充分的时间和精力正好弥补了年轻爸爸妈妈工作忙碌的不足，祖辈家长抚养孩子的实践经验也弥补了年轻家长的稚嫩与经验缺乏。

❀ 智慧分享

利用微课程，指导隔代教育

基于当前出现了"老人带娃真的会毁掉孩子吗"这一矛盾聚焦点，我们让家长参与隔代教育家校互动式微课程的实践,从隔代教育中争论较大的亟须解决的实际问题出发,立足于课堂,融研于教,构成了一种新型的学校教育课程。

我们的微课程具有以下特点：一"微",每节微课 15～20 分钟,独立设置主题,切入口小;二"真",微课案例全部源于学生成长的真实环境,贴近学生实际;三"活",微课程以课堂面授、网上讨论、亲子活动等方式开展,还可根据家长实际情况做调整;四"广",全体师生、家长、有关专家及关爱教育的社会人士均可参与。

1. 家校互动式微课程的教学类型

(1) 课堂面授型

隔代教育家校互动式微课程定位于协同、启智、思辨、进取。我们组织家长和学生在课程中利用一个个鲜活的案例启发解决生活中的实际问题。家长提供的自己在隔代教育中的故事和有待解决的实际问题更加贴近学生的生活,使抽象的理念有了更为现实的载体,课堂讨论氛围浓厚。

例如,中年级一位家长说："我的女儿被她爷爷奶奶宠坏了！现在脾气很坏,做老人的思想工作不管用,老人固执,根本不听。"这问题一出,在座的师生及家长你一言我一语展开了激烈讨论。老师以"自我意识的产生与执拗"为家校互动式教育微课程,与课程参与者一起进行了讨论。

(2) 微电影型

微电影型家校互动式课程是由家长和学生事先制作好数字故事,通过"隔代亲"家庭教育中产生的一件事情或者一个故事,让学生谈谈对这个故事的理解,唤起学生们的共鸣。比如,二年级一位家长利用自己的特长进行数字故事的制作,在电影中他坦言自己平时工作太忙,每个礼拜都要加班,没有时间陪孩子,孩子一直由爷爷奶奶带,导致了亲子关系疏离。他甚至在电影中吐露了自己正在考虑是否要辞职专心带孩子的心声。学生看完后,纷纷表达了自己的看法与见解。这样的授课形式使原来枯燥的讲述,变成了一部唯美的电影,缩短了讲述时间,更能吸引学生的注意力,深受学生喜爱。

(3) 家庭表演型

家庭表演型家校互动式课程是通过学生和家长在课堂上一起重现生活、学习的某一个场景的方式,使学生获得关于某一问题的深刻体会。二年级的一个学生和其家长就以"老人是否溺爱孩子,是否不懂教育,是否只能教出熊孩子"为主题开展了一场别开生面的辩论赛。正方列举了心理学者珀文·艾克塔(Perveen Akhtar)等人的研究成果,认为孩子和爷爷奶奶(外公外婆)关系越好,他们的社会交往能力越强;同时指出,鲁伊斯(Ruiz)和西尔弗斯坦(Silverstein)的研究证明祖孙间的爱能帮助孩子缓解心理压力,增强社会适应力。而反方则提出祖辈家长不恰当的教育会使孩子变得自负、武断,还会回避与外界的交流。家长的参与改变了原先需要老师或者学生替代角色的情况,使学生更有身临其境感,仿佛在故事中看到了自己,从而在课堂中讨论得更投入。

(4) 亲子活动型

亲子活动型家校互动式课程是学生在家长、教师的引领下,在微课程中对某个问题进行深刻的探讨和争论,从而获得对某个问题的清晰认识。比如三年级的一堂课"爸爸妈妈该不该让爷爷奶奶(外公外婆)管教我"。家长听了学生们述说的委屈,在向学生解释的同时也反思了自己的教育行为。通过这次课程,许多家长才了解到原来祖辈的爱在孩子们心目中是如此不可替代。这种互动和谐、互相理解的气氛,不是单一的家庭教育所能营造的。

2. 家校互动式微课程的评价与成效

利用网上视频点评。每周的"欢乐星期五"是我校统一组织开展的家校互动式微课程,但不是所有家长都能到校参与的。无法到现场参与的家长可以利用空余时间通过视频互动进行跟帖点评,也可以运用 App 点击互评。我们每个孩子都拥有属于自己的"小思"徽章,这同时也是一款 App。每次上完课,参与的家长和学生可以通过扫一扫"小思"徽章,对这节课进行及时点评。点评可以是自己对这节课的感悟,也可以是对上课的家长或家庭的意见或者建议。这种即时的评价会及时反馈到家长、老师的手机上。点评不仅是对当前执教者的鼓励,也是对后来执教者的提醒,有着很好的互动效果。

家校互动式微课程充分调动了家长参与学校教育的积极性,广泛利用家长资源扩大了家校互动式教育的实践空间,实现了学校、家庭、社会三方共同构建适合孩子成长的良好环境的目标。也让越来越多的家长明白,没有必要太害怕祖辈家长可能会教坏孩子,只要方法适当,爱孩子的人越多,孩子就越能快乐成长,顺利度过每一个敏感期。

(资料来源:上海市奉贤区解放路小学　李忠英)

第三节　随迁子女家庭的家庭教育指导

　　近些年,一线城市的流动人口增长速度很快,以家庭为单位的流动越来越常见,外来人口中的少年儿童人数也越来越多,他们接受教育的权益却因经济、家庭状况的稳定性不足以及学校等多方面条件的制约而受到影响。与本地少年儿童一样,随迁子女也是祖国的花朵,让这些孩子健康成长不仅是对一个家庭的发展负责,更是对整个社会的发展负责,他们应该得到关怀、照顾和良好的教育培养。

　　家庭的流动、生活学习环境的变化对孩子的心理健康、学习成绩、社会适应能力等有着显著的影响。而随迁子女的父母往往因工作繁忙,只是将子女交给学校教育,孩子在家庭里缺少父母正确的引导和关爱,在陌生的环境中没有归属感,找不到心灵的依靠,健康成长受到影响。因此教师要关注流动家庭学生的成长,通过指导家庭教育,使之与学校教育相结合,促进学生身心健康发展。

❋ 问题聚焦

　　小文从小和奶奶一起在老家生活,父母一直都在上海打工,他们只有逢年过节才有可能团聚。直到上小学的年纪,父母才把他接了过来。小文的爸爸是一位船舶厂的工人。为了好好照顾孩子,也为了补偿孩子的童年,小文的妈妈在他来到上海后,成了一位全职家庭主妇,一门心思照顾孩子。小文的爸爸是一个直脾气,如果孩子有什么做得不对的地方,他可能会大声呵斥,甚至直接上手打。而小文的妈妈是一个善良、温柔的人,面对孩子的种种问题她虽然在老师面前表现得"义正辞严",但是对孩子显得格外包容,这也有可能是她的"补偿心理"在作祟。小文上课不认真听讲,做作业不积极,通常只有老师给他下达"最后通牒",他才会不情愿地开始"交公差",所以成绩一直不大理想。

教师思考

随着社会发展,越来越多的务工人员涌入大都市参与建设,很多学校的生源有不少外来务工人员随迁子女,这是学校和教师必须面对的现实。

其一,外来务工人员通常受教育水平相对较低,他们无法为子女的学业提供强有力的支持,而且他们能够提供的课外学习资源也不足。

其二,亲子互动时间少,形式内容单一。由于外来务工人员的工作时间长、生存压力大,在双休日、节假日陪伴孩子的频次很少,对孩子的在校情况了解很少。家长即便和孩子有交流,交谈的内容主要也是孩子的学习情况。

其三,教育方式不当。很多流动家庭的家长对于孩子长期不在身边会有一种亏欠的心理,所以当孩子回到身边之后,他们会千方百计地满足孩子的需求以作为弥补。而当孩子出现问题时他们则通过简单粗暴的方式处理。

其四,家校沟通存在不足,家校合作遭遇困境。外来务工人员的工作强度较大,职业不稳定,很多人没有固定电话,住址和手机号码经常更换,因此,学校的教师在主动联系他们交流其子女在校情况时,常会联系不上,有时即使联系上了,他们也因为工作忙,不会和教师进行积极沟通。

教师策略

1. 建立档案,重点关注

作为一个班级的班主任,每周最关注的事情必定是安全教育。所谓安全不仅仅是身体安全,心理安全也非常重要。小文的种种现象表明,他的性格偏向孤僻,不合群。作为这个班级的班主任,有义务引导他养成开朗的性格以及和同学们打成一片的能力。所以班主任单独给他建立了一个成长档案,用来记录他平时的表现,方便"对症下药"。

2. 联系家庭,密切关注

孩子的成长离不开良好的家庭环境。小文会有这种性格和表现,很大一部分原因来自家庭教育环境与方式。因此,班主任经常就孩子最近的表现和家长保持联系,共同商量改善孩子不良心理状况的办法,也会给家长适当的建议,让他们为孩子提供表现自己的机会。比如让孩子做一些力所能及的家务,又或者是家里有客人来了,让孩子担当起做小主人的责任。另外,不管孩子做了什么事情,只要发现他有进步或者表现好的地方就要立马表扬他,给他肯定,帮他树立信心。同时让班里的同学和任课老师也是如此,让他在他人的肯定中得到满足,增强自信。

  3. 家校合作,爱的鼓励

外来务工者教育子女的方法一般比较简单,他们习惯把孩子完全交给老师,更重视孩子的学习成绩,而不是教育孩子的过程,对孩子的性格和品行方面的教育往往有所缺失。正如前面所说,小文爸爸的教育方法是比较简单粗暴的,而小文妈妈又比较溺爱他。他们两人的教育理念实际上都不正确,不利于孩子良好心理的培养。作为班主任,可以多和小文的父母沟通,告诉他们对待孩子应该"奖惩有度,恩威并施",但还是以耐心和爱的鼓励为主;毕竟孩子小时候没有待在父母身边,性格上有一定缺陷,我们需要做的是耐心陪伴孩子。

  4. 学校和班级应积极搭建平台,开设亲子沟通的相关讲座,向孩子和家长传授沟通的技巧。关于辅导方法还可以向家长推荐一些文章或书目。教师平时看到比较好的文章,也可以将关键、精炼的语句发给家长,给家长的亲子教育提供支持。

◉ 行动反思

很多随迁子女家庭父母的工作时间都不固定,缺少与孩子的交流,因此父母要多抽时间与孩子沟通交流。与孩子沟通也需要一个过程,家长不可急于求成,要学会控制自己的脾气,先倾听,再表达。

智慧分享

家长抱团互助,成为办学"第二支主力军"

外来务工人员工作忙,无暇照顾子女的根本问题如何解决?梧侣学校成立了"家长共同体",让家长之间"抱团",互助带娃,让这一难题迎刃而解。

邓建军来自湖南株洲,她的儿子小曾现在是厦门实验中学的一名高二学生。

小曾的整个义务教育阶段都在梧侣学校度过。

"我们当时成立了一个互助小组，同一个班五个孩子的家长合租一套房，用来给孩子做饭、学习。"邓建军回忆，前两年，五个家长因为工作忙、下班晚，照顾小孩有难度。于是在班主任的协调下，五个家庭成立了一个合作带娃"共同体"。家长采取五天一轮流的办法，每天派出一名家长负责孩子们的学习与生活。其他家长晚上下班后，再把孩子各自接回家。

"共同体成立后，班主任会定期来看望大家，很多老师还经常上门给孩子们辅导功课。"邓建军介绍，这五个孩子中考成绩都不错，全考上了理想的学校。

"在共同体中，没有一个孩子玩手机上瘾。"学校初三年级的班主任郭彩虹介绍，这些外来娃能健康成长，很重要的一个原因得益于他们有人监管，课后没有出现进网吧、外出惹是生非等负能量的现象。

"共同体"就像一个小家庭。下午放学后，孩子们合作学习，效率更高。"共同体"中如果有学生功课退步，教师会上门辅导；孩子们情绪有变化，教师会上门谈心。现在，梧侣学校互助"共同体"已经有60多个。

"教育外来工子女，老师要额外付出很多。"洪秀端认为，学校系列温馨的"微举措"，让这些相对弱势的孩子不但学业成绩没落下，反而在"领跑"。

梧侣学校教育教学质量在全区也处于"领跑"位置，得益于多项学校与家长全力参与的教育举措。

外来工子弟的父母因为工作忙，孩子的"午托"成了大问题，梧侣学校就设立"大食堂"，为孩子们提供便宜又可口的饭菜，解决了家长的后顾之忧。孩子们在午间可以选择休息，也可以参加"千人午间入室即写"及课外阅读等活动，这让他们的午间时光变得更充实。

学校开发了阅读特色课程，为每个年级的学生开出不同的阅读书目，并让家长一起参与到阅读中。学校还开展读书节活动，实施阅读"考级"，让学生阅读更有动力。

家长成为办学的"第二支主力军"，让梧侣学校收获满满。现在学校是全国新教育课题实验校、国家卫健委流动人口健康促进示范校、全国青少年人工智能活动特色单位、福建省义务教育教改示范校、福建省心理健康教育特色校。

(资料来源：熊杰.让家长深度参与学校育人——一所外来务工人员子弟学校的"蝶变"之路[J].中国教育报.2023－11－26(4).)

第四节　留守儿童家庭的家庭教育指导

在中国有这样一个群体,父母为了生计远走他乡离开年幼的孩子外出打工,用勤劳获取家庭收入,为经济发展和社会稳定作出了贡献,但他们的孩子却留在了家里,与父母相伴的时间微乎其微。这些本应是父母掌上明珠的儿童集中起来便成了一个特殊的群体——留守儿童(不在父母身边生活的城市儿童亦可被称为留守儿童)。学校要将留守儿童作为关注重点,加强心理健康教育,对于发现有心理、行为异常的留守儿童,应指导、协助其父母或其他监护人采取干预措施。

◉ 问题聚焦

> 晓雯今年 11 岁,读小学五年级,在上海远郊的一所农村学校上学。四年前,父母为了谋生在市区打工,每三个月回家看望孩子一趟。多年来,晓雯的生活起居全靠年迈的爷爷奶奶照顾。慢慢地,那个腼腆稚嫩的小女孩长大了。如今的她,一米六的个子,已是个亭亭玉立的大姑娘。可是,长大后的晓雯却越发让爷爷奶奶担心。晓雯的性格内向孤僻,平日里在家不爱说话,总喜欢把自己关在房间里,和祖辈的交流越来越少。不仅如此,晓雯的学习也不理想,经常不认真完成作业,爷爷奶奶都没有文化,也帮不了她,只能口头唠叨她几句,但孩子压根儿听不进去。今年暑假,为了方便平日里与孩子联系,晓雯爸爸把自己的旧手机送给孩子,没想到这竟让孩子迷上了刷短视频,开学之后她还沉迷其中不能自拔。两位老人看在眼里,急在心里。

◉ 教师思考

小学阶段正是孩子成长的关键期,需要父母用心爱护,更需要家长正确的教育引导。然而,作为留守儿童的晓雯却失去了这些。对于晓雯而言,"留守儿童"

的身份让她痛苦不已,也是她迷恋网络、性格孤僻的主要原因。

1. 亲子分居造成亲情缺失

几年来,父母每次回家待的时间往往不会超过 3 天,这就给孩子跟父母的相处造成了极大的影响。当父母回到家里时,短暂的亲昵过后,晓雯不知道怎么跟父母去沟通、去交流,因为长时间的分离已经让亲子之间难以有共同的话题。父母多年外出打工导致的亲子分居,使得孩子在日常生活中享受不到父母的关爱,遇到困难时无法从父母那里获得帮助。亲情缺失是留守儿童成长中最严重、最现实的问题。

2. 长辈教育理念落后无法走进孩子心灵

通过与孩子和祖辈的沟通交流,老师了解到一辈子务农的爷爷奶奶深爱着这个孙女,但是两位朴实的老人不善言辞,缺少教育方法,祖孙之间缺少沟通,在他们看来,让孩子吃饱穿暖别生病就可以。由于爷爷奶奶年龄较大,对事物的接受能力也越来越差,所以也更容易与社会脱轨,常常不能明白孩子在说什么。久而久之,孩子也就不愿意与爷爷奶奶说心里话,什么都自己憋在心里,这对晓雯的成长是很不利的。

3. 缺乏自我认同,将网络视为避风港

由于晓雯与年迈的祖辈缺乏深度沟通,受到的表扬和鼓励非常有限,所以她无法建立积极的自我认同,导致在与同伴交往时会比较自卑,逐渐形成了一种孤独、无助的性格,并导致心理上的敌意和焦虑。在学习方面晓雯也屡屡受挫,因为长期缺少家长的引导和帮助,导致学习主动性不强,自律性差,得过且过,缺乏毅力和恒心,进而造成学习情况不佳。晓雯在现实生活中遇到的所有困难在虚拟的网络世界找到了释放的出口。在网络中她可以忘掉烦恼、感受愉悦,但是网瘾危害巨大,要想帮助孩子真正改掉恶习,让孩子积极阳光地面对生活,必须从源头解决问题。

教师策略

留守儿童需要教师格外的关注,做出更多的努力,为他们的成长保驾护航。针对晓雯的情况,老师从以下几个方面向留守祖辈提出改进建议。

1. 更新理念多学习

作为孩子的临时监护人,祖辈家长除了负责孩子温饱外,也要与孩子父母一起对孩子进行教育。《家庭教育促进法》第二章第十四条指出,共同生活的具有完全民事行为能力的其他家庭成员应当协助和配合未成年人的父母或者其他监护人实施家庭教育。祖辈在抚养教育孩子方面确实比年轻人有更丰富的实践经验,但时代在进步,人更需要不断学习。面对两位留守祖辈的束手无策,教师可以建议他们多参加家长学校学习,读懂孩子,读懂现代教育。

2. 关心孩子多沟通

在"父母角色缺失"的环境下成长的晓雯,她的心理健康问题较非留守儿童更为突出。爷爷奶奶们要尽量关心她,平时对孩子则需要一些耐心与关心,不要只关注孩子的吃穿,要多关心孩子的精神层面,多和孩子聊聊学校的事。在孩子分享一些学校或者与同学之间的事情时,即使不能够与孩子进行攀谈,也应该耐心倾听,假如能够与孩子建立"朋友"的关系则是最好。祖辈也可以多和孩子分享爸妈小时候的故事,这都是孩子们很乐意了解的事情。

3. 多与外出子女沟通

既然爷爷奶奶的生活环境与孩子不同,在意识方面难免会产生差距。那么爷爷奶奶就应该在日常生活中让孩子多与其父母进行沟通,保持通话或视频,增进孩子和父母间的了解,让孩子感觉父母像是一直在自己身边一样,一来可以减轻孩子与父母对彼此的思念,二来可以让孩子知道父母是为了自己才外出的,使得孩子有什么问题可以与父母诉说。毕竟父母是与孩子最亲近的人,如果孩子遇到了什么问题,只要父母慢慢询问,孩子一定会向父母吐露真情。

对外出务工的家长,老师主要提出如下改进建议。

1. 树立教育责任意识

孩子的父母担起责任来,随时掌握并关注孩子的情况,多与长辈沟通孩子的生活,尽量让留守长辈能以更合适的方式去照顾孩子。同时,父母定期与学校老师沟通必不可少,了解孩子日常行为品德表现,特别需要注意孩子反常、异常表现,进而联合学校、老师加强对孩子的正确引导与教育,及时纠正错误思想与行为。

2. 关注孩子身心健康

父母绝对不能因为将孩子托给祖辈了,而完全"甩脱"和"托付",世界上没有一种爱能完全代替父母的角色意义和教育功能。远在他乡的父母要与孩子保持定期的、经常的、深度的沟通交流,及时了解和掌握孩子在学习和生活中遇到的难题,并第一时间为他们提供必要的物质帮助和心理支持,建立良好的亲子关系。要知道,"出了事,有人顶着",可不是一句空话。它带给孩子的不仅是一种容错机制,更是"退一步海阔天空"的格局。父母可以利用寒暑假的机会带孩子了解感受父母工作的艰辛与不易,教育孩子吃苦耐劳、积极奋斗。在团聚时,父母要更加注重孩子的思想情况,不因团聚的不易而溺爱孩子。

3. 架起沟通"云"桥梁

很多外出的父母表示,他们想多和孩子沟通,但苦于离得太远,不方便联系。其实,在互联网技术高速发展的今天,教师可以引导家长利用信息技术,让家庭教育的形式更加多元化、智能化。第一,父母可通过线上形式与留守儿童进行远程视频,督促孩子认真学习,并参与互动类智能学习活动。第二,开展生活类的家庭教育,一方面家长要关注孩子的生活情况,另一方面要重点关注孩子的心理和精神生活情况。第三,开展益智类的家庭教育,可通过具有趣味性的教育形式,提升孩子的思维能力,让孩子在快乐的氛围中感受家庭教育的温馨。第四,开展活动类的家庭教育,家长及日常监护人要围绕孩子的成长,结合学校的教学要求以及家庭实际,通过手机媒介等形式与孩子共同开展亲子活动,增进孩子与父母之间的感情,同时提升孩子的综合素质与能力。

行动反思

解决留守儿童心理健康问题,既需要家庭、学校的努力,又需要社会的大力支持。作为学校教师,应当发挥自身的专业性,帮助父母及临时监护人更新家庭教育理念,为亲子双方搭建沟通平台,给予留守儿童全方位的关怀和支持。

1. 开展形式多样的家庭教育指导活动

班主任老师可以通过家长会、小型家长见面会等形式对留守儿童的临时监护人开展指导,以提升家长的家庭教育能力。可以规定亲子联系日,要求家长必须给孩子打电话;可以利用家长返乡时间邀请家长来校交流,让家长了解子女在学校的情况,并为家长提出一些解决问题的建议;可以举行亲子互动活动,让孩子说出自己的心声,让家长真心体会孩子的心声,了解孩子的需要。

2. 对留守儿童多一些关爱

教师要正视留守儿童的教育问题,不要对留守儿童存在偏见,更不要给他们贴标签,要意识到他们是弱势群体,对他们多一份关心与关爱,以弥补家庭教育的缺位。可以为每一位留守儿童建立成长记录袋,让家长随时了解孩子的发展状况。同时,老师还要对留守儿童进行亲情教育,让他们体会到父母外出打工的艰辛,学会感恩父母,避免孩子把自己所有的问题都归罪于父母的缺席,造成亲子关系疏离。

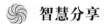 **智慧分享**

让孩子隔空也能感受到爱
——给留守儿童父母的十个养育建议

父母在孩子年幼时外出工作,将孩子留给祖辈抚养,这是不少家庭的生活现状。但孩子从小与父母长期分离,使得父母在孩子成长过程中的生活照顾、学习辅导、心理陪伴等方面会有所缺失。中国地质大学(武汉)大学生心理健康教育中心吴和鸣副教授给留守儿童父母提出十个养育建议,告诉家长通过何种沟通方式,长期与孩子建立稳定的良性亲子关系,让孩子隔空也能感受到父母的牵挂与关爱。

1. 三岁之前妈妈尽量陪在孩子身边。

2. 父母外出时不要不辞而别,提前告诉孩子确定的离家时间,这样分离是可以预期的,孩子可以有心理准备。

3. 父母不刻意要求孩子懂事、听话。与父母见面时、联系时,孩子好不容易任性一回,可以允许他们表达自己的孩子气。越是懂事、听话的孩子,越是要注意了解他们的真实感受,越是要关心他们。

4. 给孩子过一个难忘的生日。对于留守儿童来说,生日好像是一个衡量、测试自己重要性的日子。父母的礼物和行动会温暖着他们。

5. 做一个会认错、会道歉的父母。有时候父母因为太担心、太着急,容易误会或者错怪孩子。真诚地认错,会让孩子觉得父母更值得信赖。

6. 融合需要一个过程。比较长时间分离之后,父母和孩子各自形成不同的生活方式和习惯,在一起后彼此有些陌生感,互相会不适应。父母先以孩子为中心适应他/她,当孩子接受父母并把父母纳入自己的生活后,孩子才会主动去适应父母的生活方式。

7. 稳定的联系最重要。稳定,既体现在父母对孩子监护人的安排上,也体现在父母对孩子在家生活、学习中可能遇到的困难的预估、应对措施的准备上,更体现在分开之后的联系中。定期回乡看望孩子,会让孩子觉得与父母见面是可预期的,离别并不那么可怕。平时的联系,最好约定固定的时间和固定的方式。比如周末,孩子知道这个时间会跟父母通话,平时遇到的困难,就有解决的希望;平时积攒的话,就有说出来的机会。

8. 不要只关心孩子的学习。留守儿童与父母的视频或通话,主要目的是弥补父母不在身边的缺失,要多说一些学习之外的话,让孩子尽情地说一些他想说的话。如果只谈学习,这个联系就成了公事公办,没有温度,甚至还会成为负担。

9. 父母如果离异,要让孩子获得安全感。对于孩子,父母发生冲突、离婚,这是他们不得不接受的现实,他们最关心的是他们自己在父母心中的位置。孩子更加需要父母对他的生活有更具体、更可靠的安排。

10. 关注生育二胎对孩子的影响。父母在外地怀孕生育二胎,把二胎带在身边,这给留守儿童的感觉是,父母和弟弟妹妹是一家人,自己被排除在外。父母要尽可能让他/她有机会充分表达自己对弟弟或妹妹出生的想法和感受。

2022年1月1日起,《家庭教育促进法》正式实施,养育孩子从家事上升为"国事"。作为新时期的家长,在家庭教育上应与时俱进,主动更新教育观念,适应时代发展的要求,掌握科学的家庭教育指导策略与方法,主动关注孩子身心变化,促进孩子身心健康和全面发展。

(资料来源:中国地质大学(武汉)大学生心理健康教育中心吴和鸣副教授主讲的心理健康系列微课)

第十章 ‖ 特需儿童的家庭教育指导

随着经济社会的发展，尤其是迈向教育高质量发展的进程中，有三大不可忽略的群体，即农村留守儿童、城市随迁子女和全覆盖的困境儿童（困境儿童特指因为生活成长环境的不利因素，面临着学习、身心健康、社交等多方面的困难和问题的儿童）。换句话说，如果没有这三大群体的教育现代化和教育的优质均衡发展，就不可能实现中国式教育现代化的高质量发展。因此，广大教师一定要明白，推动教育现代化，需要校家社协同育人，在协同育人过程中，教师最重要的能力之一就是家庭教育指导能力。

在班级中，最让教师伤脑筋、费精力的是少数"特需"学生。这些学生常常因为生理、心理、行为习惯等方面的原因，与班级大部分学生存在差异。家长对这类孩子的教育是忧心忡忡、束手无策；这样的学生在班级里也容易受到误解与冷落。

本章主要围绕班级中个别存在的智障、肢残、厌学、学习困难、孤独症等特需学生，引导教师开展有针对性的家庭教育指导。

第一节 智障儿童的家庭教育指导

孩子是家庭的希望，每一对父母都希望自己的孩子聪明、活泼、可爱。然而，有时命运喜欢和人开一些玩笑，它带给一个家庭的往往是一份特殊的"礼物"。在孩子慢慢成长的过程中，家长发现自己的孩子和其他孩子不一样：他们比其他孩子说话晚，做事情注意力不集中，很难表达清楚自己的意思等。渐渐地，家长们不得不接受自己的孩子是"智障儿童"这样一个事实。每个孩子都有接受教育的权利，父母作为孩子的第一任老师，该如何来教育这样的孩子呢？教师如何开展指导呢？

◉ 问题聚焦

小胡的智力测试结果为60，进入小学时，她的家长就明白地告诉老师：我们只是让她在学校里安全愉快地完成九年义务教育，不关心她的学习成绩。她刚到学校时,胆小、孤独、自卑,不愿与人接触;整天低着头,顺着墙根走路,从来不敢与人正视,老师一到她跟前,她就赶紧捂住头。但是她一旦发起脾气来,就会摔东西、吐口水,甚至咬人和打人。如果老师批评她,她便大肆哭闹,甚至在地上打滚。小胡平时自由随意,只要一不合她心意,她就会嚎啕大哭。由于小胡情况特殊,和同学沟通时很不顺畅,一旦受委屈,奶奶就来学校大闹,生怕大家欺负了她的孙女。奶奶甚至跑来学校给孙女做陪读,令老师和同学都头疼不已。

教师思考

老师似乎对小胡束手无策,究其原因,是一度在对待小胡的问题上存在误区。

1. 贴"标签",定式思维

因为刚开学小胡父母的叮嘱,老师已经将小胡默认为"只要在校不出事"就"不用提要求"的学生了。因此,在日常学校活动中,老师也疏于对小胡的教育和引导,以致小胡连最基本的礼貌、规矩都没有,整个人处于"自由"状态。

2. 少交流,丢失信任

教师和家长的沟通较少,仅在学生有问题后电话沟通。老师有时甚至带着情绪向家长反映小胡在校的表现,这让家长觉得老师对小胡的态度不甚友善,进而产生孩子在学校里会受欺负的疑虑。久而久之,家长对学校、老师不再信任,孩子一有问题,护犊心切的家长自然就会来学校理论一番。

3. 易急躁,缺乏耐心

智障孩子和人交往、沟通不畅,因为他人不理解自己的想法而闹情绪,出现一些反常表现是较普遍的现象。很多教师会因此觉得很烦躁,对孩子进行训斥、指责,全然忘记了对象的特殊性。在与家长的沟通中,也没有顾及家长心情,一味指出问题,让家长心生抵触,甚至因为自尊受伤而更不配合学校的教育。

教师策略

针对小胡的上述现象,引导老师在教育和沟通上及时做调整,与家长一道做出努力。

1. 家访沟通，深入了解

经老师家访得知，因为孩子是人们口中的"弱智"，父母常觉得很没面子，经常打骂孩子。平时，奶奶照顾着孩子的生活起居。一个不聪明的孩子，在父母眼里基本等同于"废物"，只是到了入学年龄，无奈地把其送去学校接受几年义务教育，其实并没有对孩子抱有任何希望。这样的想法可能是智障儿童家长的普遍想法：孩子都这样了，基本没啥好出路了，只要他能吃饱穿暖，快快乐乐地生活就好。同时，因为有这样的孩子，父母感觉在朋友、亲戚面前抬不起头，所以常会一个不顺心就对孩子恶语相向，甚至动手，以发泄心里的怨气。出于对自己孩子的保护，父母自然更受不了孩子受半点儿委屈，要和大家一般"见识"。

2. 共同协商，合理建议

老师告诉家长，不管是怎样的孩子，都有可爱的、值得肯定的地方。即使孩子智力不是很高，她心里也有是非对错的标准，也应该学会一些最基本的待人处世的方法，这需要家长和老师慢慢地教孩子道理。老师对家长提出了以下建议。

（1）不贴标签，从实际出发

很多家长认为自己有一个智障孩子是一件让人很没有面子的事，他们无法接受这个事实。家里有这样的孩子固然不幸，但是家长不能认为"弱智"等于"废物"，要面对现实，要以健康的心态对待自己的孩子。家长既不要悲观失望、自暴自弃，也不能溺爱迁就、百依百顺，更不能歧视嫌弃、任其发展。家长要从孩子的兴趣爱好着手，让孩子树立信心，要以乐观科学的态度正视现实，多让孩子尝试，孩子有任何微小的进步都要及时予以表扬和肯定。

（2）理性看待，不过分保护

孩子在成长的过程中，磕磕碰碰总是难免的。在与人相处的过程中，孩子和同学闹些矛盾，甚至吵吵架也属正常。如果家长因为自己的孩子是特殊儿童，就总感觉他在相处中会被人欺负而处处保护，久而久之会让孩子形成依赖思想。遇到问题时，他们会害怕，会失望，会苦恼，会愤怒，而家长是不可能将所有让孩子不开心的事情都屏蔽在孩子生活范围之外的。对于智障儿童，父母要给予更多的关爱和家庭的温暖，尊重孩子、亲近孩子。比如，家长经常和孩子说说话，教孩子做一些力所能及的小家务，带孩子出去和其他小朋友玩些简单的游戏等。家长说话时尽量用短句，用简单明确的句子，让孩子听明白要求。

当孩子遇到一些小的困难或麻烦时,家长要理性地看待,教他们和人相处,教他们处理一些小事,这样的话,他们才可能凭借你教的方法和自己成长的力量,应对今后更加复杂和棘手的难题。

(3) 积极配合,家校合力助成长

有的家长认为把孩子送进学校不求有什么成绩,只要孩子安全、有人带就万事大吉了,所以从不过问孩子的情况。殊不知孩子还小,家长是孩子的第一任老师,孩子的成长和基本的做人道理等都需要家长教育和培养。而智障儿童更需要细致的关爱,老师也需要家长提供更多的孩子在家的情况,以便更好地帮助孩子健康成长。家长的力量是单一的,学校的力量也是单一的,只有两股力量合起来形成合力,才能取得事半功倍的效果。

3. 点滴进步,及时报喜

在学校里,老师对小胡也提出了一些要求:看见老师主动问好,上课不能随意插嘴,需要同学帮助要和同学说明或多说"请""谢谢"等。同时,老师鼓励班级同学和小胡一起玩,及时帮助小胡解决困难。老师会用手机拍下小胡和同学相处的照片发给家长,并将小胡的进步及时告诉他们。渐渐地,家长抱怨的电话少了,奶奶也不来学校吵闹了。

● 行动反思

小胡的改变让老师认识到:只要家校合力,彼此信任和理解,每一个孩子都是可教育的,即便孩子有着智力缺陷。

1. "看到"是个性化指导的前提

很多教师认为智障孩子随班就读,只要不影响班级"正常教学"就可以不用关注这个孩子。这样的话,孩子和家长认为自己没有存在感,必然会有一丝不安全感,才会想方设法引起他人关注。因此,教师应"看到"班级里的每一位学生,能够及时"看到"孩子的需求,并及时给予回应。眼里看到了,心里才会有。

2. "信任"是成功指导的基础

小胡奶奶起初经常来学校找老师理论,源于对老师、对身边同学的不信任,更源于对自己不甚健康的孙女的怜爱。因为孩子自身的问题,家长担心孩子受欺负、不适应,这些都是家长的正常心理,如果教师在反馈交流时再流露出对孩子的不满或不耐烦,势必会引起家长的抵触情绪。因此,在对待这样的孩子时,教师不可简单地处理问题,应多一点耐心,争取家长的信任。家长信任教师,才愿意配合学校做一些改变。

3. "细节"是个性化指导的关键

智障孩子由于智力方面的限制,在学习方面与其他同学肯定有一定差距,但是因此而放弃对孩子的教育也是不可取的。教师可以建议家长教孩子一些生活必需的技能,手把手地教,耐心地指导每一个关键的细节,比如让他们学习扫地、收拾屋子、煮饭等家务,既能让他们学会生活技能,又能让他们感受到自己也是家庭一员,也需要为家庭做些贡献;教他们一些为人处世的道理,比如待人要有礼貌、要排队等一些最基本的生活礼节和规则,让他们可以融入社会。当然,这不仅仅需要家长进行口头教育,更需要家长身体力行,反复用自己的行动来教会孩子生活。

智慧分享

智障儿童家长应注意的几个问题

1. 调整心态面对现实

当前许多家长对智障儿童主要采取两种态度:一是视孩子为包袱、累赘,甚至认为家中出了这样的孩子是件耻辱的事,对他们冷眼看待、不闻不问、漠不关心;二是家长认为孩子的不幸是自己造成的,觉得对不起孩子,怜悯之心和负罪感驱使他们对孩子百依百顺,一切包办、代替。这两种极端做法都是不可取的。孩子智力低下,属于残疾,但残疾并非只有弱智,像聋、盲、肢残、跛脚……这些残疾在其他孩子身上也会存在。此时家长应该调整好心态,平静对待,面对现实,做好这样的思想准备:无论采取什么办法,都无法使生来没有发育完全的大脑恢复所有的功能,弱智孩子和正常孩子之间总是存在差距。家长要给予孩子真正的爱,既不能百依百顺,也不要过分冷漠,把握好爱的尺度,让孩子在爱的雨露滋润下快乐生活。

2. 给孩子锻炼的机会

大脑发育障碍使智障儿童的动作行为呈现出许多特殊性,如,反应迟钝,肌肉活动笨拙、不协调、不准确等。家庭是所大学校,生活是个大舞台,家长要提供多种锻炼的机会,让孩子得到充分的锻炼。这样不仅能修复和补偿孩子的生理缺陷,还可以让孩子在现实生活中理解、消化、吸收在课堂上所学的知识。著名儿童文学家严文井先生说:"孩子们的玩,就是学习,也是一种教育方式。"游戏对孩子的情感、智慧、社会适应能力的作用是无法替代的,是很有益的活动。另外,家长不要怕孩子被欺负、嘲笑,让孩子走出去玩,与同龄人玩,以此来培养孩子的交往能力。

3. 多给孩子鼓励

心理学研究表明:儿童的一切活动都希望得到家长和他人的认可。家长要善于发现和捕捉孩子的闪光点,给予赞许、表扬,哪怕是一点小小的进步也要及时肯定,让其体会成功的喜悦,以此来培养他们的自信心。自信心是成功的基础,有了自信心,孩子才会感觉到"我能行",才会有学习的积极性,才会发挥自身的潜力。可是,目前许多家长没有认识到鼓励对孩子的作用,一见到孩子学习东西非常慢,张口就说:"你真笨!"尽管孩子有时不能完全理解家长的意思,但是从家长的表情中,可以感觉到家长对自己的不满。虽然这只是一句气话,但伤害了孩子的自尊心、自信心,使孩子认为自己无能,进而产生自卑感。因此,对弱智儿童进行鼓励是重要的家庭教育手段。鼓励的方式很多,有语言赞赏(你真棒!你真聪明!)、物质奖励(一块糖、一个玩具)、情感表达(一个微笑、一个拥抱、一个吻)等。

4. 营造良好的家庭环境

在和睦、融洽的家庭中,孩子的性格开朗、活泼,有良好的个性,反之,孩子出现心理缺陷的概率会大大提高。因此,父母要建立良好的夫妻关系,和睦相处,相敬如宾,尽量避免在孩子面前吵嘴、打架,让孩子在和谐的环境中长大,进而变得积极向上。另外,模仿是孩子的天性,由于智力落后,孩子的判断能力很差,模仿时会不加选择。父母爱占小便宜,那么孩子也会顺手牵羊;父母言语粗鲁、张口骂人,孩子也会大打出手、脏字连篇。因此,父母要时刻注意自己的一言一行,不要让自己的不良行为影响孩子。家长要重塑自身形象,改掉不良的习惯(如打架、骂人、酗酒、赌博等),处处树立榜样,为孩子的健康成长创造良好的条件。

5. 坚持不懈,持之以恒

对弱智儿童的教育是一项极其繁重的工作,需要每位家长全身心地投入。许多家长一开始有着极高的热情,但多次教育失败后,这种热情就会大大减退,甚至荡然无存。对弱智儿童的教育,关系着孩子能否掌握基本的生活能力,能否自食其力,这项工作任重而道远。这就要求家长有铁杵磨成针的精神,不断学习,不断总结,并以其他家长的成功经验来鼓励自己,坚信孩子能行,自己的努力也一定能成功。

(资料来源:智障儿童家长应注意的几个问题.https://wenku.baidu.com/view/9333339fc850ad02df804162.html.)

第二节　肢残儿童的家庭教育指导

当孩子呱呱坠地时,父母最简单的愿望就是孩子四肢健全,身体健康。然而,有的家庭却不能如愿,与父母见面的可能是一个外表并不是很完美的孩子;有的孩子长着长着,父母突然发现他与其他的孩子不一样了。家长可能会沮丧、失落,但是一个孩子就是一个生命,每一个生命都应该有自己的舞台,所以拥有这样孩子的父母,应做好给孩子搭建适合他们的舞台的准备。教师更有责任指导这样的家长。

◉ 问题聚焦

> 小吴还未进小学前,他妈妈就来学校报备,说他是一个脑瘫患儿,行动出入都靠轮椅,右手活动能力较弱,希望老师多关照。小吴随班就读了四年后,他基本仅到学校报到列席听课。小吴在学校里常无缘无故发脾气,大喊大叫,他在班级里处于想干什么就干什么的无控制状态。为此,同班同学及家长们颇有意见,认为这个孩子严重影响了大家的正常学习。

◈ 教师思考

一出生就肢体残疾,行动不便,对于小吴来说是不幸的。但是如果家长也提早对孩子的未来做了判决的话,那孩子真的成了不幸的人。家长在教育类似孩子时通常会出现两种极端:

1. 宠溺有余,滋长孩子"自我"意识

有的家长往往怨天尤人,自怨自艾,出于对孩子的同情,对孩子的要求很低,甚至忘记了孩子除了肢体有些不便外,其余都是健康正常的。他们总觉得孩子得病已经非常痛苦,扎针吃药又受了那么多罪,有时候发现孩子有缺点,也不忍心说。他们往往只求孩子能够说说笑笑、无病无灾地活着就可以,对孩子的学习、理想并不奢望,更不用提孩子的兴趣爱好了。长此以往,孩子会形成"我要什么就有什么,我说了算"的想法,导致产生"以自我为中心"的骄纵心理。

2. 放任自流,促生孩子"自卑"思想

有的家长认为孩子肢体残疾,生活都不能自理,何谈将来?何谈能做出让人骄傲的事来?于是,家长对孩子没有任何要求和希望,即使孩子在某些方面有学习的需求,家长也觉得是浪费财力,所以不予支持。久而久之,把孩子对新事物的渴求、对知识的渴望等都浇灭了。孩子虽然肢体残疾,但是心理是健全的,他们本来敏感的心受到伤害,觉得自己毫无希望和用处,于是对自己放低要求,总觉得比别人差一截,渐渐地对学习、生活也就没有了追求。

教师策略

针对小吴的表现,五年级新班主任和家长进行了深入的交流和沟通。

1. 情感连线,了解情由

班主任通过观察发现孩子其实很开朗,总是笑眯眯地看着同学们在教室里说笑,课上偶尔也会专注听讲。课后班主任和他交流,孩子活跃的思维、清楚的口齿,让班主任惊讶,同时班主任还了解到孩子喜欢画画,渴望有自己的画笔和图画。

班主任多次和家长电话联系,转达了小吴的情况和意愿,但是家长仍表示身体这样了,学啥都是浪费钱。于是班主任决定家访,再次深入地与家长沟通。班主任将事前找到的他人训练脑瘫病患的成功案例讲给小吴的家长听,引导家长积极乐观地对待小吴的状况。

2. 设身处地,合理建议

在小吴父母认同自己的教育观念后,班主任对家长提出以下建议:

(1)理性地接纳孩子的缺陷

家中有一个残疾儿童,会给家长带来巨大的心理压力,父母不免会感到忧虑、恐惧、失望，甚至内疚和羞愧，进而采取过度保护措施。为了孩子的终身发展，家长首先要提高自己的心理承受能力，理性地接受孩子的缺陷，不要一味地内疚自责，应和家人协调一致，对孩子尽量采取和健康孩子一样的教养方式；不要溺爱，在孩子能力范围之内，要求他像其他家族成员一样参与家务劳动或遵守规矩，使孩子意识到尽管自己有残疾，但是在父母眼中自己与其他正常孩子是一样的。

（2）教孩子正确认识自己

孩子到学校和其他同学相处、学习是适应与他人共处的过程，也是孩子学习心理调整、积累与人交往经验、适应社会大环境的过程。因此，父母要教孩子正确认识自己，在孩子进入不同年龄阶段时提供给孩子一些有关残疾的正确知识，使孩子充分了解自己的缺陷，进而能正确地接受自己的缺陷，避免对残疾的恐惧感和耻辱感。还要让孩子认识到学生的责任和义务，懂得尊重、谦让和宽容，使他们在和同学、老师的相处中感受尊重、理解和付出的快乐，形成与人共处的意识，学会与人交往的技巧。

（3）培养孩子的自我肯定意识

家长要及时发现孩子的兴趣爱好，尊重他们的兴趣并积极鼓励他们。对孩子的长处应多给予鼓励，培养孩子自尊、自重、自强的自我肯定意识，教育孩子对生活保持乐观态度，发展他们多方面的生活情趣，并在精神上与物质上积极给予支持，使孩子能够勇敢地面对生活中的各种问题；家长要尽量强调孩子已有的能力，充分发挥其潜力，把教育重点放在发展孩子的特长而非补偿缺陷上，这样才能帮助孩子形成积极的自我观念，使孩子认识到自己的价值。

（4）指导孩子学习必要的生活技能

家长要有这样的意识：我们只能帮孩子一段时间，不能帮他们一辈子。因此，必须要教会孩子必要的生活技能，即使艰苦一点。家长让孩子在不断的锻炼中学会技能，既增强了他们的自信心，也使他们对生活充满希望。

3. 保持沟通，交流经验

班主任经常和家长交流、沟通，通过微信、QQ推荐家长看一些励志的影片，并积极动员他们带孩子参加医院的复健训练，鼓励孩子多和同学交流、相处，多参与一些集体活动。渐渐地，孩子发脾气的次数少了，偶尔也愿意和同学分享自己的感受了。

⬤ 行动反思

相比身体健康、健全的孩子来说,肢残孩子的确令人疼惜。家长在孩子的教育方面适当放低要求也情有可原,但是家长无原则地溺爱,或者是直接放弃对孩子的教育,对孩子是不公平的。因此,教师在指导家庭教育时需注意以下几个方面引导。

1. 树立正确的教育观

残疾儿童有与健全儿童平等的受教育权,特殊儿童虽然有缺陷,但他们也有自己的潜能,通过教育也能促进其潜能发展。尽管家长的文化水平高低不同,但他们对孩子的教育有着绝对的发言权,他们对孩子潜移默化的影响也是教师所无法替代的。然而,在教养过程中经历的多次挫折会使家长的教养方式向负面方向发展,而这种负面的教养方式又会给特殊儿童带来消极影响。学校应该联合专业机构经常为这些家长提供专业指导,帮助家长调整心理状态,减轻恐惧感、自卑感和内疚感,纠正由此引发的一些不当的亲子观。

2. 家校合作共育

教师要引导家长通过电话、微信或面谈等方式经常跟教师交流有关孩子的情况,向教师提供有关孩子的个性、成长史,孩子在家的表现,孩子对学校和教师的看法,对孩子的期望等信息以供教师参考;家长还可以向教师了解孩子在校的学习情况、行为表现、班级的教学计划和活动安排以及如何克服在教育孩子时遇到的困难等。通过这种双向沟通,使教师和家长的教育目标有连续性和一致性。

3. 注重孩子的心理教育

家长应该创设条件满足这些孩子的心理需要,适时多鼓励他们,多跟他们交流谈心,分享成长的快乐与痛苦,营造快乐、互助、和谐的家庭氛围。在孩子面前,家长对待事情要保持不惧艰难、乐观的心态,给孩子树立榜样,身体力行引导孩子健康成长。

❀ 智慧分享

爱,给女儿一对美丽的翅膀

2003年10月,十四岁的郑逸舒——自幼不会行走的"脑瘫"女孩在父母的陪伴下,历经九个多小时,奇迹般地徒步爬上了泰山顶峰。周围的游人为她鼓起了掌,年轻的父母脸上泛起了欣喜的笑容,小逸舒更是情不自禁地流出了幸福的热泪。

逸舒深深知道自己迈出的每一步,倾注了父母多少心血和汗水,蕴涵着父母多少爱。

磨难,父母的爱是最好的抚慰

1989年,逸舒出生了,父母给心爱的女儿起了这个名字——祝福她未来能够过上舒适安逸的幸福生活。

然而,命运却给了他们一个残酷的现实:逸舒在还不到一岁的时候,被诊断出患有脑瘫。夫妻俩懵了。漫漫人生路,孩子从出生的那一天起,就注定要经过比别人艰难得多的跋涉。

为了治病,他们背着女儿四处寻医问药,天津、北京、上海、河南等地都留下了他们风尘仆仆的身影。

在河南他们带孩子进行中医治疗,医生让孩子喝一口中药,接着喝一杯凉水,然后呕吐、腹泻,周而复始,做"全身换水"。这样的治疗每天要从下午折腾到夜里一两点钟,一直治了两个多月……

孩子是心头肉,每次治疗,父母的心都在颤栗。尽管内心充满痛苦,但在孩子面前,父母俩脸上展现出的总是灿烂的微笑,不让孩子感到一丝压抑和沉重。

为了能使女儿的病尽快痊愈,他们不愿放过一丝希望、一个可能治愈的机会,到处搜集信息,咨询专家,了解别的脑瘫病人的治疗效果,寻求最好的治疗办法。经过不懈努力,终于在一次手术过后,逸舒的病情有了很大好转。六岁的那年,逸舒蹒跚地迈出了她人生的第一步。

这不平凡的第一步啊,浸透了妈妈的泪水和爸爸的期待。

脆弱,父母的爱为她驱散心中的阴云

一次,逸舒正在公园摇摇晃晃地往前走,旁边一个小男孩笑着说:"那个小姐姐走路像企鹅!"逸舒的小脸一下红了。

从此,她怕见到这个小男孩,不愿再去公园锻炼了。有时,她还会因为小伙伴冷落自己而委屈得落泪。

父母意识到,残障使孩子有一种莫名的耻辱感和自卑感,她在意人们的态度,对周围人际环境敏感,心理变得很脆弱。如果不帮助她正确地进行心理调适,日后随着年龄的增长,她的人际交往、社会生活将会变得非常困难。

为了让逸舒在正常人的生活中培养起自尊、自重、自强的自我肯定意识,能够正视自己的缺陷,勇敢地面对生活中的各种问题,以乐观进取的态度对待生活,他们不怕别人讥讽、嘲笑,不怕路人歧视的目光。他们经常有意地同孩子一起到人多的地方练走路,一有机会就带孩子去商场、超市、公园等热闹场所,接触各种各样的人,还同她一起去旅游,五台山、泰山、热河、承德、哈尔滨的太阳岛等许多地方都留下了他们的足迹。

自立,父母的爱筑起她人生的希望

2003年10月3日,晨曦微露,父母陪着逸舒开始登泰山。爸爸提出条件:不背,不抱,逸舒自己爬到山顶。对逸舒来说,这无疑是一个艰巨的挑战。

父母有自己的想法:人生如同登山,逸舒只有学会独立地面对艰难险阻,将来她才会有美好的未来,才有希望。

九个小时过去了,他们一路爬到南天门,在离峰顶还有200米时,汗流浃背的逸舒再也迈不开双腿了。

旅游的大学生们同情地要背她,逸舒爸爸摇摇手,谢绝了。他鼓励逸舒:"坚持就是胜利!"在父母的鼓励下,逸舒咬着牙一步一步硬是攀到了泰山顶峰。游客们都情不自禁为她鼓起了掌,不住地赞扬她,向她祝贺。

成长过程中,她曾遇到过一个个大大小小的"山峰"。逸舒因为手没劲儿,字写得慢,成堆的作业写到深夜;一度学习跟不上,她不管寒冬酷暑跟母亲乘车往返几小时去补习;为了实现自己的"作家梦",暑假一个月她写了二十四篇作文……

父母不仅要女儿成为一个身心健康的人,更要她成为一个对社会有用的人。瘦弱漂亮的逸舒比同龄人成熟得多,她理解和感谢父母为她所做的一切,懂得爱也能享受爱。或许,上天没能给逸舒一双健康的腿脚,但是父母的爱却给了她一对美丽的翅膀,让这个可爱的女孩能够永远地翱翔在她生命的天空中。

(资料来源:吕金勇.爱,给女儿一对美丽的翅膀.http://blog.sina.com.cn/s/blog_78cc45540100togh.html.)

第三节　厌学儿童的家庭教育指导

适龄儿童到学校学习是理所当然的事,然而就有一类孩子,他们不愿到学校去，一上学就哭闹、发脾气等，久而久之就造成了厌学、逃学的现象，这是最让家长困扰的问题之一。孩子产生了厌学心理之后，会逐渐对学习甚至生活失去激情和活力，出现消极、悲观情绪，进而诱发各种心理问题。

厌学问题已成为阻碍学生身心健康发展的重要问题。相关数据显示，我国中小学生厌学率急剧攀升，目前已经达到73.3%，其中北京、上海、杭州的厌学率已经超过80%。厌学的原因可能涉及学业压力、教育方式、学校环境等多个方面。同时，越来越多中小学生开始出现失眠、焦虑、头痛、烦躁等心理健康问题。[1] 厌学可表现为很多种形式，如：孩子变得不爱上学，不愿见老师，甚至每到上学前，孩子就喊"肚子疼""头痛"等；有的孩子不愿做作业，一看书就犯困；即使在没有外界干扰的情况下，注意力也常常不能集中；有的孩子虽然也在看书，但是"看不进去"；不愿大人过问学习上的事情，对父母的询问常保持沉默，或者表现烦躁，或者转移话题；上课时常打不起精神，课后却十分活跃，表现为"玩不够"。

那么，当孩子厌学了，教师该如何协同家长一起正确应对呢？

● 问题聚焦

> 小徐，一、二年级时还是一个挺不错的男生，虽然学习成绩不是很优秀，也在班级处于中等水平。他很乐意为老师做事，同学有困难他也常常提供帮助。但是，小徐平时贪玩，爱和同学开玩笑、恶作剧。因为调皮惹事，父母为之付了很多次赔偿金。然而，从三年级开始，小徐不愿意来上学，一说上学就表现出烦躁的神情，也不愿做作业。小徐总是对奶奶说："去学校学习真不开心，没劲！"奶奶很担心，找到了班主任沟通此事。

● 教师思考

一个小学生应该对学校的群体生活是充满向往的。像小徐这样三年级就开始不愿去学校，认为"去学校学习真不开心，没劲"并不常见。老师通过了解和沟

---

[1] 辅导孩子作业，最"费妈"[J].当代教育家,2023(11)：8.

通，找到了一些原因。

1. 父母的"语言暴力"

班主任通过家访了解到，因为孩子在学校里常惹事，爸爸回家就对他进行暴打或关禁闭，妈妈则严厉指责，经常说："你就是个害人精，爸爸妈妈不做死也被你气死！你忍不住就别去上学了，免得连累我们。"家里经常充斥着紧张的气氛。情郁于中，自然要发出于外，于是要么更变本加厉，要么就选择逃避。小徐选择了后者，久而久之产生了厌学情绪。

2. 同学老师的"冷暴力"

在学校，由于小徐好动、调皮，经常会无心伤害到同学，老师自然对其进行教育，甚至惩罚；同学见了这样一个"混世魔王"自然避而远之，大家都不愿意和小徐交朋友。这让一个本该和同龄人一起游戏、一起玩乐的孩子感到孤独、寂寞，于是就简单地选择逃避。

教师策略

如何让孩子主动参与学校生活，沉浸到愉快的学习中？老师首先要引导家长认识到"厌学情绪"在孩子成长中的负面影响；其次可以对家长提出了以下的建议。

1. 冷静正视孩子的"犯错"

其实，哪个孩子从小到大不犯错？哪个孩子喜欢犯错？成长过程中，磕磕绊绊闹情绪等都在所难免。家长如果发现孩子的行为有些过分，应该静下来了解原因，与孩子一起分析问题所在，而不是一味地埋怨和训斥孩子，甚至暴打，殊不知"以暴制暴"的做法势必让孩子产生更多怨气和不满。家长要冷静地对待孩子的错误，教会孩子正确与人相处的方法，家长要循循善诱、耐心指导，而不是用简单粗暴的方式处理问题。

2. 不要给孩子过度施压

孩子的心灵是简单的、纯粹的。孩子希望得到老师、家长的肯定、鼓励，引起家长和老师的注意。然而，有时孩子自己也无法控制自己的行为，做出一些比较过分的事，事后他们也会后悔、惭愧。这时，如果家长一味地夸大事情的严重性，强调孩子给家长带来的麻烦等，孩子幼小的心灵可能会因没法分辨轻重而在心里加重自己的负罪感，甚至将一些本不该揽下的错都揽在身上，最后因无法承受而选择逃避。家长应正确地分析事情,讲清利害关系,不夸大也不回避问题。

3. 改进自己的行为习惯

面对孩子的问题,家长尽量不要有过激的行为和语言,不要只关注孩子的错处,而要多反思自己。家长与其对孩子提过高的要求和期望,不如改进、规范自己的行为习惯。家长多想想自己平时和人相处时有没有此类冒失的行为,有没有言而无信的时候等。比如,你要孩子静下心学习,有没有给孩子创造安静学习的环境?有没有要求孩子认真学习,不要贪玩,自己却夜夜玩麻将、唱歌喝酒?"孩子是家长的一面镜子",只有家长改进、规范了自己,孩子才会逐渐规范自己,成为家长理想中的孩子。

◉ 行动反思

目前,小徐同学已经回到学校和同学们一起学习,然而有时还会对上学、做作业有抵触情绪。教师在引导家长教育孩子时可以从以下几个方面入手。

1. 创造良好的学习环境

有的家长喜欢下班后邀同事到家里打扑克、打麻将,或在孩子旁边玩网游,看视频等,没有意识到安静的环境对孩子学习的重要性。家长要努力给孩子营造一个安静的学习环境。如果家里住房紧张,家长可以在室内比较安静的地方给孩子安排一个"学习角",摆张书桌,放上学习灯,使孩子可以在那安心学习。有条件的家庭,可以给孩子买相关的学习用品和工具书,以及适合孩子阅读的报纸、杂志和参考书,扩大他们的视野,丰富他们的知识。

2. 营造浓厚的学习氛围

家长是孩子的第一任老师,家长可通过自己的言行来培养孩子对学习的热爱。家长需要不断学习,与孩子共同进步。家长可以通过读书、自学等方式逐步提高自己的文化水平,遇到不懂的问题可以和孩子共同查资料,甚至可以拜孩子为师,这样孩子不但巩固了所学的知识,还会产生要学得更好的愿望。

3. 学做"走心"的家长

家长要经常给孩子高质量的陪伴,多关心他们的生活、学习,与他们一起散步谈心,刚开始不要谈学习,或对他的要求,尽量谈他感兴趣的事。对于孩子的弱点或短处,家长要正面引导,帮助孩子改正,千万不要在公共场合指责孩子,否则,孩子会反感,也会感到有压力。

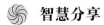 **智慧分享**

防止孩子患上"空心病"

一直以来,"空心病"的现象多发生在大学生群体和中青年阶段,当前却日益呈现出低龄化倾向。造成这种现象的原因与价值观教育缺失、学业压力与教育焦虑、孩子心理需求得不到满足等家庭教育相关的问题有着千丝万缕的联系。

一是价值引导与激发不足。有的父母缺乏或者忽略对孩子价值观的塑造与培养,或者认为这是学校的责任。

二是教育焦虑长期如影随形,一方面来自对不确定性因素的担忧与无助,另一方面来自父母的焦虑和高期望。

三是心理需求长期被忽视。青少年时期是身心成长最快也是情绪变化最大的阶段,而一些父母却忽视孩子内心的真实感受和需要,不仅不关注孩子内在动力的激发,还容易用成人思维来要求和控制孩子。

四是"习得性无助"心理根深蒂固。冰冻三尺非一日之寒,孩子在心里可能已经发出了无数次呐喊,行动上付出了无数次努力,但发现父母没有觉察,生活没有改变,学业压力没有减少,孩子慢慢体验到强烈的"习得性无助"感,看不到未来的希望和光亮,于是选择了逃避现实或放弃心灵对话,也放弃与外界的交流,逐渐变成"空心病"患者。

家庭在培塑孩子健全人格、防止孩子患上"空心病"方面的确应承担重要的责任并可发挥其独特的作用。

首先,家长应更新教育理念,掌握正确的教育理念和方法,学会有效的沟通技巧。比如不拿孩子与别人家的孩子比较,多看到孩子的优点和进步,多给予孩子鼓励。家庭教育中遇到一些不对的苗头要及时关注或请教专家、老师并主动调整矫正。

其次,家庭教育要回归生活。父母要多关注孩子的身心健康和真实需要,在生活教育中传递和培育孩子内心的主动力量、抗挫意识、人际能力及兴趣爱好,培养孩子对美好生活的感受力和获得幸福感的能力。

再次,注重孩子的价值观培养与内在动力激发。父母在家庭教育中应有意识地引导孩子建立起正确的人生观和价值观,引导他们对人生的价值和意义进行最初的思考并尝试进行生涯规划引导,帮助孩子树立人生的目标。

最后,遵循孩子成长规律,注重积极情感培育。父母要掌握孩子成长规律,遵循以人为本的原则,在孩子的每一个成长阶段给予他们足够的情感关怀和心理营养,创设温馨的家庭环境,培育健康积极的家庭文化与氛围,和孩子建立彼此信任的亲子关系,让父母的爱和家庭的温暖成为孩子前进路上的力量源泉。

(资料来源:左红梅,李上卿.防止孩子患上"空心病"[N].中国教育报.2023－5－14(4).)

第四节 孤独症儿童的家庭教育指导

孤独症患儿被叫作"星星的孩子",他们就像天上的星星,在遥远而漆黑的夜空中独自闪烁着。孤独症,又称自闭症,被归类为一种由于神经系统失调导致的发育障碍,其病征包括不正常的社交能力、沟通能力、兴趣和行为模式。孤独症患儿一般会有社交困难,缺乏与他人的情感交流,对外界刺激无动于衷,语言发育迟缓。孤独症患儿在社会交往中很少使用言语,即使使用也多为模仿言语、刻板言语,而且言语的可懂性差。针对这样的孩子,教师该如何指导家长们来教育呢?

问题聚焦

小叶,进中学第一天老师就发现他和其他同学不一样:总是低着头剥手指甲,嘴里絮絮叨叨;大家都张罗着大扫除,他却坐在座位上不动。老师走过去提醒他,他抬头还未看清老师的脸又低下了头,当老师再次劝他时,他表现得十分紧张,蜷缩成一团。上课时,他不抬头看黑板,常无缘无故发笑。为此老师和家长进行了沟通,家长反映,孩子在家里很乖,很听话,常常在自己的房间里捯饬自己从小玩到大的玩具飞机,从不会主动打扰父母的生活。小叶虽然很少和父母谈天说地,但是父母的要求孩子都能做到。

教师思考

小叶的表现是典型的孤独症儿童的特点：孤独离群，沉迷自我，交际困难；对周围的事不关心，听而不闻，视而不见，似乎生活在自己的小天地里；他的目光不注视对方甚至回避对方的目光，看人时常眯着眼，斜视或用余光等，很少正视也很少微笑，也从不会和人（包括自己亲近的人）打招呼；只会独自玩耍，封闭自己。教师觉得需要培养小叶的一些基本能力。

1. 提高认识能力

孤独症孩子经常将自己关在自己的小世界里，不和人接触。家长和教师要帮助他们认识客观环境中的人和事物及之间的关系，认识自己在社会交往中的身份和处境，发展社会交往能力。

2. 学会运用语言交流

家长和教师一定要让孩子多开口说话，用语言与周围的人进行交流，即使说不清楚，困难很大，也要积极鼓励孩子，耐心帮助孩子。只有孩子的语言能力逐渐提高了，其社会交往能力才能较快发展。

3. 学会基本的道德行为规范

家长和教师要让孩子学会基本的道德行为规范：如讲话时的态度、语调、手势要恰当，要文明礼貌，与人交往时要诚实、和气，对任务要认真负责，衣着用品干净整洁，平时生活中注意卫生，在公共场所遵纪守法等。

教师策略

为了让孩子能够尽快融入集体中，老师引导家长一起做了以下工作。

1. 联系家长，摆出问题

老师到小叶家家访，发现小叶的房间很乱，到处都是玩具和书本，而父母的房间却是井井有条，整洁干净。老师在和孩子奶奶的交谈中，了解到父母回来后要么上网玩游戏，要么出去逛街、打麻将，很少和孩子交流，所以孩子常在房间里和自己的玩具说话。因为孩子不善交流，所以家长也不让孩子和其他小朋友一起玩耍，于是孩子也没有朋友，就只能"独来独往"。

当班主任老师提出了孩子的问题,以及自己的担忧时,家长表示出怒不可遏的样子,认为这是老师对他家孩子的诽谤和瞧不起,扬言若老师还如此认为的话,他们会去找学校领导理论。因此,那一次家访很不愉快。问题没有解决,家长仍然坚持着自己孩子很乖,很懂事,不会烦大人。

2. 行动感染,晓之以理

鉴于家长的不理解,老师只能采用在学校和孩子"坚持每天交流五分钟"的办法,试图让孩子走出自己的世界,敞开心扉,愿意和人交流。渐渐地,孩子终于有了一点儿改变,愿意和老师进行简单的交流。带着这份令人欣喜的进步,老师再次去了小叶家,家长也开始愿意听取老师的建议。

于是,老师向家长提出了以下建议。

(1) 摆正心态,勇敢面对现实

出于对自己孩子的保护,家长考虑的是如何不让外人知道孩子的问题,避免被人欺负和瞧不起。这样很难让孩子得到及时有效的诊治,容易错过最佳的训练时间。一般来说,遇到这种情况,做父母的精神受挫是可以理解的,但为了孩子的将来,父母一定要摆正心态,勇敢地把孩子带出去,为孩子创造更多的交流与沟通的机会。

(2) 不厌其烦,多与孩子说话

孤独症孩子绝大多数语言发育迟缓,有的甚至丧失了语言能力,因此要利用孩子吃饭睡觉以外的所有时间教他们说话,而且要持之以恒。要注意培养孩子的目光与父母的对视,使之能模仿爸爸妈妈的口型发音。如果孩子的发音不准确,没必要在短时间内刻意纠正,以防影响他们的学习兴趣。父母要坚持不懈地和孩子说话、交流,让他们学会表达自己的需求,学会沟通。

(3) 减少帮助,促使孩子独立做事

父母要帮助孩子提高自理能力。日常生活中的进餐、如厕、穿衣、洗漱等,都是孩子应该逐步学会并掌握的基本生活技能。

3. 同伴力量,唤起孩子交流欲

同伴的力量是无穷的。很多时候,父母要求孩子做的往往很难见成效,反而与同伴一起做效果更好。孤独症孩子的同伴比较少,父母可以邀请孩子的同学、朋友到家里来做客,增加孩子的友谊满意度。父母应鼓励孩子与其他小朋友分享自己的美食和玩具,并经常带着孩子去其他小朋友家做客。父母要鼓励孩子在和其他小朋友玩的时候主动帮助他人。如果孩子知道父母喜欢自己的朋友，就会更乐意与这些朋友交往、交流，进而在交往中慢慢适应群体，融入集体生活。

行动反思

小叶的进步，让老师和家长看到了希望。孤独症的孩子，尤其是早期发现的孩子，家长和老师的耐心引导和训练非常重要。因此，教师应该提醒家长做到以下几点。

1. 积极关心

让孩子感觉你对他的关心是出于真心、实实在在的，患有孤独症的孩子并非没有感觉，只是他们不善于表达自己，不知道该如何与人沟通交流。家长可以在日常生活中多和孩子亲近，陪孩子玩耍、散步，只要天气不是很恶劣，可以多带孩子出去走走，多和别人打招呼。

2. 细致观察

从细微的事情中观察孩子，看到孩子独特的一面，善于发现孩子的优点、特长，根据孩子不同的兴趣和喜好进行培养。当孩子的情况有一点改善时，家长要及时给予鼓励、支持。

3. 营造氛围

孤独症的孩子通常没有安全感，对谁都是一副冷漠的面孔，讨厌管治、改变，兴趣少，难于沟通。家长应该为孩子营造一个温馨且充满爱的环境氛围，用温和的方式多帮助孩子熟悉环境，减轻他们的心理压力。

智慧分享

孤独症儿童的家庭教育方法

孤独症儿童的家庭教育应该如何进行，家长应该注意哪些方面呢？

1. 增加儿童的生活自理能力，提高家庭生活质量

0～3岁的孩子，一般都要经历学会自己独立吃饭、独立如厕的过程，就这一点来说，孤独症孩子与正常孩子是没有区别的。也就是说，在这一方面的学习上，对所有孩子的要求应该是一致的。很多孤独症孩子的家长认为，孩子有病，理应给

予他们更多的、更为周到的照顾和帮助。然而,令很多家长没有想到的是,这样的帮助如果超越了一定限度,不仅对孩子没有帮助,反而会对其成长发育造成障碍,导致他们出现一些本不应该出现的问题。更为严重的是,很多家长并不认为这些问题与其自身的教育失当有关,而是把所有的问题全部归罪于疾病。同时,他们还会不断加强对孩子的照顾和帮助。由此,一个恶性的循环就出现了。

2. 提升儿童的休闲娱乐技能,丰富个人生活内容

儿童在吃饭、睡觉和完成成人要求他们做的事情之余,还有大量时间,他们能做些什么呢?由于孤独症儿童没有能力掌握普通儿童所具有的游戏技能,因此,他们不能正确地玩玩具,对同龄儿童及他们所玩的游戏也不感兴趣。于是,在大部分的时间里,他们沉迷在自己所感兴趣的个人世界里。有相当一部分孤独症儿童会用常人不能理解的自我刺激行为来填充他们大部分的空余时间。更有甚者,有相当一部分孤独症儿童的行为,影响并妨碍了家人甚至其他人的正常生活。

3. 鼓励引导儿童帮助别人,增加社会互动机会

除了提高孩子的自理能力外,家长还应为孩子创造更多的与他人互动的机会,包括让他们去帮助别人。这是家长容易忽视的一个方面。其实,提供机会让孩子帮助他人,也是教学中一个很好的方法。其一,可以巩固并拓展孩子已经掌握的技能,提高孩子的动手能力、动作协调能力,并对其所掌握的技能在生活中进行泛化;其二,可以增加家长的教学机会。在孩子做事的过程中,父母应设法增加孩子与他人交往的机会,同时引导孩子的行为规范,增强他们与人互动和沟通的能力。

4. 教育主体从父母转向整个家庭成员

当前,孤独症儿童的家庭都有多个成员。孩子面对的不仅仅是父母,也可能是其他家庭成员,父母面对的也不仅仅是孩子,也可能有其他家庭成员,比如孩子的爷爷、奶奶、外公、外婆,或是保姆。妈妈们常说:"很难,不仅仅要教孩子,还要面对公公婆婆,而他们的生活方式、价值观念与我们的又非常不一样,尤其是对孩子的认识明显和我们不一样,没有确诊的时候,他们怀疑我们脑子有问题,而确诊了又往往指责是我们没有做好,是我们把孩子带坏的……"由此可见,实施家庭教育的不只有父母,还有其他家庭成员。

5. 建立与孩子的亲密关系

孤独症儿童首先是一个儿童,其次才是一个患有孤独症的儿童。他/她首先

应该有一个儿童应有的生活,其次才去接受必要的干预。对于家庭而言,孤独症儿童只是家庭的一个成员,他们不能成为一个家庭唯一的焦点。对于父母而言,不仅仅要教育孩子,教他们知识和技能,更重要的是建立起与孩子的亲密关系,这不仅是关于孤独症儿童教育的本质,也是保证教育有效的重要条件。至于如何建立亲子间的亲密关系,要先从父母及其他家庭成员自身的成长开始做起,毕竟孤独症儿童要由父母及家庭成员"带着"成长。而父母和家庭成员的成长关键在于不断地学习,不断加强自身的心理建设。除了自我学习之外,家长还可以参加培训班和家长成长工作坊。

(资料来源:自闭症儿童的家庭教育方法.http://www.qbaobei.com/jiaoyu/410981.html.)

第五节 困境儿童的家庭教育指导

多个青少年心理危机事件及多组调研数据显示关注青少年心理健康刻不容缓。根据国家卫生健康委员会、中国卫生健康统计,2020～2022年全国5～19岁城市居民的心理危机和极端行为比例持续上升。[1]

在我国,有许多儿童因为生活成长环境的不利因素影响,导致学习、身心健康、社交等多方面的困难和问题,成为了一个群体"困境儿童"。这些困境儿童的生活环境往往不利于他们的成长,他们大部分来自贫困家庭、单亲家庭、离异家庭或者有家庭暴力、虐待经历的家庭。

这些困境儿童所面临的教育资源匮乏问题,很可能导致他们在学业上难以取得进步。由于缺乏家庭的支持和关注,他们可能会产生厌学、辍学等负面行为。此外,他们易于在网络世界中寻求安慰,可能导致网络依赖问题的出现。在这种情况下,这些孩子容易陷入恶性循环,从而影响他们的身心健康和未来发展。同样,困境儿童的家庭教育普遍存在一定的问题,困境儿童家庭往往缺乏相应的家庭教育能力和知识,教育观念和方法不科学,无法为儿童提供良好的家庭教育和成长环境,更有甚者,家庭中的暴力与家庭成员中的矛盾、不正常也会严重影响困境儿童的成长与发展。

---

[1] 数据来源:国家卫生健康委员会、中国卫生健康统计(内部数据),2020,2021,2022。

问题聚焦

> 六年级的小萱是一个身处阴霾环境的孩子,她成长在一个破裂的家庭,父母在她三年级的时候便已经离异,她一直跟着妈妈生活。后来妈妈又再婚,后爸是一个控制欲极强的人,并且有一定的家暴倾向,而妈妈的情绪也不是很稳定,时常在小萱面前情绪崩溃,把人生的希望都寄托在小萱身上,对她的要求令人捉摸不定。
>
> 在这个家里,她学会了小心翼翼,学会了忍受冷漠和忽视。在学校,她变得孤僻沉默,交朋友对她来说成了件奢侈的事情。她无法与同学愉快相处,渐渐地,她开始抗拒上学,生活和学习都陷入了困境。最终,她无法承受内心的痛苦,被确诊为重度抑郁和焦虑情绪。
>
> 面对女儿的状况,母亲痛心疾首,却也无奈地为她办理了休学手续。休学在家的她,过上了"美国时间",白天黑夜颠倒,整日沉迷于手机,失去了与人交往的能力。原本就没有朋友的她,如今更是与外界断了联系,生活愈发封闭。这段时间里,小萱陷入了一个恶性循环。

教师思考

困境儿童具有容易出现心理问题或者行为问题、学习困难、社交问题和适应能力缺乏的特点,而这些困难的产生涵盖了家庭、社会、教育等多方面的因素,使得他们的家庭教育需求更加复杂多样。教育者应该细致把握他们的需求和问题,提供有效的教育指导和支持,为困境儿童提供恰当的帮助、有针对性的家庭教育指导,帮助他们克服困境、发展潜能,尽快融入社会并实现全面发展。

1. 把握需求和问题

在一些困境儿童家庭中缺乏良好的亲子互动,父母或因关系不和导致家庭矛盾激化,或因工作忙碌、经济压力缺少与孩子的有效沟通,使得儿童在成长过程中缺乏理解与关注,甚至有被抛弃的负面体验。在一些困境家庭中,家庭教育存在教育观念落后的问题。家长可能受限于文化传统、教育水平以及社会环境等因素,对于正确的家庭教育观念缺乏了解和认识。他们往往将重点放在传统的功利教育上，忽视了培养孩子的综合素质和个性发展。导致孩子在日常生活中缺乏探索和自主能力，影响学习兴趣和创造力的培养。

2. 分类指导与支持

在一些困境儿童家庭中，父母陷于自身未解决的压力与困境，无法为儿童提供安全稳定的成长环境，从而影响其身心健康。因此，在困境儿童的家庭教育指导中，对问题的分析评估与分类指导是重要的一步，不同的困境儿童所处的成长环境复杂多样，需进行个性化支持。

教师策略

在小萱的家庭教育指导中，选择合适的教育方法是至关重要的。针对困境儿童的特殊需求和问题，需要通过有力的家校合作以改善小萱的成长环境，引导其走出困境。

针对小萱的情况，班主任老师争取资源，帮助构建了家庭教育支持体系：邀请其家长参与以困境儿童家长为主要对象的"家长沙龙"，为其构建一套全面的家庭教育支持网络。

1. 提供家庭教育指导课程

许多困境儿童家庭并非不爱孩子，而是缺乏育儿经验，在家庭教育方法上存在误区，家长沙龙为广大家长提供了一系列定期的家庭教育指导课程，这些课程内容丰富，涵盖了儿童成长过程中的应知应会。通过这些课程，小萱的家长能够学习到科学的育儿知识，提升育儿技能，诸如理解六年级的孩子所面对的身心发展议题、离异对儿童可能带来的身心影响、如何与青春期孩子沟通、如何应对儿童网络依赖等内容，注重与孩子的心理和情感交流，为孩子的健康成长保驾护航。小萱的妈妈通过老师的专业指导，并在与小萱日常的互动中主动调整自己的相处模式，小萱心中的阴霾逐渐淡化，生活慢慢回归正常。

（1）把握身心规律，进行有效沟通

许多困境儿童因所处家庭的特殊性，从小便目睹家庭的各种不幸与"战争"，难免产生"被抛弃"的不安全感，特别是到了青春期，更容易以各种叛逆行为来武装自己。要引导家长对孩子的性格特征加深了解，把握不同年龄段孩子的身心发展特点，真正读懂孩子的需求，不能看他发脾气家长也跟着发脾气。即使在沟通不畅的情况下产生了亲子冲突,家长也需要在事后与孩子进行一次复盘,让沟通不被情绪主导。

(2)真诚陪伴,重塑和谐亲子关系

困境儿童的许多心理、行为问题还和亲子陪伴的缺失有一定的关系。家庭结构的不完整,家庭氛围的紧张势必减少了亲子间温情的陪伴,所以要帮助小萱走出阴霾。首先需要家长的亲子陪伴,创设更多孩子愿意参与的亲子活动,如郊游、运动、做美食等,这些活动既是亲子关系的润滑剂,也能将已经出现作息紊乱的孩子慢慢拉回正轨。

2. 分享经验,互相支持

有时候家长会因为个人的家庭或情感问题而产生一些情绪困扰,也会因为教育孩子而产生焦虑情绪,因此,家长沙龙为家长提供了自我成长课程,引导其调整自身情绪,以健康的人格引领儿童的成长之路。同时也为家长们提供了一个互动交流的平台,使他们能够分享育儿心得,互相学习、借鉴,在交流互动的过程中获得共鸣与支持,得到自我疗愈,缓解自身焦虑。在情感支持与育儿经验分享的过程中,家长们能够共同成长,为困境儿童创造更好的成长环境。

3. 强化校家社协同,提供个性化指导

困境儿童多数面临着学业、心理、行为等多方面问题,需要多方协同,需要更专业的力量为困境家庭提供个性化的指导服务。本案例中小萱所在学校班主任及校方始终关注其身心成长,积极为其提供有针对性的教育支持。教师应引导家长为儿童提供一个温馨、和谐的成长环境,关心他们的生活和学习,给予充分的关爱和支持。家长要尊重和理解困境儿童的特殊需求,积极配合学校和社区的工作,共同促进孩子的健康成长。此外,学校还应积极协同社会各方面的力量,建立医教协同、法教协同制度,例如,当儿童有情绪困扰等心理问题时,告知家长合适的就医渠道,为困境儿童家庭教育提供便捷的专业资源。

● 行动反思

在困境儿童的家庭教育指导工作中,关键的一个环节是家长教育参与度,其决定了干预的效果。在实际工作中,教师可以通过以下几个途径提升家庭教育指导过程中家长的参与度与行动力。

1. 建立家庭教育指导小组

成立由学校、专业团队组成的家庭教育指导小组,定期与困境儿童家庭进行沟通和交流,了解家长在教育儿童过程中的困难和问题,了解儿童的阶段性身心发展状况,并提供针对性的解决方案和支持。同时,也应鼓励困境儿童家庭彼此之间的互动和支持,以帮助他们更好地进行家庭教育,改善困境儿童的教育环境和生活状况。

2. 建立良好的信任关系与通畅的家校合作机制

困境儿童的家庭多数也处于一定的困境状态,家庭经济、家庭关系、家庭结构均有一定的特殊性,要鼓励家长参与科学育儿。这需要教育部门与家长建立相对紧密的合作关系,因而,在进行困境儿童家庭教育指导中,要与家长建立良好的信任关系,通过与儿童和家长的真诚与专业的沟通,教育指导者能够更好地了解家庭的困境和问题,并提供相应的支持和建议,努力实现家长育儿观念的转化,增强家庭教育的针对性和实效性,加强家庭成员之间的亲子关系和家庭凝聚力。同时,困境儿童家庭教育指导应注重家庭资源的整合和社会资源的整合,为困境家庭提供丰富的教育资源,让家长在参与协同育人过程中有所得,感觉到被支持,进而更愿意积极主动地参与家校合作,建立育儿信心,从而为困境儿童提供全方位、多元化的支持和帮助,促进他们的成长和发展。

智慧分享

困境儿童谁来管?人大代表调研吁求更多社会力量参与

"长时间网课让15岁少年网瘾严重,新学期开学不久就厌学在家,每天反锁房门在屋里上网、打游戏。父母、居委干部、民警都敲不开她的房门。妈妈以泪洗面,爸爸则基本放弃……""孩子被离异的父母双双抛弃,在学校里待到半夜12点都没人接,只能跟着班主任老师回家……"昨天,在上海市杨浦区控江路街道多代园人大代表联络站里,"打造温暖民生"专业小组的人大代表们在选民接待活动中,听到教育工作者和社区工作者们介绍的这些困境儿童案例,既为孩子们感到忧心,又更添使命感。

代表们表示,通过开展家庭教育校家社协同育人机制专题调研,将推动学校、社区、检察机关等各方力量参与家庭教育指导,不仅让特殊儿童走出困境,而且更能从顶层设计的角度推动构建校家社协同育人新格局。

控江路街道人口密集,其中未成年人就有1.1万名。同时,社区也有丰富的文教、卫生资源。人大代表中就有不少教育、卫生界人士。因此,"打造温暖民生"专业小组的人大代表们聚焦家庭教育指导这一涉及千家万户又具有控江特色的议题,深入调研,力争形成高质量议案建议,从法律、政策层面推进家庭教育校家社协同育人机制。

在交流中,大家注意到,与人们熟知的"家校社"联动相比,二十大报告中提出的"校家社"将三者顺序有所调整,更加强化学校这一教育主阵地在协同育人中发挥的引领作用。杨浦区家庭教育研究与指导中心沈丽瑾老师表示,学校老师具有一定的专业能力,也可以第一时间了解家长的需求,所以可以拓展家庭教育的指导方式,除了传统的校内"家长学校",还可以主动地联动社区,根据辖区内家长的需求送指导进社区。

控江社区的学校在校家社互动中已有积极尝试,例如,二联小学就成立了"联梦育子坛"家庭教育指导站。杨浦区还成立了"同心圆"杨浦区家庭教育家校社联动项目,在辖区12个街道都设立家庭教育指导站,开展家长学校课程进社区"四个一"指导服务(即一场主题讲座、一个专题课程、一次专业咨询、一回亲子互动)。

开展未成年人保护工作的社区工作者也向人大代表们反映心声说,在困境儿童救助中往往会遭遇不配合的家长,每一个困境儿童的身后其实都有一个特殊的家庭,这样的交流也常常给居委干部和社工带来无力感,非常需要学校等各类社会资源的支持,协同推动特殊儿童走出困境。参与选民接待的人大代表深切感受到进一步构建校家社机制的必要性和紧迫性,接下来将通过定向监督、形成调研报告、联动多方社会资源等方式,让更多专业人士走进社区,成为"家庭教育指导师",让青少年们更加健康地成长。

(资料来源:孙云.困境儿童谁来管?人大代表调研吁求更多社会力量参与[N].新民晚报,2023-4-14.)

附录

相关文件链接

中华人民共和国教育法	中华人民共和国义务教育法
中华人民共和国未成年人保护法	中华人民共和国预防未成年人犯罪法
中华人民共和国家庭教育促进法	教育部关于加强家庭教育工作的指导意见
教育部关于印发《中小学德育工作指南》的通知	中共中央 国务院关于深化教育教学改革全面提高义务教育质量的意见

续 表

全国妇联、教育部等七部门关于印发《全国家庭教育指导大纲》的通知 	全国妇联教育部等11部门印发《关于指导推进家庭教育的五年规划（2021—2025年）》
教育部等十三部门关于健全学校家庭社会协同育人机制的意见 	教育部等十七部门联合印发《全面加强和改进新时代学生心理健康工作专项行动计划（2023—2025年）》
教育部关于建立中小学幼儿园家长委员会的指导意见 	全国妇联 教育部 中央文明办关于进一步加强家长学校工作的指导意见
上海市家庭教育指导大纲（修订） 	上海市中小学幼儿园家长学校建设标准

跋　为什么我们需要《又一种教育智慧》？

张　韫

随着科技的进步，各行各业的分工细化程度都越来越高。然而，家庭教育却是一项无法分工的事业——虽然不少父母都试图这样做。在家庭生活中，各种事务都可以由机器或他人进行分担，唯有父母与子女的互动交流、情感支持、爱与包容是无法外包的。再好的老师也不能！

教育工作者必须承认的现实是，无论是在空间上还是在时间上，教师对于学生的影响都是有限的。我在做博士论文的文献综述时最深的感受就是，在影响青少年发展的各种因素中，各种既有研究都给出了几乎一致的判断：父母是对孩子影响最大的重要他人，而教师对学生的支持往往扮演着父母与学生之间的调节变量。这也提示我们，如果要扩大教师对学生的影响，除了提升教师与学生直接交流时的效能外，还有一条重要的路径——通过影响家长来提升家庭教育的质量。

但这是一条艰难的路，比直接影响学生更难。因为要改变一个成人的认知与行为，相比教化一个孩童要更费力，何况有时还吃力不讨好。教师可以名正言顺地向一个学生直斥其非，并要求其改正。但教师即使发现了一个家庭的问题，也很难向家长直白地提出，因为在普罗大众的认知里，教师和家长更多是合作关系，而不是指导关系。于是，许多教师在与家长的交往中，选择只说学生的问题，而不剖析问题的来源与成因，更不会帮助家长、或者说帮助学生，从源头上去改善问题。

教师这么做当然是情有可原的，毕竟教师背负的责任已经太多。但现实是，教师作为家长身边可能少有的教育专业工作者，其与家长的相处模式如果仅仅只是反映孩子的情况，而无法让家长意识到自己的一些职责和问题，那最终的结果只会是家长将孩子的一切问题归结于其本身，对其进行指责和要求，从而造成教师和家长用力叠加的局面，对孩子形成双重的批评和压力。换言之，教师作为家长与学生之间的调节变量，并没有起到保护学生的作用。

更糟糕的是，许多年轻的班主任，自己也并没有养育孩子的经历，因此很难取信于家长，这会迫使他们更加回避问题的解决。在我们进行过的多项班主任调研中都发现，对班主任来说，"与家长交流"是远超"活动组织""学生安全"的最大压力来源。对本身就"社恐"的"90后"和"00后"班主任来说，要让他们指导比自己大七八岁、十来岁，甚至带着审视眼光在观察自己的家长该如何教育孩子，确实也有些强人所难。

最后的一点困难是，许多教师缺乏指导家庭教育的具体案例与方法。社会上不乏这样的家长，因为自己的儿女考上了清华北大、哈佛牛津，就总是以坚定的自信、饱满的热情向其他家长介绍自己的育儿经验。从科学的角度来说，单一的样本具有巨大的偶然性，我们实在难以分辨这位家长对其子女的成功起到了多大的作用，也难确定这样的方法是否具有普适性。可以确定的是，家庭教育指导应该比学科教育更加讲究方法，因为学科教育可以齐步走、讲共性，但家庭教育一定是个性化、一案一策。不同基因的孩子、不同社会经济条件的家庭、不同教育理念和方法的父母……绝没有一种方法适合所有的家庭，所有的孩子。此时，教师的专业也就表现在，其能在评估家庭实际情况的基础上，基于科学的方法范式，给出相应的解决方案。

这大概就是《又一种教育智慧》成书的主要原因。这本书其实早在六年前就已经出版了第一版，据我所知，社会反响十分好，多次加印。由于工作的原因，我与主编张竹林和相关的编写者比较熟悉，也有一些有关教育评价改革的合作项目。在进行修订版工作时，受张竹林主编的邀请，我也加盟了编写组。在进行修订写作中，我们多次进行了深度研讨。我们试图植入信念，教师的家庭教育指导能力是与教育教学能力几乎同等重要的育人能力；我们试图给予信心，让教师敢于直视家长，提出有利于孩子的主张；我们试图注入底气，帮助教师在给予解决方案时有章可循、有据可依。

愿每一个老师都能拥有又一种教育智慧。是为跋。

2024年7月于上海浙铁绿城长风中心

后记

《又一种教育智慧:家庭教育指导教师教程(义务教育版)》,是上海市奉贤区教育学院向上海市教育委员会申报的2017年度"家庭教育指导课程教材(教师用书)研发"专项支持项目,由上海市奉贤区教育学院副院长张竹林担任编写组组长,上海市奉贤区家庭教育研究与指导服务中心德研员及部分基层中小学德育教师担任组员,共同完成编写工作。

2016年5月15日(国际家庭日),上海市奉贤区家庭教育研究与指导服务中心(简称"家教中心")正式成立,开启了奉贤区家庭教育指导专业化发展的新征程。作为家教中心的主要成员,大家在区域家教指导专业服务实践中,一直在思考和尽力回答实践提出的各类"问题"。如何有效满足人民群众对优质家庭教育指导服务的多元化需求?作为专业部门的区域教育学院,如何为基层学校和广大教师提供有效的专业服务载体和路径?经过长期的跟踪调研,我们发现,最重要的切入点是编写"管用"的家庭教育指导教师用书,开设系统的家庭教育指导教师培训课程,先"武装"广大教师,通过提升一线教师家教指导能力促进家校深度合作,进而提高家长的家教能力,最终落实到"服务每一个学生健康成长"。虽然当时市场上有关家庭教育的书籍琳琅满目,但绝大多数是面向家长的读物,缺乏面向一线教师、具备教材特质、富有区域特色、集基础知识与实践操作于一体的实用教材,远不能满足广大教师的家教指导力专业化发展"需求"。

从2017年2月启动到2018年5月出版,在一年多的时间里,编写组的同仁们深入一线,了解学校需求、了解教师现状、了解家长困惑,遵循预防性和发展性相结合、知识性和趣味性相结合、创新性和实践性相结合的编写原则,几经磨合,不断地自我否定,只因心中有一个朴实的念头:给一线教师提供专业指导,提高家校沟通质量,促使家校共育走向专业化。

《又一种教育智慧:家庭教育指导教师教程(义务教育版)》自 2018 年第一版出版以来,深受读者欢迎,先后加印了多次,影响面、覆盖面都很广,在读者群体中引起广泛反响。随后于 2019 年连续推出了面向幼儿家庭教育和高中学生家庭教育的《智慧开启》《智慧合作》两个版本。

随着国家和社会对家庭教育重视程度的日益增强,特别是《中华人民共和国家庭教育促进法》的实施,教育形势发生了重大变化。我们自 2023 年 6 月起启动了修订工作。本着"传承与创新、特色与普适结合"的原则,我们在修订过程中,强调以实践为基础,以数据为支撑,确保阅读体验的悦纳感。原版教程对奉贤十余年的实践探索和经验进行了总结和提炼。在这次修订中,我们不仅保留了原有的宝贵经验,还吸收了江苏苏州、山东潍坊、河北保定、云南大理等全国代表性地区的特色实践探索成果,吸收了全国知名的第三方教育评估专业机构上海思来氏信息咨询有限公司的研究成果,旨在体现内容更具普适性和专业性。

家庭教育指导涉及面非常广泛,受限于主客观条件,无法一一展开,因此本书选用家庭教育的难点、热点问题以及教师开展家庭教育指导的困惑,聚焦关键性问题,以案例教学的方式呈现,以期提高教师的家庭教育指导专业水平。书中每个案例的编写,基本由问题聚焦、教师思考、教师策略、行动反思、智慧分享等模块组成,既提供问题解决的措施,又提供典型案例的示范,同时吸纳了广大家长、教师的智慧和建议,还链接了优秀课程资源。

本书的问世凝聚着众人的智慧和汗水。编写组夜以继日,修改完善,召开专题研讨会议,参加各类家教指导现场会,请教专家和实践工作者。同时,认真参考和借鉴相关的成功教育案例;吸纳了江伟鸣、汤林春、孙红、杨雄、姚爱芳、李伟涛、徐士强、郁琴芳、姚家群、杨敏毅、徐荣汀、何康、姚瑜洁、李艳璐、张小琴等专家的宝贵意见;编写和修订工作得到了上海市教委德育处、上海市教委基教处、上海市家庭教育研究会、上海市教科院学生德育发展中心、上海市中小学校德育研究协会和奉贤区教育局、奉贤区教育学院、奉贤区中小学德育研究会的大力支持,得到了奉贤区各学校、广大一线教师的倾情相助;得到了华东师范大学出版社教心分

后　记

社社长彭呈军、责任编辑孙娟等专家的大力支持；尤其让我们感动的是，本书的策划编写和修订一直得到了人民教育家于漪老师的关怀指导，得到了上海市教委原副主任、上海科技馆馆长倪闽景和深圳创想三维科技股份有限公司联合创始人刘辉林的大力支持，在此一并致谢！

在修订版中，张竹林、张韫负责全书策划和书稿统筹；第一编由奉贤区教育学院潘姿屹承担修订；第二编由奉贤区教育学院张怡菁、戴嘉俊、夏旖，奉贤区明德外国语小学张敏，奉贤中学李丹修订；第三编由奉贤区教育学院谢怀萍、奉贤区头桥小学陆文婷、奉贤区西渡学校王艳娥、奉贤中等专业学校孙鑫、奉贤区崇实中学高婷婷、奉贤区教育学院附属实验小学沈未迪参与修订；河北省特级教师、正高级教师、河北保定师范附属学校党委书记孙宁博士带领团队参与了修订版的筹划和部分案例编写工作，潘姿屹协助进行全书统稿工作。

山积而高，泽积而长。我们深知，作为一项教师教育的专业探索，本书内容还需要深入探讨，需要在使用中集思广益、不断完善。编写过程中，也借鉴和使用了一些国内外相关成果，虽已尽量注明引用出处，但还会有疏漏之处，我们对原作者表示谢意。

让人惊喜的是，本书即将付梓之时，正值第四十个教师节和全国教育大会胜利召开。大会发出了"紧紧围绕立德树人根本任务，朝着建成教育强国战略目标扎实迈进"的号召，作出了实施教育家精神铸魂强师行动部署。在这个特别的日子里，本书编委之一、上海市奉贤区明德外国语小学张敏老师荣获"全国模范教师"的殊荣。我们深感，本书出版恰逢其时，本书不仅得到了当代人民教育家的直接关怀指导，还有众多优秀的后辈教师团队参与，是这个伟大的时代为我们的提供了历史舞台，为教育发展和教师成长提供了沃土。因此，本书修订面世，是探索又一种教育智慧的新起点，我们坚信：立德树人，协同育人，智慧育人，有你有我！

编　者
2024 年 9 月